CATALOGUE

DE LA

BIBLIOTHÈQUE

DE FEU

M. GUYOT DE VILLENEUVE

Président de la Société des Bibliophiles François.

DEUXIÈME PARTIE.

PARIS

—

1901.

CATALOGUE

DES

LIVRES MANUSCRITS ET IMPRIMÉS

DU CABINET

DE FEU M. GUYOT DE VILLENEUVE.

LA VENTE AURA LIEU

Du Lundi 25 Mars au Samedi 30 Mars 1901

A DEUX HEURES PRÉCISES

HOTEL DES COMMISSAIRES-PRISEURS

RUE DROUOT, 9

SALLE N° 7 AU PREMIER

Par le ministère de M. MAURICE DELESTRE, commissaire-priseur,

RUE SAINT-GEORGES, 5

Assisté de M. Ed. RAHIR, libraire,

PASSAGE DES PANORAMAS, 55

EXPOSITION PARTICULIÈRE : *Du lundi 18 Mars, au Vendredi 22 Mars, à la librairie D. Morgand, 55, Passage des Panoramas, de deux heures à six heures.*

EXPOSITION PUBLIQUE : *Le dimanche 24 Mars, Hôtel Drouot, salle N° 7, de deux heures à six heures.*

CONDITIONS DE LA VENTE

La vente se fera au comptant.

Les acquéreurs paieront 10 p. 100 en sus des enchères, applicables aux frais.

Les livres devront être collationnés sur place dans les vingt-quatre heures de l'adjudication. Passé ce délai ou une fois sortis de la salle de vente, ils ne seront repris pour aucune cause.

MM. RAHIR et Cⁱᵉ rempliront les commissions des personnes qui ne pourraient assister à la vente.

CATALOGUE

DES

LIVRES MANUSCRITS ET IMPRIMÉS

DES DESSINS ET DES ESTAMPES

DU CABINET

DE FEU M. GUYOT DE VILLENEUVE

Président de la Société des Bibliophiles François.

DEUXIÈME PARTIE.

PARIS

LIBRAIRIE DAMASCÈNE MORGAND

ÉDOUARD RAHIR ET Cⁱᵉ, SUCCESSEURS

LIBRAIRES DE LA SOCIÉTÉ DES BIBLIOPHILES FRANÇOIS

Passage des Panoramas, 55.

1901.

TABLE DES PROVENANCES CÉLÈBRES

NOMENCLATURE DES PRINCIPAUX OUVRAGES

La vente de la deuxième et dernière partie de la bibliothèque de M. Guyot de Villeneuve comprend les ouvrages classés sous les titres *Belles-Lettres* et *Histoire*, entre les numéros 557 et 1330 du Catalogue général.

La première de ces séries contient les éditions originales des grands écrivains français, c'est une des parties capitales de la bibliothèque. Les œuvres de Corneille, de Racine, de Boileau et de La Fontaine y forment la collection la plus considérable peut-être qui ait jamais été réunie.

On trouvera dans la seconde des ouvrages remarquables relatifs à l'histoire de Paris, aux fêtes de la Ville, aux Entrées et Sacres des Rois de France.

En suivant l'ordre du Catalogue nous signalerons à l'attention des amateurs les numéros suivants :

BELLES-LETTRES. — 569. *J. Stobei Sententiæ*, 1543. Très-belle reliure en mosaïque au chiffre de THOMAS MAIOLI. — 570. *Aulu-Gelle*, 1585, reliure à compartiments de la fin du XVIᵉ siècle. — 574. *Ciceronis Orationes*, 1543, riche reliure portant les armes et le nom de L. de SAINTE MAURE, marquis de Nelle.

Poètes Grecs et Latins. — 588. *Idylles de Théocrite* et 589. *Idylles de Bion et Moschus*, 2 volumes reliés par *Boyet* aux insignes de LONGEPIERRE, traducteur en français de ces ouvrages. — 591. *Virgile*, Alde, 1527, exemplaire relié pour GROLIER, reliure reproduite dans le Catalogue. — 594. *Horace*, 1501, première édition aldine dans sa reliure originale.

Poètes français. — Anciens poètes français : 610. *Alain Chartier*, 1529. — 611. *Le Champion des Dames*, 1530. — 612 *Villon*, 1533. — 614. *Coquillart*, 1532. — 615. *Les Lunettes des Princes*, de Meschinot, 1528, riche reliure de Trautz-Bauzonnet. — 616. *Les Fortunes et adversitez* de Jehan

Regnier d'Auxerre, 1526. — 617-619. *Le Château de labour,* *le Château d'amours* et les *Menus Propos* de Gringore. —

621-628. Œuvre des deux Marot, dont la troisième édition de l'*Adolescence Clémentine* de 1533 (n° 623) reliée avec la première édition de la *Suite de l'Adolescence.* — 625. *Les œuvres de Marot,* 1545, exemplaire relié par Trautz-Bauzonnet.

629-658. Œuvres des poètes français antérieurs à la Pléïade : 629. *Bonaventure des Périers,* 1514, exemplaire relié en maroquin doublé aux armes du comte d'Hoym. — 630 et 631. *Les Marguerites de la Marguerite,* 1547, et le *Tombeau de la Marguerite,* 1551, 2 vol. reliés en maroquin doublé par Trautz-Bauzonnet. — 641. *Pernette du Guillet,* 1552, seul exemplaire connu de cette édition. — 642. *Louis Labé,* 1555, rarissime première édition. — 655. *Les Blasons anatomiques du corps féminin,* 1543, petit volume orné d'amusantes figures.

659-700. Œuvres des poètes de la Pléïade et de leurs successeurs : *Ronsard* (659-668), *Du Bellay* (669), *Baïf* (670-672), *Jodelle* (674), *Ponthus de Thyard* (675-679), *Peletier* du Mans (682-684), *Passerat* (699) et *Desportes* (700).

702. *Les Œuvres de Malherbe,* 1630, première édition ; exemplaire tiré sur GRAND PAPIER aux armes de J.-A. de THOU, l'infortuné compagnon de Cinq-Mars. — 713. *La Muse historique de Loret,* exemplaire aux armes du cardinal MAZARIN.

735-759. Œuvres de La Fontaine, parmi lesquelles les *Contes* en éditions originales (n°ˢ 737, 741, 742) et les *Fables* aussi en éditions originales (n°ˢ 744, 746).

Chansons : 779. *Recueil de chansons,* publié à Caen, par Mangeant, 1615. — 781. *Parnasse des Muses,* 1630, relié en maroquin doublé par Trautz. — 782. *Chansons de La Borde,* 1773, 4 vol. aux armes du marquis de MARIGNY.

POÉSIE DRAMATIQUE. Ancien théâtre : 798. *Les Comédies de Térence,* 1717, 3 volumes reliés par *Derome.* — 804. *Pierre Pathelin,* 1532.

Théâtre français depuis le XVII° siècle. — 817 à 860. Œuvres de Corneille, éditions originales collectives de 1644 (n° 818) de 1648 (n° 821), et les pièces séparées, en éditions originales, réunies en recueil (n° 824) ou isolées. Dans cette même série, un livre d'une haute importance au point de vue littéraire et au point de vue historique, le n° 829, *Sentiments de l'Académie française sur la tragi-comédie du Cid*. Paris, 1638, exemplaire aux armes du cardinal de RICHELIEU.

861 à 924. *Œuvres de Molière*. Editions originales collectives de 1666 (n° 861), de 1673, complétée par une série de pièces séparées, dont sept en ÉDITIONS ORIGINALES (n° 862), de 1674-1675, exemplaire relié en maroquin doublé par Trautz-Bauzonnet (n° 863), de 1682, exemplaire célèbre, un des quatre connus *non cartonnés*, provenant du lieutenant de police LA REYNIE (n° 865), et toute la série des pièces de l'auteur en ÉDITIONS ORIGINALES ainsi que les deux poèmes du *Remerciement au Roi*, 1663 (n° 910) et *La Gloire du Val de Grâce*, 1669 (n° 911).

925-951. *Œuvres de Racine*. Éditions originales collectives et pièces séparées, aussi en éditions princeps. Parmi ces dernières un des livres les plus importants de cette collection, l'*Esther*, exemplaire de l'édition originale, aux armes de la marquise de MAINTENON.

952-955. *Théâtre de Regnard*. — 977. *La Célestine*, un des chefs-d'œuvre du théâtre espagnol, exemplaire aux chiffres de LOUIS XIII et d'ANNE d'AUTRICHE, reliure reproduite dans le Catalogue. — 981. *Le Ballet comique de la Royne*, dansé en 1582. — 982. Recueil de 73 dessins de costumes portés dans différents ballets dansés à la Cour de 1572 à 1671. — 986. 43 dessins de costumes d'acteurs et d'actrices exécutés à la gouache, sur VÉLIN, par *Whirsker*.

Conteurs. Romans. 991-992. *Heptameron de la reine de Navarre*, dont la première et rarissime édition de 1558 et les œuvres de Des Périers, G. Chappuys, G. Bouchet, etc.

1007-1020. *Œuvres de Rabelais*, édition de *François Juste*, 1542 (n°s 1007, 1008), de *Dolet* 1542 (n° 1009), de *Valence*, 1547 (n° 1010) de 1556, exemplaire relié en mosaïque par *Cuzin* (n° 1016) et éditions séparées des troisième, quatrième et cinquième livres.

Romans français du XVII° siècle. — 1021 *L'Astrée*, exemplaire de HABERT DE MONTMORT. — 1026-1029. Ouvrages de Mlle de Montpensier, y compris le rarissime recueil des *Divers portraits*, 1659, exemplaire aux armes de la GRANDE MADEMOISELLE. — 1033. *Roman comique de Scarron*, 1651-1657, édition originale dont on ne connaît que quelques exemplaires. — 1041 à 1044. Romans de Mme de La Fayette dont *Zayde* et la *Princesse de Clèves* en éditions originales. 1047. *Contes du temps passé*, par Perrault, 1697. — 1054. *Aventures de Télémaque*, 1699, édition originale supprimée par ordre supérieur.

Romans français du XVIIIe siècle. — 1061-1062, *Histoire de Gil Blas*, de Lesage, éditions de 1715-1735 et de 1747. — 1074, *Manon Lescaut*, 1753, exemplaire relié sur brochure. — 1075. *La Nouvelle Héloïse*, 1761, exemplaire avec reliure portant sur les plats la devise de l'auteur.

Romans Étrangers. — 1080. *Les Nouvelles de Cervantes*, 1618, reliure aux armes de *Louis XIV*.

Epistolaires. — 1115. *Cicéron*, 1532, exemplaire en maroquin doublé aux armes du Comte d'Hoym. — 1116. *Pline*, 1669, reliure de *Le Gascon*, aux armes et chiffres de Élie du Fresnoy, reliure reproduite dans le Catalogue.

HISTOIRE. — *Histoire ancienne et histoire des pays étrangers.* — 1144. *Appian*, 1544, exemplaire avec les armes et la devise du connétable Anne de Montmorency. — 1146. *Paul Orose*, exemplaire avec l'emblème de Canevarii, reliure reproduite dans le catalogue.

1159. *Les Chroniques et annales de Pologne*, 1573, dans une riche reliure de *Le Gascon*. — 1161. *Histoire de la réunion du Portugal à la Castille*, 1680, 2 volumes aux armes de Mme de Chamillart.

Histoire de France. — 1165. *Histoire de France*, par Mézeray, exemplaire relié par *Derome*. — 1202. *Mémoires du Cardinal de Retz*, exemplaire relié par *Derome*.

Histoire de Paris. — 1226 à 1269 ; ouvrages de Corrozet, de Du Breul, de Germain Brice, de Colletet, de Dezallier d'Argenville, etc. — 1257. *La Topographie françoise* de Chastillon, exemplaire très complet de la première édition. — 1259 à 1261. *Vues de France et de l'étranger* par *Pérelle* et *Israël Silvestre*.

Entrées et Cérémonies. — 1288. *Entrée de Henri II à Paris*, 1549. — 1290. *Entrée de Henri II à Rouen*, 1551, exemplaire de Gaston d'Orléans. — 1293. *Entrée de Henri IV* à *Rouen,* 1599. — 1300. *Le Sacre de Louis XV,* 1722, riche reliure de *Padeloup.* — *Fêtes de Paris* de 1740 et 1745 reliures de *Padeloup.*

Numismatique. — 1306. *G. Budé, Traité de Asse,* 1522, reliure avec le nom de Laurin. — 1307. *Ordonnances sur le fait des monnoies,* 1540, exemplaire imprimé sur VÉLIN dans une jolie reliure faite pour le cardinal de Tournon, dont les armes sont peintes sur le titre.

Biographies. — 1313. *Vita di Èzzelino,* exemplaire du roi Henri III.

ORDRE DES VACATIONS

PREMIÈRE VACATION

Lundi 25 Mars.

DEUXIÈME VACATION

Mardi 26 Mars.

TROISIÈME VACATION

Mercredi 27 Mars.

QUATRIÈME VACATION

Jeudi 28 Mars.

CINQUIÈME VACATION

Vendredi 29 Mars.

SIXIÈME VACATION

Samedi 30 Mars.

Les numéros 578, 579, 626, 680, 681, 775, 793, 987, 1149, 1167,
1168, 1172, 1173, 1182, 1204, 1216, 1217, 1219, 1220, 1221,
1222, 1224, 1225, 1323, 1324, 1325, 1326, 1328, 1330 ne seront
pas vendus.

CATALOGUE

DES

LIVRES MANUSCRITS ET IMPRIMÉS

DES DESSINS ET DES ESTAMPES

DU CABINET

DE M. G. DE VILLENEUVE.

BELLES-LETTRES.

Linguistique. — Philologie.

557. TRAITÉ DE LA GRAMMAIRE FRANÇOISE. L'Olivier de Rob. Estienne. *S. l. n. d. (Paris, R. Estienne,* 1557). In-8 de 110 pages, mar. vert jans., dent. int., tr. dor. (*Trautz-Bauzonnet.*)

> Première édition de la Grammaire française de Rob. Étienne.

558. TRAICTÉ DE LA CONFORMITÉ DV LANGVAGE FRANÇOIS auec le Grec, diuisé en trois liures, dõt les deux premiers traictent des manieres de parler cõformes : le troisieme contient plusieurs mots François, les uns pris du Grec entierement, les autres en partie : c'est-à-dire en ayans retenu quelques lettres par lesquelles on peut remarquer leur etymologie... En ce traicte sont descouuerts quelques secrets tant de la langue Grecque que de la Françoise : duquel l'auteur & imprimeur est Henri Estienne, fils de feu Robert Estienne. *S. l. n. d. [mais avec la marque de H. Estienne].* Petit in-8 de 16 ff. lim. et 159 pp., mar. bleu jans., dent. int., tr. dor. (*Duru.*)

> Édition originale. Elle a été imprimée à *Genève,* vers 1565.

559. L'INTRODUCTION AU TRAITÉ DE LA CONFORMITÉ DES MERVEILLES ANCIENNES avec les modernes ou traité préparatif

à l'apologie pour Hérodote. *L'an 1566, au mois de novembre.* In-8, mar. bleu, fil., dos orné, tr. dor. (*Duru.*)

Coll. 16 ff. lim., 6 ff. pour l'avertissement, 18 ff. pour les tables, 572 pp. chiffr. pour le texte, 1 f. blanc.
Edition originale du pamphlet de Henri Estienne imprimée à *Genève.*
Cet exemplaire a appartenu à un amateur anglais, M. Turner. Il contient vingt-quatre feuillets de plus que les exemplaires jusqu'ici connus, soit un « *Avertissement de Henri Estienne pour son livre..., touchant ceux qui en jugent et parlent à la volée... etc.* », et des tables.
Cet avertissement ajouté après coup n'a figuré que dans un très petit nombre d'exemplaires, car il n'a été connu ni par Le Duchat, ni par Renouard.
M. Turner qui avait découvert cette particularité a fait réimprimer ces vingt-quatre feuillets à 50 exemplaires en 1860 (*Voir Catalogue de la vente du libraire Potier.*)

560. Devx Dialogves du nouueau langage François, italianizé & autrement desguizé, principalement entre les courtisans de ce temps : De plusieurs nouueautez, q̃ ont accompagné ceste nouueauté de langage : De quelques courtisanismes modernes ; & de quelques singularitez courtisanesques. *S. l. n. d. [Genève 1578].* Pet. in-8, réglé, de 16 ff. lim. et 623 pp., mar. rouge jans., dent. int., tr. dor. (*Trautz-Bauzonnet.*)

Édition originale du célèbre livre de Henri Estienne.
De la bibliothèque Lignerolles.

561. Proiect dv livre intitvlé : De la precellence du langage François. Par Henri Estienne. *A Paris, par Mamert Patisson,* 1579. In-8, mar. bleu jans., dent. int., tr. dor. (*Trautz-Bauzonnet.*)

16 ff. préliminaires, 295 pp. chiffr. pour le texte.
Exemplaire en GRAND PAPIER.

562. Les premices, ou le I. liure des Prouerbes epigrãmatizez, ou des Epigrammes prouerbializez. C'est-à-dire, Signez & Scellez par les prouerbes François : aucuns aussi par les Grecs et latins, ou autres, pris de quelcun des langages vulgaires. Rengez en lieux communs. Le tout par Henri Estienne. M.D.LXXXXIIII [1594]. *S. l. [Genève].* Petit in-8, mar. rouge, fil., dos orné, dent. int., tr. dor. (*Trautz-Bauzonnet.*)

6 ff. lim. 207 pp. chiffrées.
Ce rare volume, le plus rare de tous les ouvrages des Estienne, est un double de la bibliothèque de Vienne.
De la bibliothèque Lignerolles.

563. Les Epithetes de M. de la Porte Parisien. Liure non seulement utile à ceux qui font profession de la Poësie, mais fort propre aussi pour illustrer toute autre composition Françoise. Auec briefues annotations sur les noms & dictions difficiles. *A Paris, chez Gabriel Buon, au clos Bruneau,*

a l'image sainct Claude, 1571. Pet. in-8, vélin à recouvrement.

> 4 ff. liminaires, 285 ff. chiffrés. Le dernier f. porte por erreur 284.

564. CELT-HELLENISME, ou Etymologie des mots françois tirez du græc. Plus preuves en general de la descente de nostre langue, par Léon Trippault, sieur de Bardis. *A Orléans, par Eloy Gibier*, 1581. In-8, veau fauve, fil., tr. dor. (*Derome*).

> Un des rares ouvrages du xvie siècle sur la linguistique. On y trouve l'explication d'un grand nombre de mots et anciennes expressions proverbiales usitées à cette époque, ainsi que quelques façons de s'exprimer particulières alors aux provinces de France.

565. GRAMMAIRE GÉNÉRALE et raisonnée contenant les fondements de l'art de parler expliquez d'une manière claire et naturelle... et plusieurs remarques nouvelles sur la Langue Française. *A Paris, chez Pierre le Petit, imprimeur et libraire ordinaire du Roy, rue St Jacques à la Croix d'or 1660, avec privilège*. In-12, veau.

> 147 pp. 2 ff. pour la table et le privilège.
> Première édition de la Grammaire de Port-Royal par Lancelot et Ant. Arnaud.

566. OBSERVATIONS DE M. MÉNAGE sur la langue françoise. *Paris, Cl. Barbin*, 1675-1676. 2 vol. in-12, mar. bleu, dos orné, tr. dor. (*Duru.*)

> La première partie est de la seconde édition, (La première édition est de 1672.) Cette première partie est dédiée au chevalier de Meré.
> La seconde partie est une réponse aux *Doutes sur la langue Française du Père Bouhours*. La polémique avec le père Jésuite remplit tout le volume. Ces deux parties des Observations sont d'un grand intérêt pour l'histoire de notre langue et se rencontrent rarement dans les ventes.

567. BONNE RESPONCE A TOUS PROPOS. Livre plaisant et délectable, auquel est contenu grand nombre de Proverbes et sentences joyeuses. Traduit d'Italien en notre vulgaire Françoys. *A Paris, par Est. Groulleau demeurant en la rue Neuve Notre-Dame à l'enseigne Saint-Jean-Baptiste*, 1550. In-16, veau fauve. (*Reliure du temps.*)

> Conservation parfaite.

568. LES ORIGINES de quelques coutumes anciennes, et de plusieurs façons de parler triviales. Avec un vieux manuscrit en vers, touchant l'origine des Chevaliers Bannerets (par Jacques Moisant de Brieux). *A Caen, chez Jean Cavelier*, 1672. Pet. in-12, mar. bleu, fil., tr.dor. (*Bauzonnet.*)
> Sur le titre la signature de Chardon de la Rochette.
> Exemplaire de CH. NODIER.

569. Joannis stobei sententiæ ex Thesauris grecorum delectæ quarum autores Circiter Ducentos et quinquagenta citat, nunc primum à Conrado Gesnero doctore medico Tigurino in latinum sermonem traductæ. *Tiguri, excudebat Christoph. Froschoverus, anno 1543.* In-fol., mar. vert, compart. de mosaïque de mar. citron et rouge, dent. de fers azurés, tr. dor. (*Rel. anc.*)

> Cette reliure est d'une conservation parfaite et semble sortir du même atelier que les reliures du roi Henri II. Le dos et les coiffes sont tout à fait de même facture.
> Au chiffre de Thomas Maioli.

570. Auli Gellii Noctes Atticæ ... quas nunc primum a magno mendorum numero magnus veterum exemplarium numerus repurgavit. Henrici Stephani Noctes aliquot parisinæ, atticis A. Gellii Noctibus... invigilatæ. *Parisiis (Henr. Stephanus),* 1585. In-8, réglé. mar. rouge, tr. dor.

> Belle reliure de la fin du xvi° siècle, dont les plats sont couverts de riches compartiments dorés à petits fers, et d'une conservation parfaite.
> Exemplaire de J.-J. De Bure et de Brunet.

571. Titi Petronii Arbitri equitis romani Satyricon, cum fragmento nuper Tragurii reperto. Accedunt diversorum poetarum Lusus in Priapum, Pervigilium Veneris, Ausonii Cento nuptialis, etc. Omnia comment. et notis doctorum virorum illustrata. *Amstelodami, typis Joannis Blaeu,* 1669. In-8, mar. rouge, fil., tr. dor. (*Derome.*)

> Exemplaire de l'édition Variorum. Frontispice gravé par Romeyn de Hooghe.

572. Martiani Minei Felicis Capellæ Satyricon, in quo de nuptiis philologiæ et Mercurii libri duo, et de septem artibus liberalibus libri singulares; emendati, et notis Hug. Grotii illustrati. *Ex officina Plantiniana, Ch. Raphelengius,* 1599. In-8, vélin.

> Édition rare, publiée par Grotius à l'âge de 15 ans. On trouve dans cet exemplaire le portrait de Henri de Bourbon, prince de Condé, âgé de 10 ans, et celui de Grotius. Tous les deux sont gravés par J. de Ghein.

573. Le Grand Dictionnaire des Pretieuses, Historique, Poetique, Geographique, Cosmographique; Cronologique, & Armoirique : où l'on verra leur Antiquité, Coustumes, Devises, Eloges, Etudes, Guerres, Heresies, Ieux, Loix, Langage, Mœurs, Mariages, Morale, Noblesse ; avec leur politique, predictions, questions, richesses, reduits et victoires, Comme aussi les Noms de ceux & de celles qui ont iusques icy inventé des mots Precieux. Dédié à Monseigneur le Duc de Guise. Par le Sieur De Somaize. *A Paris, Chez Iean Ribou.* M.DC.LXI [1661]. 3 parties en un vol. pet. in-8, front. gravé, mar. rouge, fil., dos ornés, tr. dor. (*Padeloup*.)

Edition originale avec la clef des noms.
Exemplaire de NODIER et du COMTE DE MOSBOURG.

Rhétorique.

574. M. TULLII CICERONIS ORATIO PRO P. QUINTO. *Parisiis, ex officinâ Michaelis Vascosani*, 1543. — M. TULLII CICERONIS ORATIO PRO ROSCIO. *Parisiis, ex officinâ Michaelis Vascosani*, 1541. — M. T. CICERONIS ACTIONUM IN VERREM. Libri quatuor priores. *Apud Michaelem Vascosanum*, 1539. — M. T. CICERONIS ORATIO PRO FONTEIO. *Vœnundantur Parrhisiis in officinâ Ascensiana.* — M. TUL. CICERONIS PRO A. CECINA. Oratio. *Parisiis, ex officinâ Simonis Colinœi*, 1540. (Le titre est dans un encadrement de Tory qui se retrouve dans les heures de 1543.) — Ens. 5 ouvrages en 1 vol. in-4, car. ronds et ital., lettres ornées, veau fauve, dos orné, riches comp. peints en mosaïque de différentes couleurs, tr. dor. et ciselée. (*Rel. du XVI° siècle*.)

Volume d'une parfaite conservation, revêtu d'une magnifique reliure exécutée au seizième siècle, par le relieur de Grolier ou de Maioli, pour LOUIS DE SAINTE MAURE, marquis de Nelle et comte de Joigny.
Aux armes de SAINTE MAURE.

575. DISCOURS QUI A REMPORTÉ LE PRIX d'éloquence par le jugement de l'Académie Française en l'année mil six cent quatre-vingt-neuf (par Raguenet). *A Paris, chez Claude Barbin, au palais, sur le second perron de la sainte chapelle.* 1689. In-4, mar. rouge, fil., dos orné. (*Rel. anc.*)

Aux armes de BOSSUET.

576. PLAIDOYER PAR NICOLAS LAMOIGNON DE BASVILLE pour Van Opstal, le sculpteur. Contre le Sʳ N. et sa veuve. Prononcé en 1668 au parlement de Paris. In-fol., mar. rouge. (*Rel. anc.*)

Manuscrit de 18 feuillets orné d'un en-tête dessiné à l'encre de Chine et d'un cul-de-lampe à la fin. Ce cul-de-lampe est formé d'un aigle supportant un écu où sont les armes de la Corporation des Imagiers parisiens.
Ces armes se retrouvent sur l'ex-libris collé sur la garde intérieure du volume.
Aux armes de LAMOIGNON.

577. ŒUVRES DE M. THOMAS, de l'Académie françoise. *A Amsterdam, et se trouve à Paris, chez Moutard*, 1773, 4 vol. in-8, fig. et médaillons, mar. rouge, fil., dos orné, tr. dor. (*Derome*).

Superbe exemplaire, en GRAND PAPIER DE HOLLANDE.
De la bibliothèque de Monsieur NERVET.

578. Discours prononcés dans la séance publique tenue par l'Académie française pour la réception de M. le Duc d'Aumale, le 3 avril 1873. *Paris, typographie de Firmin Didot frères, fils et Cⁱᵉ, imprimeurs de l'Institut de France, rue Jacob*, 56. 1873. In-4, mar. bleu doublé de mar. rouge, dentelles intérieures, tr. dor. (*Cuzin.*)

Exemplaire sur papier de Hollande avec un envoi autographe de Mgr. le Duc d'Aumale.
Aux armes de Mgr. le Duc d'Aumale.

579. Discours prononcés dans la séance publique tenue par l'Académie française pour la réception de M. Rousse, le 7 avril 1881. — Réponse de Mgr. le duc d'Aumale, directeur de l'Académie française, au discours de M. Rousse prononcé dans la séance du 7 avril 1881. — Notice sur le Cⁱᵉ de Cardaillac par M. le Duc d'Aumale, membre de l'Académie, lue dans la séance du 17 juillet 1880. *Paris, Didot*, 1880. 3 parties en un vol. in-4, mar. bleu jans. (*Cuzin.*)

Avec un envoi autographe de Mgr. le Duc d'Aumale.

580. Oraison fvnebre de l'incomparable Marguerite, Royne de Nauarre... Composée en Latin par Charles de Saincte-Marthe et traduicte par luy en langue Françoise. Plus Epitaphes de ladicte dame. par aulcuns poëtes François. *Paris, Regnault Chaulidiere*, 1550. In-4, veau fauve, dos orné, fil., dent. int., tr. dor.

4 ff. liminaires pour le titre, le privilège au verso du titre et l'épistre aux princesses Mesdames Marguerite de France et Jehanne de Navarre. 136 pp. chiffrées.

581. Oraison funebre de Tres-Haut et Puissant Seigneur, Messire Michel le Tellier, Chancelier de France, prononcée dans l'Eglise de l'Hostel Royal des Invalides, le 22 mars 1686, par M. Flechier. Abbé de Saint Severin. *A Paris, Chez Séb. Mabre-Cramoisy*, 1686. In-4, mar. noir. (*Rel. anc.*)

Édition originale.
Exemplaire en grand papier.
Aux armes de Marie-Anne-Christine de Bavière, Dauphine de France.

582. Oraison funèbre de très haute, très puissante et très excellente princesse Madame Elisabeth Charlotte, Palatine de Bavière, duchesse d'Orléans, prononcée dans l'église de Laon le 18 mars 1723, par le Père Cathalan. *A Paris, chez la veuve Mazières*, 1723. In-4, mar. noir, tr. dor. (*Rel. anc.*)

Exemplaire en grand papier.
Cette oraison funèbre a pour en-tête un superbe portrait de la princesse gravé par Drevet d'après Rigaud.
Aux armes de la Princesse Palatine.

583. ORAISONS FUNÈBRES, composées par messire Esprit Fléchier, évêque de Nismes. *A Paris, chez Antoine Dezallier*, 1691. 2 tomes en 1 vol. in-12, mar. rouge jans., dent. int., tr. dor. (*Cuzin*.)

> Première édition collective.

584. ORAISONS FUNÈBRES DE BOSSUET, Fléchier, et autres orateurs ; avec un discours préliminaire et des notices par M. Dussault. *A Paris, chez Louis Janet*, 1820. 4 vol. in-8, portr. et fig., mar. brun, dos et plats ornés de fil. à froid, tr. dor. (*Trautz-Bauzonnet*.)

> PAPIER VÉLIN, les figures sont AVANT LA LETTRE, les portraits avec la LETTRE GRISE.

Poètes Grecs et Latins.

585. HOMERI OPERA, GRÆCE, *Venetiis, in œdibus Aldi et Andreæ Asulani Soceri*, 1517 *mense junio*. 2 vol. in-8, mar. bleu, dentelles, tr. dor. (*Lefebvre*.)

> Cette édition est la plus rare des trois éditions aldines. Voir sur la garde du tome 1er une note tirée du *Catalogue Renouard* de 1819.
> Exemplaire de RENOUARD qui a ajouté le portrait d'Homère, dessin original, à la mine de plomb, par Saint-Aubin.

586. HOMERI ILIAS id est, de rebus ad Troiam gestis. *Typis Regiis, Parisiis*, MDLIIII [1554], *apud Adr. Turnebum*. In-8, mar. bleu à riches compartiments, tranches dorées et peintes (*Reliure du XVIe siècle.*)

> La reliure est remarquable par son élégance et sa conservation.
> Exemplaire de YEMENIZ.

587. LE GRAND COMBAT DES RATZ ET DES GRENOVILLES.

> Lisez Françoyz ce petit liure neuf
> Traduict du Grec l'an Cinq cens trentencuf.

On les vend a Paris en la maison de Chrestien Wechel demourant a lescu de Basle, en la rue sainct Iacques et a lenseigne du Cheual volant. en la rue de sainct Iehan de Beauuays. M.D. XL [1540]. In-4 de 8 ff., dont un pour la marque de Wechel, fig. au verso du titre, mar. rouge jans., dent. int., tr. dor. (*Trautz-Bauzonnet*.)

> Ce volume, fort rare, se termine par l'acrostiche du traducteur : MACAULT.
> Il y a au verso du titre une grande figure sur bois qui représente le combat des rats et des grenouilles.

588. LES IDYLLES DE THÉOCRITE, traduites de grec en vers françois avec des remarques (par Requeleyne de Longe-

pierre). *A Paris, chez P. Auboin*, 1688. In-12 réglé, mar. rouge, fil., doublé de mar. vert, dent. intérieure, tr. dor. (*Rel. anc.*)

Exemplaire de LONGEPIERRE.

589. LES IDYLLES DE BION ET DE MOSCHUS, traduites de **grec** en vers françois, avec des remarques (par Requeleyne de Longepierre). *A Paris, chez P. Auboin*, 1686. 2 parties en un volume in-12 réglé, front. gravés, mar. rouge, doublé de mar. vert, dent. intérieure, tr. dor. (*Rel. anc.*)

Ce volume avait été poussé au prix extraordinaire de 13000 francs à la vente de M. Didot pour M. le baron de Lacarelle. A la vente de cet amateur il s'est revendu beaucoup moins cher.
Exemplaire de LONGEPIERRE.

590. TITUS LUCRETIUS CARUS de rerum natura. *Amstelodami, apud J. Jansonnium*, 1626. In-16 réglé, mar. rouge, fil., comp., tr. dor. (*Rel. anc.*)

Charmante reliure de Le Gascon avec le chiffre de Louis Habert de Montmor.

591. VIRGILIUS. — In fine : — *Venetiis, in œdibus Aldi, et Andreæ soceri, anno M.D. XXVII* [1527] *mense Junio.* In-8, mar. fauve antiqué, compart. dorés, tr. dor. (*Rel. anc.*)

Les capitales et les ancres d'Alde sont en or et en couleur.
Exemplaire de GROLIER avec son nom au recto « GROLIERII ET AMICORUM » et sa devise au verso « PORTIO MEA DOMINE SIT IN TERRA VIVENTIUM. »
GROLIER avait plusieurs exemplaires du Virgile des Aldes, l'un est au British Museum, un autre à la Bibliothèque nationale.
A propos de ce volume, M. RENOUARD, à qui il a appartenu, raconte dans son Catalogue de 1819, t. II, p. 238, l'anecdote suivante : « James Edwards, très adroit libraire de Londres, m'écrivit il y a une vingtaine d'années : « *M. Renouard, s'il vous tombe sous la main quelques bons volumes d'Alde à la reliure de Grolier, réservez-les moi, je donne de chacun un louis.* » Par retour du courrier je lui écrivis : « *M. Edwards, s'il vous tombe sous la main quelques bons volumes d'Alde à la reliure de Grolier, réservez les moi, je donne de chacun six guinées.* »
Maintenant, en l'an 1896, un siècle après, le bon volume d'Alde à la reliure de Grolier, vaut dix mille francs. La dernière adjudication, celle du Catulle de la vente du comte de Lignerolles a été faite au prix de 10.000 francs plus les frais.
Quand M. Renouard mettait sa signature au bas de ce Virgile de Grolier, *Ant.-Aug. Renouard, Parisinus*, 1792, aurait-il pu rêver une pareille fortune pour ces livres qu'il aimait passionnément.

592. P. VIRGILII MARONIS OPERA : nunc emendatoria. [Ex recensione Dan. Heinsii.] *Lugd. Batavor., Ex officina Elzeviriana A°* 1636. Pet. in-12, mar. rouge, fil., dos orné, tr. dor. (*Derome.*)

Première édition elzévirienne donnée sous cette date.
H. 126 ᵐᵐ.
Exemplaire du prince RADZIWILL.

P. VIRGILIVS
MARO.

IO. GROLIERII ET AMICORVM.

Nº 591

593. LES EGLOGVES DE VIRGILE, traduites en carme françöis, la première par Clément Marot, et les neuf autres par M. Richard le Blăc, dediees à tres-illustre Princesse Madame Marguerite de Frãce, Duchesse de Berri, sœur unique du Magnanime Roi Hēri, deusieme de ce nom, a ce est ajoutée par le traducteur une brièue exposition d'aucunes dictions. *Auec priuilège du Roy pour six ans. Paris, Ch. l'Angelier*, 1555. Pet. in-8, fig. sur bois, mar. rouge, fil. et fers à froid sur les plats, dent., tr. dor. (*Lortic.*)

> Coll. 8 ff. liminaires, 38 ff. pour les Eglogues, 10 ff. pour la briève exposition, l'errata et la grande marque de L'Angelier avec la devise « *d'un amour vertueux l'alliance immortelle les anges liés.* »

594. HORATIVS. — In fine : — *Venetiis, apud Aldum Romanum, mense Maio* MD1 [1501]. In-8 de 143 ff. non chiffr. et 1 f. blanc, mar. citron, fil., dent., compart., fers à froid, tr. dor. et ciselée. (*Rel. du XVI° siècle.*)

> Le premier feuillet est encadré dans un ornement peint sur fond d'or. Les armoiries du propriétaire du livre sont peintes dans la marge du bas. Toutes les grandes capitales sont peintes, et les moyennes sont rehaussées d'or.
> Cet exemplaire est celui de la vente BEARZI, cité par Brunet. C'est un livre vraiment précieux par la grande rareté de l'édition et par sa très belle condition. Il est dans sa première reliure aldine et mesure 165^{mm} de hauteur.

595. QUINTI HORATII FLACCI POEMATA, cum commentar. Joan. Bond. *Amstelodami, Dan. Elzevirium*, 1676. In-12, veau fauve, fil., tr. dor. (*Boyet.*)

> H. 137 mm. témoins.
> Cet exemplaire a appartenu à RENOUARD qui a mis sur la garde un n° à l'encre noire et à MÉON qui a mis sur le titre un n° à l'encre rouge.

596. CATULLUS, Tibullus, Propertius. *Venetiis, in œdibus Aldi*, 1502. In-8, mar. citron, orn. en mosaïque, tr. dor. (*Trautz-Bauzonnet.*)

> Ce livre, étant daté de janvier, n'a pas l'ancre aldine, qui ne fut adoptée par l'imprimeur qu'au mois d'août de cette même année.
> C'est la première édition du Catulle des Aldes.

597. PILÆDRI Augusti Cæsaris Liberti, Fabularum Æsopiarum Libri quinque ; Notis perpetuis illustrati & cum integris aliorum Observationibus in lucem editi à Johanne Laurentio Jc^{to}. *Amstelodami, Apud Johannem Janssonium à Waesberge, et Viduam Elizei Weyerstraet, Anno* 1667. In-8, front. gr. et fig., mar. rouge, fil., doublé de mar. rouge, dent. int., dos orné, tr. dor. (*Boyet.*)

> Ce variorum est recherché pour ses figures dont quelques-unes sont assez légères. Ce n'est pas un classique à l'usage des écoliers.
> Exemplaire du baron DE LACARELLE.

598. Phædri Fabulæ et Publii Syri Sententiæ. *Parisiis, ex Typographia regia,* 1779. In-24, frontispice gravé par Ph. Simoneau, mar. rouge, dos orné, fil., dent. int., tr. dor. (*Rel. anc.*)

Exemplaire en GRAND PAPIER.

599. Ovidii Nasonis amatoria quarum indicem sequens continet tabella. *Lugduni, apud Joannem Frellonium,* 1555. In-12, veau. (*Rel. du XVI° siècle.*)

Sur les plats, le médaillon de Henri II, poussé en relief.

600. Le Jugement de Paris (par M. Renouard). *A Paris, chez Mathieu Guillemot, au Palais,* 1610. *Avec privilège.* In-8. mar. bleu jans., tr. dor. (*Cuzin.*)

Sur le titre une gravure de L. Gaultier.

601. Ivnii Ivvenalis et Auli Persii Flacci Satyræ. Ex doct. viror. emendatione. *Amsterodami, apud Guili. Janssonium,* 1619. In-24, veau fauve, fil., dos orné, tr. dor.

Aux armes de J.-Aug. de Thou.

602. M. Val. Martialis Epigrammata cum notis variorum. *Lugd. Batav., ex offic. Hackiana,* 1670. In-8, mar. rouge, dos orné, fil., doublé de mar. rouge, dent., tr. dor. (*Rel. anc.*)

Exemplaire dans une excellente reliure de Boyet, aussi remarquable par sa qualité que par sa conservation.
Des bibliothèques du duc de Noailles et de Beckford.
Sur le feuillet de garde, les mots : *vente Noailles,* 1835, sont de la main de M. Beckford.

603. Cl. Claudiani Opera, cum annot. St. Claverii. *Parisiis, Nic. Buon,* 1602. In-4, mar. citron, fil., tr. dor. (*Rel. anc.*)

Exemplaire dans une reliure bien conservée, dont le maroquin est curieusement préparé.
Aux armes de J.-A. de Thou.

604. Statii Papinii Sylvarum libri V. — Thebaidos libri XII. — Achilleidos libri II. *Lugduni, Seb. Gryphius,* 1547. In-16, mar. bleu, fil., tr. dor. (*Padeloup.*)

Exemplaire aux armes du comte d'Hoym.

605. D. Magni Ausonii Burdigalensis opera. *Amstelredami, apud G. Jansson,* 1621. In-16, mar. rouge, comp., dorure au pointillé, tr. dor. (*Le Gascon.*)

Très belle dorure qui rappelle celle des *Mémoires de Marguerite,* de la vente Brunet.

Poètes Français depuis les premiers temps jusqu'à Marot.

606. Recveil de l'origine de la langue et poésie françoise, ryme et romans. Plus les noms et sommaire des œuures de CXXVII poètes françois viuans auant l'an MCCC (par Cl. Fauchet). *A Paris, par Mamert Patisson, imprimeur du Roy au logis de Robert Estienne, MDLXXXI* [1581]. In-4, vélin dor., tr. dor. (*Rel. anc.*)

> Portrait de Claude Fauchet par Thomas de Leu, ajouté.
> Exemplaire provenant des bibliothèques Mac-Carthy et R.-S. Turner.
> Aux armes de J.-A. de Thou.

607. Collection des anciens poëtes français, publiée par Coustelier ; savoir : Coquillart, la Farce de Pathelin, Villon, Martial de Paris, P. Faifeu, Cretin, J. Marot et Racan. *Paris, Coustelier,* 1723. 10 vol. pet. in-8, veau fauve, fil., dos ornés, tr. dor. (*Rel. anc.*)

> Bel exemplaire. Excellente reliure de Boyet.
> Aux armes de Bernard de Rieux.

608. L'Apparition de Jehan de Meun, ou le Songe du Prieur de Salon, par Honoré Bonet, Prieur de Salon, Docteur en Décret. MCCCLXXXXVIII. Publié par la Société des Bibliophiles François. *Paris, Silvestre,* 1845. In-4, pl., cartonné.

> Exemplaire sur vélin.

609. Œuvres du chanoine Loys Papon, poète forésien du XVIe siècle, imprimées pour la première fois sur les manuscrits originaux, par les soins et aux frais de Mr N. Yemeniz, précédées d'une Notice par Guy de la Grye (R. Chantelauze). *Lyon, impr. Louis Perrin,* 1857. — Supplément aux Œuvres du chanoine Loys Papon. *Lyon, L. Perrin,* 1860. 2 tomes en 1 vol in-8, vign., mar. grenat jans., dent. int., tr. dor. (*Trautz-Bauzonnet.*)

> Belle édition, tirée à petit nombre et non mise dans le commerce.
> Au chiffre de M. Yemeniz, avec un envoi de sa main.

610. Les œuvres feu maistre Alain Chartier, en son vivant secretaire du feu roy Charles septiesme du nom. Nouvellement imprimées, revues et corrigées oultre les précédentes impressions. *On les vend a Paris en la grant salle du palais au premier pillier en la boutique de Galliot du pré libraire juré de l'université,* 1529. — Au verso du dernier feuillet : — *Fin des œuvres de maistre Alain Chartier imprimées a Paris p. maistre Pierre Vidoue,*

l'an 1529 pour Galliot du pré libraire demeurant au dit lieu. Pet. in-18, mar, rouge, dos orné, tr. dor. (*Derome.*)

12 ff. préliminaires, 366 ff. chiffrés.

611. LE CHAMPION DES DAMES. Livre plaisant copieux et habondant en sentences. Contenant la deffence des Dames contre Malebouche et consorts, et victoire dicelles. Composé par Martin Franc, secretaire du feu pape Felix V et *nouvellement imprimé. Cum privilegio. On les vend a Paris en la grande salle du Palais au premier pilier en la boutique de Galeot du pré libraire juré de l'université.* — A la fin : — *Imprimé a Paris par maistre Pierre Vidoue, pour honneste personne Galliot du pré marchant libraire juré de l'Université de Paris.* 1530. Pet. in-8, mar. bleu, dorure à compartiments, tr. dor. (*Trautz-Bauzonnet.*)

Exemplaire très grand de marges. 143ᵐᵐ. Il est signalé au catalogue Yéméniz comme étant en papier fort ?
De la bibliothèque YEMENIZ.

612. LES ŒVVRES DE FRANCOYS VILLON de Paris, reuues et remises en leur entier par Clément Marot, valet de chambre du Roy. Distique du dict Marot :

Peu de Villons en bon sauoir
Trop de Villons pour déceuoir.

On les vend à Paris en la grant salle du Palais, en la bouticle de Galliot du Pré. — A la fin : — *Fin des œuures de Francoys Villon de Paris, reuues et remises en leur entier par Clement Marot, valet de chambre du Roy, et furent parachevées de imprimer le dernier jour de septembre, l'an mil cinq cent trente trois* [1533]. In-12, mar. r., dentelle sur les plats, doublé de mar. citron, large dentelle. (*Trautz-Bauzonnet.*)

6 ff. prélimin., 115 pp, chiffrées. Haut. 133ᵐᵐ.
Première édition donnée par Marot.
Exemplaire de M. le comte de FRESNE.

613. LES ŒUVRES DE FRANCOIS VILLON. *Paris, Coustelier, 1723.* Pet. in-8, mar. rouge, fil., tr. dor. (*Padeloup.*)

Exemplaire de PIXERÉCOURT.

614. LES ŒVVRES DE MAISTRE GVILLAVME COQVILLART en son viuant official de Reims, nouuellement reuues et imprimées a Paris, 1532. *On les vend à Paris pour Galiot du Pré en la grand salle du Palays.* — A la fin : — *Fin des œuures feu maistre Guillaume Coquillart official de Reims, nouuellement reuues, corrigées et imprimées a Paris pour Galliot du Pré, 1532.* In-16, mar. rouge, doublé de mar. rouge, dent. int., tr. dor. (*Trautz-Bauzonnet.*)

158 ff. chiffrés. Haut. 119ᵐᵐ.
Exemplaire de la vente LIGNEROLLES.

615. LES LVNETTES DES PRINCES. Ensemble plusieurs additions
et Ballades par noble homme Jehan Meschinot escuyer,
de nouueau composées. *Et se vendent au premier pillier
de la grand salle du pallays par Galliot du Pré*, 1528. —
A la fin : — *Cy finissent les Lunettes des Princes auec
plusieurs additions et ballades qui ont été de nouueau
reuues et corrigées et ont été imprimées ce 20 jour
d'octobre par Maistre Pierre Vidoue, libraire juré de Paris,
pour honneste personne Galliot du pré, aussi libraire
juré, aiant sa boutique au premier pillier de la Grand
salle du Palays*, 1528. Pet. in-4, mar. rouge, dent. sur les
plats, tr. dor. (*Trautz-Bauzonnet.*)

> 116 ff. chiffrés. Haut. 140ᵐᵐ.
> Cette édition est la plus rare de la suite des Galliot du Pré. L'exemplaire
> est très pur et très grand de marges. Il est revêtu d'une excellente reliure
> de Trautz-Bauzonnet et du meilleur temps de ce relieur.
> Il a appartenu à M. DE CLINCHAMP et provenait de la vente des doubles
> de la bibliothèque impériale de Vienne ; il a passé chez SOLAR et BÉHAGUE.

616. LES FORTVNES ET ADVERSITEZ de feu noble homme
Jehan regnier escuyer, en son viuant seigneur de Garchy
et bailly daucerre. *Ilz se vendent a Paris auprès de la
porte de la grãt salle du palais. Cum priuilegio.* — *Cy
finissent les fortunes et aduersitez de feu noble hõme
Jehan Regnier en son viuant eslu Dauxerre lequel a este
acheue nouuellemẽt dimprimer le vingt cinquiesme iour
de iuing lan mil cinq cẽs xxvi* [1526]. *Et est permis a
Iehan de la garde libraire le exposer en vẽte...* In-8 de 144
ff., caract. goth., fig. sur bois, mar. rouge, tr. dor. (*Rel.
anc.*)

> Jean Regnier, Seigneur de Guerchy, qui vivait dans la première moitié
> du XVᵉ siècle, était bailli d'Auxerre et conseiller du duc de Bourgogne,
> Philippe le Bon. Il fut mêlé aux guerres civiles du temps. Chargé d'une
> mission par le Duc Philippe, il fut arrêté par les soldats du Roi de France et
> mis dans une prison où il resta à peu près deux ans. C'est pendant sa
> captivité qu'il composa ses poésies. Ainsi que l'indique leur titre, le récit de
> ses *Fortunes et Adversitez* lui en fournit le sujet. On y voit que, dans sa
> jeunesse, il visita non seulement une partie de l'Europe, mais encore la
> Grèce, la Turquie, la Terre Sainte, l'Arménie, etc. Les troubles de la France
> le préoccupent beaucoup, il y revient souvent. Si les peintures qu'il en fait ne
> sont pas d'un style élevé, elles sont au moins simples et naturelles. On
> trouve aussi dans son recueil des ballades, des lais, des virelais, des
> chansons, des triolets et des prières en vers, où il sollicite tous les saints
> de le secourir dans sa captivité. Parmi ces diverses pièces, on en remarque
> une du comte de Nevers datée du château de Montenoison en l'an 1463.
> Jean Régnier mourut vers 1464 [Voy. Goujet; *Bibliothèque française*,
> tome IX, pp. 324-344]. Il est, par les Guerchy, un des ancêtres du Comte
> d'Haussonville.
> Ce précieux volume, dont on ne connaît que deux ou trois exemplaires,
> provient de la bibliothèque de W. BECKFORD. Une note au crayon, sur la
> garde, indique que ce volume a été acheté 5 l. 19 s. C'est l'exemplaire
> cité par Brunet, le seul de cet ouvrage dont il ait trouvé le passage dans
> les ventes publiques.

617. Le Chasteav de Labovr. — Au r° du dernier f. : — *Ce present liure appelle le chasteau de labour a este Imprime a paris par Gillet couteau demourant en la rue garnier saint ladre pres la faulse porte saint martin.* — Au v° du dernier feuillet, grav. sur bois et au-dessous : — *G. couteau.* S. d. [vers 1520]. In-8 goth. de 52 ff. non chiffrés de 30 lignes à la page, fig. sur bois, mar. rouge, fil., dent. int., tr. dor. (*Trautz-Bauzonnet.*)

> Dans cet ouvrage, Pierre Gringore a refondu *Le Chemin de povreté et de richesse*, composé, vers 1342, par Jehan Bruyant.
> Superbe exemplaire.
> La rue Garnier Saint Ladre est aujourd'hui la rue Grenier Saint-Lazare.
> De la bibliothèque du comte DE LIGNEROLLES.

618. Le chasteav Damovrs. Nouuellemēt Compose. A lutilite de tous gentilz Hommes, conuoyteulx de choses honnestes MDXXXIII [1533]. *On les vēd a Lyō en la maisō de Frācoys Iuste, deuāt nostre Dame de Confort.* — A la fin : — *Le surnom de lacteur qui a faict et compose ce liure par les premieres lettres de ce couplet* [Suit l'acrostiche de Gringore]. *Finis.* In-8 goth. allongé de 40 ff. non chiffrés, titre rouge et noir, mar. rouge, compart. de fil., dos orné, tr. dor. (*Trautz-Bauzonnet.*)

> Très rare édition que Brunet n'a connue que par cet exemplaire qui a figuré sur un catalogue de la librairie Potier en 1855. M. de Lignerolles l'acheta et le fit couvrir par Trautz d'une reliure à l'imitation des reliures de Grolier.

619. Les menvs propos. *Cum gratia et priuillegio regis.* — *Cy finissent les menus propos composez par Pierre Gringore herault darmes de tres illustre, treshault, trespuissant prince Anthoine par la grace de Dieu Duc de Calabre, Lorraine et Bar, marchis marquis Du Pont, conte De Prouence et De Vaudemont etc. Imprime a Paris pour ledict Gringore par Gilles Couteau imprimeur Lan mil cinq centz vingt et vng* [1521], *le dernier iour de Decembre.* In-8 de 131 ff. dont 1 blanc, de 26 lignes par page, fig. sur bois, mar. rouge, fil., dos orné, tr. dor. (*Derome le jeune.*)

> Exemplaire du duc DE LA VALLIÈRE et de SOLAR.

620. Lesperon de Discipline pour inciter les humains aux bōnes lettres, stimuler a doctrine, animer a sciēce, inuiter a toutes bōnes œuures, vertueuses et moralles.... lourdement forge et rudemēt lime, par noble homme fraire Antoine Du Saix commendeur de Sainct Antoine de Bourg en Bresse. *S. l.*, 1532. 2 part. en 1 vol. in-4, caract. goth., veau fauve, fil., dos orné.

> 14 ff. lim. 1re partie, 108 ff. non chiffrés. 2e partie, 104 ff. non chiffrés, en tout 226 ff.

Livre rare dédié à Charles, duc de Savoie. Toutes les pages sont entourées de bordures dans le genre de Geoffroy Tory, auquel l'auteur a consacré dans son livre (2ᵉ part. f. N. 2) les vers suivants :

> Geoffroy Thory, qui diuine as heu main
> Pour figurer dessus le corps humain
> La lettre anticque, ouyant que plume ay prise
> Pour te imiter, ce bourgeon ne mesprise :
> Raisin sera, s'il a temps de meurer.

Il semble que l'on peut conclure de ces vers que Du Saix avait inventé et dessiné les arabesques qui entourent les pages de son livre.

Aux armes de Madame de POMPADOUR.

JEAN ET CLÉMENT MAROT.

621. LE RECVEIL JEHAN MAROT DE CAEN, Poete et escripvain de la magnanime Royne Anne de Bretaigne, et depuys Valet de chambre du Treschretien Roy Francoys premier de ce nom... *On le vend à Paris deuant L'eglise Saincte Geneuiefue des Ardens Rue neufue nostre Dame, a lenseigne du Faulcheur, s. d.* Pet. in-8 de 40 ff. non chiffrés, veau fauve, dos orné, tr. dor. (*Rel. anc.*)

Première édition de ce recueil très rare ; elle est sans date, mais elle porte sur le titre la marque de Pierre Roffet.

Exemplaire de G. RARDOT DE PRÉFOND.

622. JEAN MAROT DE CAEN sur les deux heureux voyages de Genes et de Venise, victorieusement mys à fin, par le treschrestien Roy Loys douziesme de ce nom... Et veritablement escriptz par iceluy Jean Marot, alors poete et escriuain de la tresmagnanime Royne Anne, duchesse de Bretaigne, et depuys valet de chambre du treschrestiẽ Roy Françoys premier du nom. — A la fin : — *Ce present liure fut acheve dimprimer le XXII jour de Januier 1532, pour Pierre Roufet* (sic), *dict le Faulcheur, par Maistre Geofroy Tory de Bourges.* Pet. in-8, lettres rondes, mar. rouge jans., dent. int., tr. dor. (*Trautz-Bauzonnet.*)

Collat. 101 ff., plus 1 blanc. Sign. A à M par 8. N por 6.

623. L'ADOLESCENCE CLEMENTINE. Autrement, Les Œuures de Clement Marot, de Cahors en Quercy, Valet de chambre du Roy, composees en laage de son Adolescence. Auec la Complaincte sur le trespas de Feu Messire Florimond Robertet. Et plusieurs autres Œuures faictes par ledict Marot depuis laage de sa dicte Adolescence. Le tout Reueu. corrige, et mis en bon ordre. Plus amples que les premiers imprimez de ceste ny autre Impression. *On les vent a Paris deuant Leglise Saincte Geneuiefue des Ardens Rue Neufue Nostre Dame, a lenseigne du Faulcheur. Auec Priuilege pour Trois ans. — Ce present livre fut acheue d'imprimer le mercredy XII. Iour de Feburier l'an* M.DXXXII [1533 n. s.]. *Pour Pierre Roffet dict le Faulcheur*

Par Maistre Geofroy Tory, de Bourges, Imprimeur du Roy. In-8 de 118 ff. chiffrés plus 1 f. blanc. — LA SVITE DE L'ADOLESCENCE CLÉMENTINE, dont le contenu s'ensuyt, les Elegies de l'Autheur, les Epistres differentes, les Chants diuers, le Cymetiere Et le Menu. *On les vend a Paris en la rue neufue nostre Dame, deuant lesglise sainte Geneuiefue des Ardens, a lenseigne du Faulcheur. Auec priuilege pour trois ans.* S. d. In-8 de 4 ff. limin. dont 1 f. blanc, 125 pp. et 1 f. pour la marque de Pierre Roffet. Ens. 2 part. en 1 vol. in-8, mar. rouge, doublé de mar. rouge, dent., tr. dor.

Editions précieuses des Œuvres de Marot.

L'*Adolescence Clémentine* est ici en troisième édition ; elle a été publiée réellement en 1533, la date du 12 février 1532 étant en vieux style, quand l'année commencait à Pâques.

La *Suite de l'Adolescence* est ici en ÉDITION ORIGINALE ; c'est un volume rarissime, aussi difficile à trouver que la première édition de l'*Adolescence Clémentine* et qui ne lui cède guère en intérêt.

Cette édition, sans date, a paru sans doute en même temps que l'édition de l'Adolescence clémentine de 1532 (1533 nouveau style) car on la trouve jointe à l'exemplaire de cette édition, conservé à la Bibliothèque nationale, comme elle l'est à notre exemplaire.

624. LES ŒUVRES DE CLÉMENT MAROT DE CAHORS, augmentées d'ung grand nombre de ses compositions nouvelles par ci devant non imprimées, le tout soingneusement par luy mesmes reveu et mieulx ordonné, comme l'on voyrra cy après. *A Lyon, chès Estienne Dolet*, 1543. Pet. in-8, mar. rouge, filets, dos orné, doublé de mar. vert, dent., tr. dor. (*Trautz-Bauzonnet.*)

1re partie, 304 ff. chiffrés.

2e partie, Œuvres de Clément Marot les plus nouvelles et récentes, 76 ff. chiffrés.

Cette édition est la 3e publiée par Dolet qui en avait donné deux autres en 1538 et 1542. Elle a de plus que les antérieures une partie de 76 ff. pour les poésies de Marot parues depuis 1538.

Elle nous donne la lettre de Marot à Dolet où il désavoue certaines « *Lourderies* » qu'on a subrepticement mêlées à ses Œuvres, lettre datée de 1538, et la lettre déjà parue dans l'édition de 1532 « *à un grand nombre de frères qu'il a, tous enfants d'Apollon* ». Ici cette lettre est datée de 1530.

625. ŒUVRES DE CLÉMENT MAROT, de Cahors, vallet de chambre du Roy. Plus amples et en meilleur ordre que paravant. *A Lyon, a lenseigne du Rocher,* 1545 (marque de Constantin). 2 parties en 1 vol. pet. in-8, mar. bleu, dos et milieux de feuillages, dorure à petits fers, doublé de mar. rouge, dent., tr. dor. (*Trautz-Bauzonnet.*)

Cette édition est intéressante parce que c'est la première où les poésies de Marot aient été classées dans l'ordre qui a été adopté depuis. Dans l'avis au lecteur, l'imprimeur dit que ce classement a été fait *soubs la correction et bon jugement toutesfois de l'auteur.*

1re partie, 479 pp. et 8 ff., le dernier pour la marque de Constantin.

2e partie, Traductions, 264 pp.

Exemplaire grand de marges. Témoins.

De la bibliothèque du comte de FRESNE.

626. LES ŒUVRES DE CLÉMENT MAROT DE CAHORS, valet de chambre du Roy. *A La Haye, chez Adrian Moetjens,* 1700. 2 vol. pet. in-12, mar. bleu, fil., tr. dor. (*Padeloup.*)

Exemplaire de NODIER. Ci-joint la note rédigée par lui dans son catalogue : « *Exemplaire parfait, orné d'un bon portrait de Marot de la main d'Harreicyn, que la date et son format me font croire gravé pour cette édition, mais qui ne s'est jamais rencontré dans aucun autre exemplaire* », n° 360 du *Cat. Nodier,* Paris, 1846.

627. LE RABAIS DU CAQUET DES FRIPELIPPES et de Marot dit Rat pele, adictione avec le comment. faict par Mathieu de Boutigni, page de maistre Fr. Sagon. — Epistre a Marot, par Fr. de Sagon, pour lui monstrer que Frippelippes avoit faict sotte comparaison des quatre raisons dudict Sagon a quatre oysons. — Le valet de Marot contre Sagon. *On les vend à Paris, en la bouctique de Jehan Morin,* 1537. — Appologie faicte par le grand abbé des Conards sur les invectives Sagon, Marot, La Huterie, etc. 4 pièces en 1 vol. in-8, mar. vert, fil., tr. dor. (*Thouvenin.*)

Recueil de quatre pièces, de la plus belle conservation, en éditions originales. Il provient de la vente AUDENET et de la bibliothèque de M. ARMAND BERTIN.

Ces quatre pièces font partie d'une suite de pièces relatives à la querelle de Marot et de Sagon, imprimées en 1537 et en 1539.

628. PLVSIEVRS TRAICTEZ, par aucuns nouueaulx poetes, du differēt de Marot, Sagon, & la Hueterie. Auec le dieu gard dudict Marot. Dont le contenu est de lautre coste de ce feuillet. 1537. *S. l.* In-16, mar. citron, fil., coins et milieux, dorure à petits fers, dos orné, dent. int., tr. dor. (*Trautz-Bauzonnet.*)

Première édition de ce recueil.
De la bibliothèque de M. DE CLINCHAMP.

Poètes Français de Marot à Ronsard.

629. RECVEIL DES ŒVVRES de feu Bonauenture des Periers (contenant le Lysis de Platon trad. du grec et les poésies de l'auteur publ. par Ant. du Moulin). *A Lyon, par Jean de Tournes,* 1544. In-8 réglé, mar. rouge, fil., doublé de mar. rouge, dent. intér., tr. dor. (*Boyet.*)

Aux armes du comte d'HOYM.
Provient des bibliothèques de PIXERÉCOURT et de M. le baron de LACARELLE.

630. MARGVERITES DE LA MARGVERITE des Princesses, Tres-illustre Royne de Nauarre. *A Lyon, Par Iean de Tournes,* M.D.XLVII [1547]. 2 parties en un vol. in-8, caract. italiques, fig. sur bois, mar. citron, milieux de fleurs de lis et de marguerites en mosaïque de mar. bleu, doublé de

mar. bleu, dent. de fleurs, dorure à petits fers, tr. dor.
(*Trautz-Bauzonnet.*)

Coll. 1ʳᵒ partie, 541 pp. et 1 f. pour la marque de J. de Tournes.
2ᵐᵉ partie, 342 pp. et 1 f. à la fin pour un élégant fleuron.
Recueil publié par Simon de la Haye, dit Sylvius.
Haut. 169ᵐᵐ. Larg. 108ᵐᵐ. La reliure est fort belle. Trautz a relié
superbement quelques exemplaires de ce livre très recherché par les
amateurs de son temps.
Exemplaire de Ch. NODIER.

631. LE TOMBEAV DE MARGVERITE DE VALOIS Royne de
Nauarre. Faict premierement en Disticques Latins par les
trois sœurs Princesses en Angleterre. Depuis traduictz en
Grec, Italië, et François par plusieurs des excellentz Poetes
de la Frāce. Auecques plusieurs Odes, Hymnes, Cantiques,
Epitaphes, sur le mesme subiect. *A Paris, De l'Imprimerie
de Michel Fezandat, et Robert Grand Ion au mont S.
Hilaire a l'enseigne des Grans Ions, et au Palais en la
boutique de Vincent Sertenas,* 1551. In-8, mar. citron,
fleurs de lis et marguerites en mosaïque de mar. bleu,
doublé de mar. bleu, dent. de feuillages, dorure à petits fers.
(*Trautz-Bauzonnet.*)

Les vers d'Anne, Marguerite et Jeanne de Seymour sont accompagnés
d'une traduction grecque de Jean Dorat, d'une traduction italienne de
Jean-Pierre de Mesmes, et de deux versions françaises : l'une de Joachim Du
Bellay, l'autre d'Antoinette de Loynes, et de Jean-Antoine de Baïf. Des
pièces signées des mêmes auteurs, et de Pierre de Ronsard, J. du Tillet,
Jacques Goupil, etc., complètent le recueil, dont l'éditeur a été Nicolas
Denisot, dit le comte d'Alsinois.
Coll. 13 cahiers de 8 ff. non chiffrés, 104 ff. Le privilège sans date est
au bas du f. a-8.
Au verso du titre, le portrait sur bois de la reine de Navarre à l'âge de
52 ans.
Cet exemplaire est d'une taille exceptionnelle : 171ᵐ de hauteur sur 107ᵐ
de largeur. Celui de Renouard n'avait que 169ᵐ sur 105ᵐ, et il passait pour
le plus grand connu. Sa reliure est le pendant de celle du numéro précédent.

632. ŒVVRES POETIQVES DE MELLIN DE S. GELAIS. *A Lyon,
Par Antoine de Harsy,* M. D. LXXIIII [1574]. In-8, mar.
rouge, milieux de feuillages, dorure à petits fers, dent.
intér., dos orné, tr. dor. (*Trautz-Bauzonnet.*)

Édition imprimée en caractères italiques.
8 ff. liminaires, 253 pp., 1 f. blanc.
On a ajouté le portrait de Saint-Gelais pris dans la Chronologie collée.

633. L'HISTOIRE ET DESCRIPTION DU PHŒNIX, composée à
l'honneur et louange de tres haulte et tres illustre princesse
Madame Marguerite de France, sœur unique du roy, par
maistre Guy de la Garde, escuier de Chambonas, lieutenant
du seneschal de Provence, au siège d'Arles. *Paris, Regnaud
Chauldière,* 1550. In-8, fig. sur bois, mar. rouge, dent.,
tr. dor. (*Derome.*)

Volume des plus rares.
5 cahiers par 8, un 6ᵐᵉ par 4 ff., en tout 44 ff. non chiffrés.

Quatre figures sur bois. La même se trouve répétée 3 fois.
Exemplaire de Ch. Nodier. Il a aussi appartenu à La Vallière et à Méon.

634. Discovrs de la Covrt, presente au Roy par M. Claude Chappuys son libraire, & Varlet de Chambre ordinaire. Auec priuilege pour deux ans, 1543. *On les vend à Paris en la rue neufue nostre dame a lenscigne du Faulcheur par Andre Roffet.* Pet. in-8 de 34 ff., mar. rouge, fil., dos orné, dent. int., tr. dor. (*Trautz-Bauzonnet.*)

> Ce Discours ne fut sans doute imprimé qu'à un petit nombre d'exemplaires et disparut vite de la circulation, en sorte que, dès l'année 1558, un plagiaire peu scrupuleux, François Gentillet, put le faire réimprimer sous son nom.

635. Le Ris de Democrite, et le pleur de Heraclite, philosophes, sur les follies et miseres de ce monde. Invention de M. Antonio Phileremo Fregoso, chevalier italien, interprétée en ryme Françoise, par noble homme Michel d'Amboyse, escuyer. *A Paris, les semblables sont à vendre au Palais en la boutique de Gilles Corrozet,* 1547. In-8, mar. bleu, fil., dos orné, dent. int., tr. dor. (*Bauzonnet-Trautz.*)

> Coll. 100 ff. chiffrés. Au verso du 100me f. la grande marque de Gilles Corrozet.
> Aux armes du marquis de Coislin.

636. Delie, object de plus haulte vertu (par Maurice Scève, Lyonnois), *Paris, Nicolas du Chemin,* 1564. In-16, fig. sur bois, mar. vert, comp. de fil., tr. dor. (*Reliure anglaise.*)

> Coll. 126 ff. chiffrés, 14 ff. non chiffrés pour la table.
> Exemplaire de Ch. Nodier.

637. Les Blasons Domestiques par Gilles Corrozet, libraire de Paris. Nouvelle édition publiée par la Société des Bibliophiles François. *A Paris imprimé par Lahure avec les caractères de la Société des Bibliophiles françois,* 1865. In-12, mar. Lavallière jans., tr. dor. (*Cuzin.*)

> Exemplaire imprimé sur vélin.
> Nous avons décrit au n° 327 l'exemplaire original.

638. Le Blason du moys de May. — A la fin : — Plus que moins. Côpose par lindigent de sapience. S. l. n. d. [*Paris, vers* 1525]. Pet. in-8 goth. de 4 ff. de 27 lignes à la page, sign. A., mar. rouge jans., dent. int., tr. dor. (*Chambolle.*)

> Le titre est orné d'un bois qui représente saint Joseph et Jésus enfant. Le texte commence au v° même du titre.
> L' « *Indigent de Sapience* » est le nom poétique de Gilles Corrozet, et les mots *Plus que moins* sont sa devise.
> *Le Blason du moys de may* manque au recueil de Méon.
> De la bibliothèque de M. de Lignerolles.

639. Le chant de la paix de France, et d'Angleterre, châté par les trois estatz, composé par l'Indigent de sapience (G. Corrozet). Publié à Paris le samedy vingtneufiosme iour de Mars, mil cinq cens quarante neuf avant Pasques. à Paris, par Nicolas Buffet, pres le College de Reims. [1550]. In-8 de 12 pp., fig. sur bois, mar. vert, dos fleurdelisé, dent. int., tr. dor. (Trautz-Bauzonnet.)

> Ces poésies ne sont citées ni dans Brunet ni dans le Supplément, on n'en connaît que l'exemplaire que nous venons de décrire et qui était passé de chez Yemeniz chez M. de Lignerolles.
> Signature de Sagon sur le titre.
> Des bibliothèques de Yemeniz et de M. de Lignerolles.

640. Deploration de Vénus sur la mort du bel Adonis, avec plusieurs autres compositions nouvelles (par Antoine du Moulin, Masconnois). Lyon, Jean de Tournes, 1545. In-8 de 20 ff., mar. bleu, fil., coins ornés, tr. dor. (Bauzonnet.)

> Bel exemplaire d'un volume rare. La Déploration de Vénus, qui est de Pernette du Guillet, n'occupe que 7 pages. Les autres pièces sont des chansons amoureuses.
> Cette édition, qui est la première, n'est pas indiquée dans le Manuel du libraire.
> 2 cahiers de 8 ff., 1 cahier de 4 ff.
> Exemplaire de Coste.

641. Rymes de gentile, et vertvevse dame D. Pernette dv Gvillet Lyonnoize. De nouucau augmentees. A Lyon, par Iean de Tournes, 1552. In-8 de 84 pp. et 2 ff. blancs, mar. vert, dos orné, fil., doublé de mar. rouge, dorures, tr. dor. (Bauzonnet.)

> Coll. A-E par 8, F par 4, les deux derniers blancs.
> Cette édition, la troisième de ces poésies, est plus complète que les précédentes.
> Cet exemplaire, le seul connu, provient des bibliothèques du marquis de Ganay et de M. de Fresne.

642. Evvres de Lovize Labé Lionnoize. A Lion, Par Ian de Tournes, M. D. LV [1555]. Auec Priuilege du Roy. — A la fin : — Acheué d'imprimer ce 12 Aoust, M. D. LV. In-8 de 174 pp. et 1 f. pour le privilège, vélin. (Rel. anc.)

> Très bel exemplaire à toutes marges. Haut. 168ᵐ.
> Le privilège n'était pas connu de Brunet. Les exemplaires auquel il est attaché sont fort rares. Il est daté du 13 mars 1554 (vieux style).
> Cet exemplaire avait appartenu à l'abbé de Fourcy dont l'ex-libris est collé sur la garde.
> De la Bibliothèque de Lord Sunderland.

643. L'Histoire de Titus et Gisippus, et autres petiz œuvres de Beroalde Latin (l'Histoire de Tancredus, contenant les amours de Guichard et Gismunde), interpretés en rime francoyse par Fr. Habert, avec l'Exaltation de vraye et parfaicte noblesse, les Quatre Amours, le Nouveau Cupido,

etc., de l'invention du dict Habert. *Paris, Mich. Fezandat,* 1551. In-8, mar. bleu, tr. dor. (*Koehler.*)

644. AMOUREUX REPOS DE GUILLAUME DES AUTELZ Gentilhomme Charrolois. *A Lyon, Par Ian Temporal,* M.D.LIII [1553]. Pet. in-8, veau ant., fil., milieux dorés, dos ornés, tr. dor. (*Rel. du XVIe s.*)

> 12 ff. préliminaires, 76 ff. non chiffrés. Signatures. 9 cahiers par 8, un dernier cahier par 4 ff.
> Au verso du titre, le portrait de Guillaume des Autels, en regard, celui de Sainte, la maîtresse du poète sur le recto du f. a-2.
> Exemplaire dans la reliure originale très bien conservée.

645. LES GAYETÉS D'OLIVIER DE MAGNY à Pierre Paschal, Gentilhomme du Bas-Languedoc... Non tamen est facinus molles evolvere versus, Multa licet caste non facienda legant. Ovide. 2. Tristes. *Avec Privilège du Roy. A Paris, pour Ian Dallier, demeurant sur le pont St Michel, à la rose Blanche,* 1554. In-8, caract. ital., mar. rouge jans., dent. int., tr. dor. (*Trautz-Bauzonnet.*)

> Coll. Sign. A à O par 4 ff., 56 ff. non chiffrés. Privilège du 18 juin. Achevé d'imprimer le 23 juin 1554.
> La marque de J. Dallier est au verso du dernier f.
> Exemplaire de la vente GOSFORD.

646. LES ODES D'OLIVIER DE MAGNY, de Cahors en Quercy. *A Paris, chez André Wechel,* 1559. In-8, mar. rouge, fil., dos orné, tr. dor. (*Rel. anc.*)

> 192 ff. chiffrés.
> Exemplaire de la bibliothèque de M. le marquis DE GANAY.

647. LES AMOUREUSES OCCUPATIONS DE GUILLAUME DE LA TAYSSONNIÈRE, D. de Chanein. Ascauoir Strambotz, Sonets, Chantz, & Odes liriques. *A Lyon, Par Guillaume Roville,* 1556. In-8 de 64 pp., titre gravé, mar. vert, dent., tr. dor. (*Bauzonnet*).

> Exemplaire de BRUNET.

648. LE CHANT DES SERAINES avec plusieurs compositions nouvelles (par E. Forcadel) *A Paris, pour Gilles Corrozet, en la grand'salle du Palays,* 1548. In-16, mar. orange, dent., semis de tulipes, de roses et de pensées sur le dos et sur les plats, dorure à petits fers, dent. intér., tr. dor. (*Trautz-Bauzonnet.*)

> 79 ff. chiffrés, plus un f. pour la marque de Corrozet.
> Bel exemplaire d'un petit livre fort rare. Outre le *Chant des Seraines* (Sirènes), il contient des élégies, des épigrammes, des épitaphes, des complaintes, des blasons, etc., et des traductions parmi lesquelles on cite avec éloge l'idylle de Théocrite intitulée l'*Oaristys.*
> E. Forcadel a ajouté à ses poésies l'*Extraict d'un petit traicte* (en vers) sur

*le faict de la réformation de la superfluité des habits des dames de Paris composé
par Alphonse de Beser, jadis abbé de Livry,* qu'il dict avoir trouvé dans un vieux
manuscrit en la librairie de Vauluysant.

Poésies anonymes du XV⁰ et du XVI⁰ siècle.
Recueils de poésies.

649. LA DANCE (*sic*) AUX AVEUGLES (par Pierre Michault),
et autres poésies du XVᵉ siècle. *Lille, Panckoucke*, 1748.
Pet. in-8, mar. vert. fil. tr. dor. (*Rel. anc.*)

> On trouve dans ce volume, entre autres pièces, *le Testament de Pierre de
> Nesson, la Confession de la belle fille, le Débat de l'homme mondain et du religieux.*

650. LES DICTZ DE SALOMON avec les réponses de Marcon, fort
joyeuses. (*Sans lieu ni date*). In-8, goth. avec une grav. en
bois sur le titre, mar. bleu, fil., tr. dor. (*Trautz-Bauzonnet*).

> Fac-similé.

651. HÉCATOMPHILE, de vulgaire italien tourné en langaige
françoys. — Les Fleurs de poésie françoyse. *On les vend
à Paris, en la grant salle du Palais, en la boutique de
Galliot du Pré, libraire*, 1534. Pet. in-8 réglé, mar. brun,
dos et milieux ornés, tr. dor. (*Trautz-Bauzonnet*).

> L'hécatomphile de L. Alberti occupe les 48 premières pages. Les fleurs
> de poésie les 55 dernières. En tout 103 pages chiffrées.
> Les Fleurs de poésie forment un recueil de 62 pièces diverses qui ont été
> composées à la cour de François 1ᵉʳ et dont plusieurs lui sont attribuées.

652. HÉCATÖPHILE, ce sont deux dictions grecques composées
signifiät centiesmo amour, sciëmët appropriées à la dame
ayät en elle autant damours que cent aultres dames en
pourroient comprendre dont à présent est faicte mention.
Tournée de vulgaire italien en langaige francoys. Ensemble,
les fleurs de poésie françoyse et aultres choses solatieuses
reucues nouuellement. *S. l.* 1536. In-16, mar. rouge,
compart, dent., semis de marguerites, de roses et de pensées
sur le dos et sur les plats, dorure à petits fers, dent. intér.,
tr. dor. (*Trautz-Bauzonnet.*)

> Charmant exemplaire de ce livre des plus rares, orné de figures sur
> bois. C'est moins pour l'*Hécatomphile* (ouvrage en prose) qu'il est
> recherché, que pour les *Fleurs de poésie françoise*, à la suite desquelles se
> trouvent les *Blasons des diverses parties du corps féminin*, dont quelques-unes
> sont représentées en figures.
> Coll. A.-K. par huit ff., 80 ff. non chiffrés.
> Les Fleurs de poésie française commencent au f. D. 7.
> De la bibliothèque du Baron DE LACARELLE.

653. LA FLEUR DE POÉSIE FRANÇOYSE, recueil ioyeulx contenant
plusieurs huictains, dixains, quatrains, chansons et aultres

dictz de diuerses matières mis en nottes musicalles par plusieurs autheurs et réduictz en ce petit livre, 1542. *On les vend à Paris, en la rue Neufve Nostre Dame, à l'enseigne de l'escu de France, par Alain Lotrian.* Pet. in-8 de 56 ff., lettres rondes, fig. sur bois, veau fauve, coins dorés, tr. dor. (*Rel. anc.*)

> Ce recueil est en effet fort joyeux, mais il ne nous donne pas la musique notée que le titre annonce. Les figures sur bois sont de mauvaises copies des bois employés par les imprimeries lyonnaises et parisiennes. Il est dans sa première reliure en veau fauve très bien conservée.
> De la bibliothèque du Baron DE LACARELLE.

654. RECUEIL DE VRAYE POESIE FRANÇOYSE, prinse de plusieurs Poetes, les plus excellentz de ce regne. *De l'Imprimerie de Denys Ianot... On les vend au palais, en la gallerie par où l'on va a la Chancellerie, es bouctiques de Ian Longis et Vincent Sertenas* 1544. Pet. in-8 de 56 ff., caract. italiques, fig. sur bois, mar. bleu jans., doublé de mar. citron, dent., coins et milieux de feuillages, dorure à petits fers, tr. dor. (*Trautz-Bauzonnet.*)

> Première édition de ce *Recueil.* On y trouve des pièces de Victor Brodeau, de Des Essars, du roi François Ier, de l'élu Macault, de Clément Marot, de Charles de Saincte Marthe, de Mellin de Sainct Gelais, etc.
> De la bibliothèque de M. DE LIGNEROLLES.

655. SENSVIVENT LES BLASONS ANATOMIQUES du corps féminin ensemble les contre-blasons de nouueau composez et additionnez, auec les figures, le tout mis par ordre : composez par plusieurs poètes contemporains, auec la table des dicts blasons et contre-blasons. *Imprimez en cette année, pour Charles Langelier,* 1543. In-16, fig. sur bois, veau fauve. (*Reliure du XVIᵉ siècle.*).

> 80 feuillets numérotés, plus deux feuillets pour la table.
> Les Blasons finissent au f. 60 recto. La fin du feuillet est occupée par une épistre de l'imprimeur aux lecteurs. Au verso du f. 60 le titre suivant : *Contre-blasons de la beaulté des membres du genre humain, encoyez à Francois de Sagon secretaire, avec l'épistre responsive d'iceluy, faicts par Charles de la Hueterie.*
> Feuillet 61 verso et recto, *Epistre de Charles de la Hueterie, à Sagon.* Feuillet 62 recto, *Ci commencent les contre-blasons de la beauté des membres du corps humain.*
> Cet exemplaire est d'une conservation parfaite.
> C'est un de ces petits livres qui en pareille condition faisaient la joie des Bibliophiles d'autrefois.

656. LE RECVEIL DE TOVT SOVLAS et plaisir et parangon de poésie comme épistres, rondeaux, balades, épigrames, dizains et huictains, nouuellement composé. *A Paris, pour Jean Bonfons,* 1563. In-16, vignettes sur bois, mar. bleu, fil., milieu et coins dits à la rose, dorure à petits fers, doublé de mar. rouge, dent., dos orné, tr. dor. (*Bauzonnet.*)

> 96 ff. non chiffrés. Sign. A à M.

Il y a au f. **7** et au f. **D** un fleuron très intéressant ; il est marqué des lettres **G. T.** et porte la croix de Lorraine.

De la bibliothèque du Baron Pichon.

657. Les récréations, devis et mignardises : demandes et responces que les amoureux font en l'amour, avec le blason des herbes et fleurs pour faire les bouquets ; sonnets et dizains, fort convenables à ces devis, nouvellement faict au contentement et plaisir de tous vrais amans. *A Lyon, par les héritiers feu François Didier, à l'enseigne du Phenix,* 1592. In-16, mar. citron, doublé de mar. bleu, compart. de filets, dos orné, tr. dor. (*Trautz-Bauzonnet.*)

> Coll. 96 pages chiffrées. On trouve dans ce volume les pièces suivantes :
> 1° *Un quatrain au verso du titre ;*
> 2° *La récréation des devis amoureux,* prose ;
> 3° *Les ventes d'amour,* vers ;
> 4° *Le blason des Herbes,* prose ;
> 5° *Le blason de la ligature du bouquet,* prose ;
> 6° *Demandes et responses d'amour,* prose ;
> 7° *S'ensuivent plusieurs autres devis d'amour,* vers ;
> 8° *Demandes joyeuses d'un amant à sa dame en manière de reproche ou vilenie,* vers.
> Exemplaire de la bibliothèque de Ch. Nodier et de R. Heber.

658. Tradvctions de Latin en Françoys, Imitations, et Inuentions nouuelles, tant de Clement Marot, que d'autres des plus excellens Poëtes de ce temps. *A Paris, Auecq' priuilege du Roy. De l'Imprimerie d'Estienne Groulleau,* 1550. In-8, réglé, mar. vert, fil. à froid, dent sur les plats, dos orné, dent. int., tr. ciselée et dor. (*Bauzonnet.*)

> Ce petit volume contient beaucoup de pièces (dont quelques-unes fort libres) de plusieurs poètes désignés seulement par des initiales.
> S. R. signifie sans doute Saint-Romard, poëte inconnu à Du Verdier et à La Croix du Maine. Son nom se trouve au f. D. 8. Il a donné 25 pièces dans ce volume. C. C. C. doit désigner Cl. Collet, Champenois ; L. J., Lyon Jamet ; G. C.,Gabriel Chapuis ; L. D., Louis Des Mazures.
> Exemplaire de Brunet.

Ronsard et la Pléiade.
Poètes Français jusqu'à Malherbe.

659. Les Œvvres de P. de Ronsard, gentilhomme vandomois, rédigées en six tomes. *Paris, Gabriel Buon,* 1567. *Auec Priuilège du Roy.* 6 tomes en 4 vol. in-4, vélin, fil., tr. dor. (*Rel. anc.*)

> Première édition collective des Œuvres de Ronsard.
> Dans le tome 1er les portraits de Muret et de Ronsard. Dans le t. 4e, le portrait de Ronsard.
> Exemplaire conforme à la description du Cat. Rothschild. Il est dans sa première reliure et d'une conservation parfaite. Sur le feuillet de garde du 5e vol. on lit la devise de Henri III : « Spes mea Deus », d'une écriture du temps.
> Les quatre volumes portent la marque de Bibliothèque d'un marquis de Forbin.

660. L'HYMNE DE FRANCE compose par Pierre de Ronsard Vandomois. *A Paris, de l'imprimerie de Michel Vascosan,* 1549. — Ode de la Paix, par Pierre de Ronsard, Vandomois, au Roy. *A Paris, chez Guillaume Cavelat libraire juré à l'enseigne de la poule grasse, devant le collège de Cambrai,* 1550. Deux pièces en un vol. in-12, mar. rouge, dent. de feuillages sur les plats, tr. dor. (*Trautz-Bauzonnet.*)

> Éditions originales de ces deux pièces.
> L'Hymne de France est la première production de Ronsard.

661. LES QVATRE PREMIERS LIVRES DES ODES DE PIERRE DE RONSARD, Vandomois. Ensemble son Bocage. *A Paris, chez Guillaume Cauellat libraire iuré de l'uniuersité de Paris, demeurant deuant le College de Cambrai, à la poulle grasse.* M. D. L. [1550]. *Auec priuilege du Roi.* In-8, réglé, mar. rouge, milieux de feuillages, dorure à petits fers, dos orné, tr. dor. (*Trautz-Bauzonnet.*)

> Edition originale.
> 8 ff. liminaires, 170 ff. chiffrés, 1 f. d'errata. Haut. 167 m.
> Exemplaire de CHARLES NODIER.

662. LES AMOVRS DE P. DE RONSARD VANDOMOYS. Ensemble le cinquiesme de ses Odes. *A Paris, chez la veufue Maurice de la porte, au clos Bruneau a l'enseigne S. Claude,* 1552. In-8 de 239 pp., portraits gravés sur bois. — Airs notés des Chansons comprises dans le recueil. In-8 de 32 ff. — Ensemble deux parties en un vol. in-8, mar. rouge, couronnes de fleurs et de feuillages sur les plats, tr. dor. (*Trautz-Bauzonnet.*)

> Première édition.
> Papillon, dans son Histoire de la gravure, attribue à Jean Cousin les portraits de Ronsard et de sa maîtresse. Les airs notés des sonnets sont des plus célèbres compositeurs du temps, P. Certon, Jannequin et Goudimel.

663. LES HYMNES DE P. DE RONSARD VANDOMOIS. *Paris, André Wechel,* 1555. — Hymne de Bacus, avec la version latine de J. Dorat. *Paris, A. Wechel,* 1555. — Le Second livre des hymnes, du même. *Paris, A. Wechel,* 1556. Trois part. en 1 vol. in-4, vélin, compart., tr. dor. et ciselée. (*Riche rel. du XVIᵉ siècle*).

> Édition originale de ces trois ouvrages. Beau volume dans sa vieille reliure en vélin à riches compartiments, et d'une conservation parfaite.
> 1ʳᵉ partie : 199 pp. compris l'épitre à Pisseleu, évêque de Condom, et les deux épitaphes des Dames de Mailly et de Téligny ;
> 2ᵉ partie : 32 pp. ;
> 3ᵉ partie : 103 pp. ; la marque de Wechel occupe le verso de la page 103. On a ajouté le portrait de Ronsard, gravé par René Boivin.

664. LIVRET DE FOLASTRIES, A Ianot Parisien. Plus, quelques Epigrammes grecs : & des Dithyrambes chantes au Bouc de

E. Iodelle Poete Tragiq… *A Paris, Chez la veufve Maurice de la Porte*, 1553. In-8, mar. rouge jans., doublé de mar. rouge, fil., dent. de feuillages, tr. dor. (*Trautz-Bauzonnet.*)

> Coll. 69 pp. chiffrées, 1 feuillet portant au recto l'extrait du registre du Parlement accordant le privilège à la date du 19 avril 1553, au verso l'achevé d'imprimer du 20 avril 1553.
> Les vers fort libres qui composent ce recueil sont de Ronsard. On comprend qu'il n'y ait pas mis son nom.
> Le Livret de folastrerie est la pièce la plus rare de la collection des œuvres de Ronsard. Il a été condamné au feu et l'édition a été brûlée, c'est ce que nous apprend une satire contre Ronsard, intitulée : « *Le Temple de Ronsard où la légende de sa vie est brièvement décrite, par Jacques Grévin, Geneve*, 1563 ».
> On connaît trois exemplaires du *Livret de Folastries* : celui de Brunet, incomplet de deux feuillets, celui de Yemeniz passé chez Bancel, court et remargé. Celui-ci est parfait, et sa reliure est charmante.
> Exemplaire de M. DE LIGNEROLLES.

665. LES QUATRE PREMIERS LIVRES de la Franciade au Roy très chrestien Charles neufviesme de ce nom, par Pierre de Ronsard, gentilhomme vandomois, revue et corrigée de nouveau. *Paris, Gabriel Buon*, 1573. In-12, mar. bleu, milieux à petits fers, dos orné, tr. dor. (*Trautz-Bauzonnet*).

> Portraits sur bois de Ronsard et de Charles IX.
> 8 ff. préliminaires, 102 pp. chiffrées, 1 f. pour l'extrait du privilège.

666. LE FOURMY DE P. DE RONSARD a R. Belleau. Le Papillon de R. Belleau a P. de Ronsard. Mis en latin par P. Est. Tabourot. Auec quelques Epigrammes latins, dediés a l'illust. Seigneur G. le Genevois, Doyen en l'Eglise de Langres. *A Paris, Pour Thibault Bessault*, 1565. In-8 de 16 ff. mar. rouge, milieux de feuillages, dorure à petits fers, dos orné, dent. int., tr. dor. (*Trautz-Bauzonnet.*)

> Relié sur brochure.
> Ce recueil est fort rare.
> De la Bibliothèque de M. DE LIGNEROLLES.

667. DISCOURS DE LA VIE DE PIERRE DE RONSARD, gentilhomme vendomois, prince des poètes français, avec une éclogue représentée en ses obsèques par Claude Binet. Plus les vers composés par le dit Ronsard, peu avant sa mort. Ensemble son tombeau recueilli des plus excellents personnages. *A Paris, chez Gabriel Buon, au Clos Bruneau, a l'Image St-Claude*, 1586, *avec Privilège*. In-4, vélin. (*Rel. anc.*)

> Le grand portrait de Ronsard de l'édition de 1567 est reproduit au verso du titre. La dernière page est chiffrée 128 par erreur, il y a 132 pages dans le livre. Seulement entre le feuillet numéroté 108 et le feuillet numéroté 109 on a intercalé deux feuillets cotés 112¹, 112², 112³, 112⁴. Ce sont ces deux feuillets qui portent le nombre des pages à 132.

668. ORAISON FUNÈBRE sur la mort de Monsieur de Ronsard, par J. Du Perron, lecteur de la chambre du Roy. *A Paris,*

par Fédéric Morel, imprimeur ordinaire du Roy, 1586. In-8, mar. bleu jans., tr. dor. (*Cuzin*.)

Cette oraison funèbre donne sur les derniers jours de la vie de Ronsard de très curieux détails, pp. 71 et suivantes.

669. Les Œvvres Françoises de Ioachim dv Bellay Gentilhomme Angeuin, & Poëte excellent de ce temps. Reueuës, & de nouueau augmentées de plusieurs Poesies non encores auparauant imprimées. Au Roi Tres-Chrestien Charles IX. *A Paris, De l'Imprimerie de Federic Morel.* [1574]. In-8, veau fauve, fil., milieux dorés. (*Reliure du XVIᵉ siècle.*)

12 ff. préliminaires pour l'Epitre au Roy, par Guillaume Aubert, un sonnet de Scévole de Ste-Marthe et les tables, 559 pp., 1 f. pour le privilège daté d'avril 1558.
Cette édition a été donnée par Guillaume Aubert. Exemplaire dans sa première reliure très grand de marges. Haut. 172 m. Larg. 102 m.

670. Evvres en rime de Ian Antoine de Baïf Secretaire de la Chambre du Roy. *A Paris, pour Lucas Breyer...* 1573. In-8. — Les Amovrs de Ian Antoine de Baïf. A Monseigneur le Duc d'Anjou fils et frere de Roy. *A Paris, pour Lucas Breyer*, 1572. In-8. — Les Ievx de Ian Antoine de Baïf. A Monseigneur le Duc d'Alençon. *A Paris, pour Lucas Breyer...* 1572. In-8. — Les Passetems de Ian Antoine de Baïf. A Monseigneur le Grand Prieur. *A Paris, pour Lucas Breyer...* 1573. In-8. — Ensemble 4 vol. in-8, réglés, mar. rouge, milieux de feuillages, dorure à petits fers, dos ornés, tr. dor. (*Trautz-Bauzonnet.*)

On a ajouté en tête du volume des Amours un portrait de Baïf, dessiné à la plume par Guillaume Tabouret en 1594.

671. Le Ravissement d'Europe, par J. Ant. de Baïf. *A Paris, chez la Veuve Maurice de la Porte*, 1552. In-8, réglé, mar. rouge, guirlande de fleurs, dorure à petits fers, dent. intér., tr. dor. (*Trautz-Bauzonnet.*)

Édition originale.

672. Les Mimes, enseignements et proverbes de J.-A. de Baïf. *Tolose. Jean Jagourt*, 1612. In-12, portr., mar. rouge, jans., tr. dor. (*Trautz-Bauzonnet.*)

Frontispice avec le portrait de Baïf, formant titre. 4 ff. liminaires, 164 ff. chiffrés, sign. A-N par 12, O par 8.
Edition la plus complète donnée par le fils de Baïf.

673. Les Œvvres poétiqves de Remy Belleav. Redigees en deux Tomes. *A Paris, par Mamert Patisson*, (1578). 2 tomes en un vol. in-12, rel. molle en vélin blanc doré, tr. dor. (*Rel. anc.*)

Exemplaire de M. le baron de La Roche-Lacarelle.

674. Les Œvvres et Meslanges poetiqves d'Estienne Iodelle Sieur du Lymodin. Premier volume. *A Paris, Chez Nicolas Chesneau... Et Mamert Patisson...* [1574]. In-4, mar. rouge, dos orné, dent. int., tr. dor. (*Trautz-Bauzonnet.*)

Recueil posthume publié par Charles de La Motte. Ce premier volume a seul paru.

8 ff. préliminaires, 308 ff. chiffrés, 2 ff. pour la table.

On a ajouté le portrait de Jodelle, tiré de la *Chronologie collée.*

675. Le Recueil des Inscriptions, Figures, Devises, et Masquarades, ordonnées en l'hostel de ville à Paris, le Ieudi 17 de Fevrier 1558. Autres Inscriptions en vers Heroïques Latins, pour les images des Princes de la Chrestienté. Par Estienne Iodelle Parisien. *A Paris, Chez André Wechel, à l'enseigne du Cheval volant...* 1558. In-4 de 4 ff. lim. et 44 ff., mar. rouge, dos fleurdelisé, dent. int., tr. dor. (*Trautz-Bauzonnet.*)

Double de la bibliothèque de Vienne.

676. Les Œuvres poetiques de Ponthus de Tyard, seigneur de Bissy : Asçavoir, trois livres des erreurs amoureuses, un livres de vers liriques, plus un recueil des nouvelles œuvres poétiques. *A Paris, par Galiot du Pré, rue St Jacques, à l'enseigne de la galere d'or,* 1573. In-4 de 4 ff. liminaires, 164 pp. sign. a-x par 4, y par 2. — Ponthi Tyardei Bissiani ad Petrum Ronsardum de cœlestibus asteresmis Poematium. *Parisiis, apud Galeotum a Prato Via Jacobæ sub navi aurea,* 1573. In-4 de 4 ff. — Recueil des nouvelles œuvres poétiques de Ponthus de Tyard, seigneur de Bissy, par ci-devant, non encore imprimées. 20 ff. non chiffrés, sign. E-A par quatre. Trois parties en 1 vol. in-4, mar. bleu, milieux de feuillages, dorure à petits fers, dos orné, tr. dor. (*Trautz-Bauzonnet.*)

Le titre de la 1re partie est encadré dans un ornement Renaissance qui avait déjà servi à l'*Histoire des Amants fortunés,* 1558. Celui de la seconde partie porte la grande marque de Galiot du Pré.

Dans cet exemplaire, la pièce intitulée : *Recueil des Nouvelles Œuvres poétiques,* qui figure sur le titre de la première partie, a été placée à la suite de la seconde partie et termine le volume. Elle était placée ainsi dans sa première reliure. Est-ce par erreur ?

On a ajouté à l'exemplaire un portrait de Ponthus de Tyard par Thomas de Leu qui est du même format que le volume et qui semble avoir été gravé pour y être placé.

677. Errevrs amovrevses, augmentées d'une tierce partie. Plus un livre de vers liriques. *A Lyon, par Ian de Tournes,* 1555. Pet. in-8, mar. olive, fil., milieux et coins dorés à petits fers, dos orné, dent. int., tr. dor. (*Thouvenin.*)

Coll. Sign. A-L par 8. 176 pp. les deux derniers ff. du cahier L sont blancs.

Le titre est placé dans un ornement pareil à celui qui encadre le titre de la Louise Labé. Au verso du titre se trouve un portrait de femme remarquablement gravé sur bois et portant en exergue l'*Ombre de ma vie*. Ce portrait serait, dit-on, celui de la maîtresse du poëte.

Dans l'édition donnée à Lyon par J. de Tournes de la *Continuation des erreurs amoureuses* en 1551, il y a également un portrait qui serait celui de la fille de cette dame. (Cat. Béhague.)

On retrouve ces deux portraits dans l'édition des *Erreurs amoureuses* et de la *Continuation des erreurs amoureuses*. Paris, Langelier, 1558. (Cat. Bancel, n° 324.)

Ces deux ouvrages sont de PONTHUS DE THYARD.

Exemplaire de Ch. NODIER.

678. DISCOURS DU TEMPS DE L'AN et de ses Parties. *A Lion, Par Ian de Tournes*, M.D.LVI. [1556]. In-8, réglé, portrait, mar. rouge, milieux à froid, dent. int., tr. dor. (*Trautz-Bauzonnet*.)

Par PONTHUS DE TYARD. — Première édition.

4 f. préliminaires, titre encadré, au verso le portrait de Ponthus entouré d'un ornement Renaissance, avec cette devise en exergue : *Solitudo mihi provincia est*, 81 pp. chiffrées, 3 ff. non chiffrés pour la table et la marque de Jean de Tournes avec la devise : *Son Art en Dieu*.

679. DOUZE FABLES DE FLEUVES OU FONTAINES, avec la description pour la peinture, et les Epigrammes par P. D. T. (Pontus de Tyard). *A Paris, chez Jean Richer, ruë sainct Jean de Latran, à l'enseigne de l'arbre Verdoiant*, 1586. Pet. in-12 de 23 ff. ch. et 1 f. blanc, mar. vert. (*Koehler*.)

Deuxième édition de ce petit livre très rare. L'épitre dédicatoire est signée Tabourot.

Ce volume contient la donnée et l'explication de 12 peintures ou tapisseries à exécuter sur des sujets tirés d'Homère, Ovide, Plutarque, etc. D'après la préface de Tabourot, ces compositions auraient été imaginées par Pontus de Tyard pour être exécutées dans le château d'Anet. Voy. P. D. Roussel. *Description du château d'Anet*, pp. 94-95.

Douze épigrammes accompagnent ces fables en prose.

Le titre porte un fleuron avec les initiales de Jean Richer. Dans la troisième édition sous la même date de 1586, le fleuron n'a plus les initiales J. R.

Exemplaire de CROZET.

680. LA SUITE DES ŒUVRES POÉTIQUES DE VATEL reproduite en fac-simile d'après le manuscrit original par les soins de la Société des bibliophiles françois. [Avec notice par Henri d'Orléans, duc d'Aumale]. *A Paris, pour la Société des bibliophiles françois*, 1881, in-fol., mar. rouge jans., tr. dor. (*Cuzin*.)

J'ai ajouté à mon exemplaire portant le n° 16 :

1° Le tirage à part de la Notice que Mgr. le Duc d'Aumale a fait distribuer à ses confrères de l'Académie Française, avec le titre en double état.

2° La Calligraphie par M. Bénard, de la Lettre à Mgr. le Duc d'Aumale, et du post-scriptum à la Notice.

3° Vingt lettres ou billets de Mgr. le Duc d'Aumale, dont plusieurs de sa main, relatifs à la publication du Vatel, et qui témoignent de l'intérêt que le Prince daignait prendre aux publications de la Société.

4° La première épreuve d'essai du tirage en couleur du Frontispice.

5° Un article de Grandlieu (M. de Lavedan) sur la publication, tiré du *Figaro*.

681. La suite des Euvres poétiques de Vatel. In-fol., mar. rouge, comp. de filets.

> Exemplaire unique contenant le Frontispice et les figures peints à la main et non pas seulement en épreuves coloriées et retouchées.
> Le Duc d'Aumale m'avait confié le manuscrit pour le travail de la reproduction. Comme il était impossible de laisser aux mains des imprimeurs en taille-douce et du miniaturiste ce précieux volume et que, cependant, il était indispensable qu'ils eussent sous les yeux les miniatures pour le tirage en couleur et la retouche, Madame de V. se chargea de copier les figures sur l'original et ses miniatures servirent de modèles.
> Ce sont ces copies que j'ai placées dans le texte de l'édition. Lefèvre a relié le volume avec une peau de vieux maroquin et fait un fac-similé de l'ancienne reliure. Madame de V. a peint les armes de Neuville-Villeroy sur la couverture comme dans la reliure originale.

682. Les Œuvres poétiques de Iaques Peletier du Mans. Moins, & meilleur. *A Paris, De l'Imprimerie de Michel de Vascosan, pour luy et Galiot du Pré*, 1547. In-8, mar. bleu, comp. au pointillé sur les plats, doublé de mar. citron, dent., tr. dor. (*Niedrée.*)

> Coll. 104 ff. chiffrés. Le *Privilège* occupe le recto du f. 104.
> Exemplaire sur lequel le relieur Niedrée a exécuté une très belle dorure à compartiments dans le style de Le Gascon.
> Niedrée était un habile ouvrier qui avait beaucoup travaillé pour M. Yemeniz; il eût été un concurrent redoutable pour son contemporain Trautz-Bauzonnet s'il n'avait été perdu par ses habitudes d'intempérance.

683. L'Amour des Amours. Vers liriques (96 sonnets, etc.), par Jaques Peletier du Mans. *A Lyon, par Ian de Tournes*, 1555. Pet. in-8, mar. vert, fil., coins dorés, dos orné, tr. dor. (*Bauzonnet.*)

> Titre placé dans le grand encadrement de Jean de Tournes qui a servi pour la *Louise Labé*. 153 ff. chiffrés, 1 f. pour la marque de J. de Tournes, et 2 ff. blancs.
> J. Pelletier a fait imprimer ce livre avec l'ortographe et les signes spéciaux de son *Dialogue de l'orthographe* publié la même année chez J. de Tournes.
> Exemplaire de Coste.

684. Euvres poétiques de Jaques Pelletier du Mans, intitulez Louanges, aveq quelques autres écriz du même auteur, ancores non publiés. Le contenu est an la page suivante. *A Paris, chez Robert Coulombel, rue St Jean de Latran, à l'Anseigne d'Alde*, 1581, *aveq privilege du Roi*, In-4 de 73 ff. chiffrés et 1 feuillet pour le Privilège, mar.

bleu, dos orné, coins et milieux à petits fers, tr. dor.
(*Niedrée.*)

> Sur le titre, l'ancre d'Alde, marque de Coulombel. On retrouve dans ce
> volume le système orthographique dont Pelletier était l'inventeur et qu'il
> avait déjà introduit dans son volume de l'Amour des Amours. *Lyon, J. de
> Tournes*, 1555.
> Ce recueil est différent de celui publié chez Vascosan en 1547.
> Exemplaire de Ch. Nodier.

685. LES POESIES DE IACQUES TAHUREAU DU MANS. Mises toutes
ensemble & dediees au Reverendissime Cardinal de Guyse.
A Paris, Pour Nicolas Chesneau... 1574. In-8, mar.
citron, dos orné, milieux de feuillages, dent. int., tr. dor.
(*Trautz-Bauzonnet.*)

> 8 ff. préliminaires, 136 ff. chiffrés. Signé A à S par huit.
> Cette édition contient cinq pièces de plus que l'édition de 1554 ; elles
> occupent les ff. de la fin, de 128 à 136.

686. L'OLIMPE DE JAQUES GREVIN de Clermont en Beauvaisis,
ensemble les autres œuvres poétiques dudit auteur. *Paris,
Rob. Estienne*, 1560. — THÉATRE DE JACQUES GREVIN,
ensemble la seconde partie de l'Olimpe et de la Gelodacryc,
Paris, Vinc. Serlenas, 1562. Deux tomes en 1 vol. pet. in-8,
mar. rouge, fil., dos orné, doublé de mar. bleu, dent., tr.
dor. (*Trautz-Bauzonnet.*)

> Collation. *L'Olympe*, 8 ff. liminaires et 216 pp. *Le Théâtre*, 12 ff. limin.
> et 328 pp.
> Exemplaire de Méon dont la marque a disparu quand il a été relié par
> Trautz ; elle était sur une des gardes qui n'ont pas été conservées.

687. RECUEIL de neuf pièces en vers et une en prose, impr. à
Paris de 1559 à 1600. In-4, mar. vert. (*Rel. anc.*)

> Recueil précieux, provenant de la vente Soleinne. En voici le contenu :
> REMONSTRANCE au peuple françoys, de son devoir en ce temps, envers la
> majesté du Roy. A laquelle sont adioustez troys Eloges, de la Paix, de la
> Trefve et de la Guerre (par Guillaume des Autelz). *Paris, André Wechel*,
> 1559, 14 ff. — LE CORONEMENT de messire François Pétrarque... faict
> à Rome ; envoyé par messire Sennucce Del Bene, au magnifique Can della
> Scala, seigneur de Verone. Nouuellement traduit de toscan en françois (publié
> par I.-Baptiste de Barlemont), en prose. *Paris, Gabriel Buon*, 1565 (en prose),
> 9 ff. — PROEME sur l'histoire des François et hommes vertueux de la maison
> de Medici, (par Jacques Grévin), à la royne de France, mère du roy (la
> dédicace est de Rob. Estienne). *Paris, Robert Estienne*, 1567, 8 ff. —
> HYMNE de la monarchye, à G. du Faur, seigneur de Pibrac, par R. Garnier,
> Fertenoys. *Paris, Gabriel Buon*, 1567, 12 ff. — REGRET sur les miseres
> advenues à la France par les guerres civiles, avec deux prieres à Dieu, par
> H. H. (Hierom. Hennequin), Parisien. *Paris, Denis du Pré*, 1569, 12 ff.
> — EPITHALAME ou chant nuptial sur le mariage de tres illustres prince et
> princesse Henri de Lorraine, duc de Guyse, et Catarine de Cleves, comtesse
> d'Eu, par Jean Dorat (en français et en latin). *Paris, près S. Victor, à
> l'enseigne de la Fontaine*, 1570, 8 ff. — NOVEM CANTICA de pace ad
> Carolum nonum Galliæ regem, Joanne Aurato auctore. Neuf Cantiques ou
> Sonetz de la Paix à Charles neufiesme, roy de France, par Jean Dorat. *Lutetiæ*

1570, 12 ff., avec une pl. en bois. — POEME sans titre (*le Plaisir de la vie rustique*) composé en 1573, par Guy du Faur de Pibrac. En tête, un Sonnet à P. de Ronsard, 12 ff. dont un blanc. — STANCES sur la venue du roy (Henri IV), sans date, vers 1594. Anonyme, 4 ff. dont 1 blanc. — SUR LES NOPCES du roy et de la reyne, pris du latin de M. Passerat, par M. I. D. advocat en la cour (1600), 2 ff.

Le texte du poème de Pibrac (*Plaisir de la vie rustique*) est plus complet que celui qui a été imprimé à la suite des quatrains du même auteur. M. Viollet-le-Duc, en parlant de cette pièce, qu'il possédait aussi, a dit à la page 254 de son Catalogue : « Ce poëme en son entier, tel qu'il est dans mon exemplaire, est de la plus grande rareté. Je crois qu'il a été imprimé par les amis de l'auteur et qu'il n'a pas été mis dans le commerce. »

Exemplaire de M. BRUNET.

Aux armes de J.-A. DE THOU.

688. LA MÉDÉE, tragédie, et autres diverses poésies, par J. de la Péruse. *A Poitiers, par les de Marnef et Bouchetz, s. d.* — PANTHÉE, tragédie prise du grec de Xénophon. Mis en ordre par Caye Jule de Guersens. *A Poitiers, par les Bouchetz*, 1571. — PANÉGYRIQUE de la Renommée a Henry troisième, Roy de France et de Poloigne, par Ronsard. *A Paris, chez Gabriel Buon, au clos Bruneau, à l'enseigne Saint-Claude*, 1579. — PREMIÈRE SALUTATION au Roy sur son avenement à la couronne de France. Par J. Ant. de Baif. *A Paris, par Federic Morel, imprimeur du Roy*, 1575. — L'A-DIEU à Phoebus et aux muses, avec une ode à Bacchus, par I. P. T. ΣΥΝ ΕΛΠΙΔΙ. *A Paris, par Benoist Prevost, rue Frementel, à l'enseigne de l'Estoille d'or, près le clos Bruneau*, 1559. — LA PROMESSE, par Pierre de Ronsart, Vendosmois, à la Royne, 1564. — CHANT DE JOYE à Notre-Dame de Liesse, pour la victoire du très heureux Roy Henry III. Henry, Duc de Guise, chef de son armée. Par Jean Dorat, poète du Roy. *A Paris, de l'imprimerie de Federic Morel, imprimeur ordinaire du Roy*, 1576. — EPITHALAME sur les Nosses de Rene Dolu, conseiller et trésorier général de la Reine d'Ecosse, et de Denise Marcel, par Remy Belleau. *A Paris XI jour de juillet* 1569. — SIX SONNETS de l'Assemblée des Prélats de France, et ministres de la parolle de Dieu, tenue à Poissy, l'an 1561. Avec une réponse aux pasquins détournés de la sainte écriture et appliquée a moquerie en faveur des dicts Prélats, par une nonaine Jacopine du dict Poissy, 1561. — RÉPONSE AUX CALOMNIES naguères malicieusement inventées contre I. G. sous le nom faiblement déguizé de M. A. Guimara Ferrarais, advocat de M. I. Charpentier. *A Paris, chez Challot Billet*, 1564. — PRIÈRE A DIEU pour l'heureux succès de son Altesse en ses Païs-Bas, *s. d.* 11 pièces en 1 vol. in-4, veau vert. (*Rel. anc.*)

Ce recueil est composé de pièces non moins rares que celles contenues dans le n° précédent. Elles sont toutes en éditions originales.

Remy Belleau a fait figurer l'Epithalame de René Dolu dans la 2° journée de sa *Bergerie*, mais en supprimant le nom de son premier destinataire : au 24° vers, au lieu de « de René son loyal époux, » Belleau a écrit « de son ferme et loyal époux. »

Aux armes de J.-A. DE THOU.

689. Les Poëmes de Pierre de Brach, Bourdelois, divisés en trois livres. *A Bourdeaux, par Simon Millanges, rue St Jamme, près la Maison de Ville,* 1576. *Avec privilège.* In-4, veau fauve, tr. dor. (*Niédrée.*)

> 8 ff. liminaires, 220 ff. chiffrés, 2 ff. pour la table.
> Le privilège au verso du 220ᵉ feuillet est du 5 août 1574.
> On a ajouté un portrait de Thomas de Leu.
> Cet exemplaire est d'une taille exceptionnelle, haut. 222 m. et d'une conservation parfaite C'est un livre rare.

690. Livre de la Fontaine perilleuse, auec la Chartre d'Amours : autrement intitulé, le Songe du verger. Œuure tres-excellent, de poësie antique contenant la Steganographie des mysteres secrets de la science minerale. Auec commentaire de I. G. P. [Jacques Gohory, Parisien]. Dédié à l'illustre seigneur J. de Ferrière, Vidame de Chartres. *A Paris, pour Jean Ruelle, libraire, demeurant rue St Jacques à l'enseigne S. Hiérosme,* 1572. In-8, 48 ff. chiffr., mar. vert à grains longs, tr. dor. (*Bauzonnet.*)

691. Les Omonimes, Satires des Mœurs corrompues de ce siecle. par Anthoine du Verdier, homme d'armes de la compagnie de monsieur le Seneschal de Lyon. A *Lyon, Par Antoine Gryphius.* 1572. *Avec Permission.* — A la fin : — *A Lyon, De l'imprimerie de Pierre Roussin.* 1572. In-4 de 12 ff., mar. rouge jans., dent. int., tr. dor. (*Trautz-Bauzonnet.*)

> Curieuse satire due à l'auteur de la *Bibliothèque françoise.*

692. La Puce de Madame des Roches, recueil de divers poëmes composez par plusieurs doctes personnages aux grands iours tenuz à Poitiers. *Paris, L'Angelier,* 1582. In-4, mar. vert, fil., comp., tr. dor. (*Rel. de Thouvenin aux écussons.*)

> 4 ff. préliminaires, 94 ff. chiffrés. Le dernier est chiffré 91 par erreur.
> Sur le titre, la signature de Baluze.
> Exemplaire de Ch. Nodier.

693. La Main, ou Œuvres poétiques faits sur la main de Estienne Pasquier, advocat au Parlement de Paris, par divers auteurs (Turnèbe, Gilles Durant, A. Jamin, Rapin, Nevelet, etc.) *A Paris, chez Michel Gadouleau,* 1584. In-4, mar. rouge, fil., dos orné, dent. int., tr. dor. (*Trautz-Bauzonnet.*)

> Ce recueil fort rare contient 216 pièces en français, en latin et en grec.
> Coll. 12 ff. liminaires, le portrait de Pasquier, par Thomas de Leu, est au verso du 12ᵉ f., 43 ff. chiffrés pour le texte, 1 f. pour l'errata.

694. La Jeunesse d'Estienne Pasquier et sa suite. — La Main ou Œuvres poetiques faits sur la main d'E. Pasquier aux grands Jours de Troye, 1583. — *A Paris, chez Jean*

Petit-Pas, 1610. Pet. in-8, portrait par Thomas de Leu, mar. vert, dent., dos orné, tr. dor. (*Derome*.)

695. LES PREMIERES ŒVVRES POETIQVES DE FLAMINIO DE BIRAGVE, Gentilhomme ordinaire de la Chambre du Roy... *A Paris, Chez Thomas Perier...* [1585]. *Auec Priuilège du Roy.* In-16, portrait de Henri III et portrait de l'auteur, veau fauve, fil., dos orné, tr. dor.

> 6 ff liminaires dont le portrait de Henri III et celui de Flaminio de Birague, 148 ff. chiffrés, 5 ff. pour la table, 1 f. blanc.
> Cet exemplaire a le portrait de Flaminio de Birague qui dans la plupart des exemplaires n'a pas été tiré, et dont la place est restée blanche.
> Les deux portraits, gravés d'une pointe très légère, sont rarement bons d'épreuves. Ceux-ci ne laissent rien à désirer.
> Cet exemplaire faisait partie de la bibliothèque léguée par JEAN D'ESTRÉE, archevêque de Cambrai, à l'abbaye de Saint-Germain-des-Prés.

696. LE PLAISIR DES CHAMPS, divisé en quatre parties, selon les quatre saisons de l'année, par Cl. Gauchet, dampmartinois, aumosnier du Roy. Où il est traicté de la chasse & de tout autre exercice récréatif, honneste et vertueux. A Monseigneur le duc de Joyeuse, admiral de France et gouverneur de la Normandie. *Paris, Nicolas Chesneau*, 1583. In-4, vélin à recouvrement. (*Rel. anc.*)

> Première édition.

697. LES QUATRAINS DU S. DE PYBRAC... contenans preceptes et enseignemens utiles pour la vie de l'homme,... avec les Plaisirs de la vie rustique, extraits d'un plus long poëme, composé par ledit S. de Pybrac. *Lyon, par Benoist Rigaud*, 1591. Pet. in-8, mar. bleu, fil., tr. dor. (*Bauzonnet*.)

> 71 pp. chiffrées.
> Les *Plaisirs du gentilhomme champétre*, par N. R. P. (Nic. Rapin), sont imprimés à la suite.

698. LES ESSAIS POÉTIQUES d'Antoine de Nervèze, conseiller et secrétaire de monseigneur le prince de Condé. Première édition. *A Poitiers, pour François Lucas et se vendent à Rouen, chez Théodore Reinsart, près le palais à l'Homme armé*. 1605. *Avec privilège*. In-12, mar. bleu, tr. dor. (*Rel. anc.*)

> Aux armes et chiffres de CREMEAUX D'ENTRAGUES.

699. RECUEIL DES ŒUVRES POETIQUES de Ian Passerat, Lecteur et Interprete du Roy. Augmenté de plus de la moitié, outre les precedantes impressions : Dedié à Monsieur de Rosny. *A Paris, Chez Abel l'Angelier*, 1606. — Ioannis Passeratii... Kalendæ Ianuariæ, & Varia quædam Poëmatia... 1606. In-8. — Ensemble deux part. en 1 vol. in-8, portrait par

Thomas de Leu, mar. rouge, comp. de fil., dos orné, tr. dor. (*Thouvenin*.)

> Recueil posthume publié par J. DE ROUGEVALET, cousin de Passerat.
> De la bibliothèque de CH. NODIER.
> Reliure dite « *aux écussons*. » Sur le plat recto, un écusson porte ces mots : « *ex museo Caroli Nodier* » ; sur le plat verso, un second écusson porte la signature du relieur « *ex opificina Jos. Thouvenin.* »

700. LES PREMIÈRES ŒUVRES DE PHILIPPES DES-PORTES. Derniere édition, reveüe & augmentée. *A Paris, Par Mamert Patisson...* 1600. In-8, mar. bleu, fil., dos orné, doublé de mar. rouge, large dent., tr. dor. (*Trautz-Bauzonnet*.)

> Coll. 338 ff. chiffrés, 6 ff. non chiffrés pour la table et le privilège.
> Exemplaire en GRAND PAPIER.
> Il était en vélin doré chez PIXERÉCOURT ; il a été relié depuis par Trautz. Bien que cette reliure soit excellente, on doit regretter le premier habit.
> De la bibliothèque de PIXERÉCOURT.

Poètes français de Malherbe à Boileau.

701. VERS DU SIEUR DE MALHERBE à la Reine. *Paris, Beys,* 1611. In-8, mar. rouge, fil., tr. dor. (*Capé.*)

> Édition originale.
> 36 pp. 1 f. à la fin pour le privilège daté du 25 novembre 1610. Achevé d'imprimer le 14 décembre 1610.

702. LES ŒUVRES DE Mre FRANÇOIS DE MALHERBE, Gentilhomme ordinaire de la chambre du Roy. *A Paris, Chez Charles Chappellain,* 1630. In-4, portr., veau fauve, tr. rouge. (*Rel. anc.*)

> Édition originale.
> Exemplaire en GRAND PAPIER. Le grand papier est fort rare, il n'est pas signalé par Brunet.
> Je n'en connais qu'un autre exemplaire qui a passé à la vente Béhague. Celui-ci vient d'Angleterre.
> Aux armes de J.-A. DE THOU.

703. LES POÉSIES DE M. DE MALHERBE, avec les observations de M. Ménage. *Paris, L. Billaine,* 1666. In-8, mar. vert jans., tr. dor. (*Duru*).

> Coll. 24 ff. limin. 596 pp. chiffr. 10 ff. pour l'errata et la table.
> En tête de cette première édition, avec les observations de Ménage, se trouve un discours de Godeau sur les Œuvres de Malherbe, qui n'a pas été reproduit dans la deuxième édition publiée in-12 en 1689.

704. LES POÉSIES DE MALHERBE, avec les Observations de Ménage. Deuxième édition. *Paris, Cl. Barbin,* 1689. In-12, mar. rouge, tr. dor. (*Du Seuil.*)

> Bel exemplaire aux armes de GABR. CL. D'O., marquise de Franconville.

705. LES ŒUVRES POÉTIQUES DE BERTAUT, evesque de Sees, abbé d'Aunay. *A Paris, chez Robert Bertault,* 1633. In-8, mar. rouge, fil., dos orné, tr. dor. (*Trautz-Bauzonnet.*)

Cette édition est la plus complète ; elle contient le second recueil de Bertaut intitulé : *Recueil de vers amoureux.*
Exemplaire de M. DE CLINCHAMP.

706. LE PREMIER (LE SECOND ET LE TROISIESME) LIVRE DV LABYRINTHE de récréation, recherché des plus beaux esprits de ce temps, *A Rouen, chez Claude Le Villain,* 1602. Trois parties en 1 vol. in-32, mar. citron, tr. dor. (*Trautz-Bauzonnet.*)

Première édition d'un recueil réimprimé sous le même titre en 1603, puis sous le titre de *Labyrinthe d'amour* en 1610 et 1615. Brunet ne cite que l'édition de 1603. La première édition est extrêmement rare. Cet exemplaire est celui que cite M. Deschamps dans le Supplément à Brunet. Il a été relié depuis par Trautz-Bauzonnet qui a fait une de ces reliures molles dans lesquelles il excellait.

707. LE PREMIER [SECOND ET TROISIESME] LIVRE DE LA MUSE FOLASTRE. Recherchee des plus beaux esprits de ce temps. De nouveau reveü, corrigé & augmenté. *A Iene, De l'Imprimerie de Jean Beitman,* 1617. Trois parties en un vol. in-24, réglé, mar. citron jans., rel. molle. (*Trautz-Bauzonnet.*)

708. LES SATYRES, ET AUTRES ŒUVRES DU SIEUR REGNIER. Augmentés de diverses Pieces cy-devant non imprimées. *A Leiden, Chez Jean et Daniel Elsevier,* 1652. Pet. in-12, mar. vert, fil., tr. dor. (*Derome.*)

Haut. 126^{mm}.

709. LES ŒUVRES POÉTIQUES du sieur Dalibray, divisées en vers bachiques, satyriques, héroïques, amoureux et chrétiens. *A Paris, chez Antoine de Sommaville, au palais, dans la petite salle, à l'Ecu de France,* 1653. In-8, mar. rouge, fil., dos orné, tr. dor. (*Trautz-Bauzonnet.*)

710. LES SATYRES DU Sr THOMAS DE COURVAL SONNET et satyre Menippée sur les poignantes traverses du mariage. *Paris, Rolet Boutonné,* 1621. In-8, portrait, mar. citron, fil., dent. intér., dos orné, tr. dor. (*Thibaron-Joly.*)

Édition rare. Elle est dédiée à la reine Marie de Médicis. En tête de la première satire se trouve un superbe portrait de l'auteur, très finement gravé, signé : *Matheus fecit.*
54 pp. liminaires. 112 pp. pour les satires.
102 pp. pour la Satyre Ménipée sur les poignantes traverses du mariage.
1 f. pour le privilège.

711. L'ESPADON SATYRIQUE. Par le sieur Desternod. Reveu &

augmenté de nouveau. *A Lyon, Par Iean Lautret*, 1622. In-12, fig. en bois sur le titre, mar. citron, fil., dos orné, dent. int., tr. dor. (*Trautz-Bauzonnet*.)

> Petit volume rare contenant seize satires graveleuses. La seizième est contre l'apostat Léandre, autrement dit Constance Guénar (capucin), à MM. les P. Réformés du Lac Léman, qui ne se trouve pas dans l'édition suivante.
> Coll. 5 ff. liminaires, 157 feuillets.

712. LES TRAGIQUES CI-DEVANT DONNEZ AU PUBLIC par le larcin de Prométhée et depuis avouez et enrichis par le S^r d'Aubigné. *S. l. n. d.* (*vers* 1615). In-12, mar. citron, fil., dos orné, tr. dor. (*Thibaron-Joly*.)

> 18 ff. liminaires dont 1 f. blanc. 331 ff. chiffrés pour le texte. L'imprimeur au lecteur 1 f. le dernier f. est blanc. Signé A à X par huit.
> Edition beaucoup plus rare et plus complète que celle in-4. D'après la préface de la réimpression des Tragiques (collection Jannet), on connaîtrait tout au plus deux ou trois exemplaires de cette édition in-12.

713. LA MUSE HISTORIQUE, ou Recueil des Lettres en vers escrites à Son Altesse Mademoiselle de Longueville, par le sieur Loret. Année mil six cens cinquante. Livre premier. Dédié au Roy. *Paris, Charles Chenault*, 1656. In-4, réglé, frontispice gravé par Chauveau, portrait de Loret gravé par Michel Lasne, mar. rouge, fil. à la Du Seuil, dos semé de fleurs de lis, tr. dor. (*Rel. anc.*)

> Très bel exemplaire aux armes du cardinal MAZARIN.

714. LE TABLEAU DE LA VIE ET DU GOUVERNEMENT de Messieurs les Cardinaux Richelieu et Mazarin, et de Monsieur Colbert, représenté en diverses Satyres et Poësies ingenieuses; Avec un Recueil d'Epigrammes sur la vie et la mort de Monsieur Fouquet, et sur diverses choses, qui sont passées à Paris en ce temps-la. *A Cologne, Chez Pierre Marteau*, 1693. In-12, mar. rouge, fil., dos orné, tr. dor. (*Duru*.)

> On remarque à la fin du volume, pages 351-407, *Paris ridicule, poëme satyrique*, par Claude Le Petit.

715. LA SIREINE DE MESSIRE HONORÉ D'URFÉ, gentilhomme ordinaire de la chambre du Roy, etc. *Paris, J. Micard*, 1618. In-8, mar. bleu, tr. dor. (*Duru*.)

> Sur le feuillet de garde une note autographe de M. Victor Cousin.

716. RECUEIL DES ŒUVRES BURLESQUES DE M. SCARRON. *Jouxte la copie à Paris, chez Toussainct Quinet* (*Bruxelles, Foppens*), 1655. Pet. in-12, mar. rouge, tr. dor. (*Bauzonnet-Trautz*.)

> 12 ff. préliminaires, pour le frontispice, le titre, l'épître a *très honneste chienne dame Guillemette* et la table des pièces. 334 pp. chiffrées.

717. RECUEIL DES PLUS BEAUX VERS de Messieurs de Malherbe, Racan, Monfuron, Maynard, Bois-Robert, L'Estoile, Lingendes, Touvant, Motin, Mareschal, Et autres des plus fameux esprits de la Cour. *A Paris, Chez Pierre Mettayer*, 1638. In-8, mar. rouge, fil., dos orné, dent. int., tr. dor. (*Rel. anc.*)

> Sur le dos, pièces d'armes de la comtesse de VERRUE.

718. LA LYRE DU JEUNE APOLLON, ou la Muse naissante du petit de Beauchasteau. *Paris, Charles de Sercy et Guill. de Luynes*, 1657. In-4, avec 22 portr. sur cuivre, mar. rouge, tr. dor. (*Rel. anc.*)

> François-Mathieu Chastelet de Beauchasteau, né à Paris en 1645, se fit remarquer dès l'âge de 10 ans par une surprenante facilité à composer des vers sur un sujet donné. C'est la réunion de ces pièces qui forme ce rare volume, intéressant d'ailleurs par les beaux portraits de personnages célèbres de cette époque. Ce précoce poète, fils d'un comédien, eut une réputation fort équivoque et une existence fort aventureuse. Il fut emmené en Perse et il y mourut très jeune.
> Exemplaire aux armes du prince EUGÈNE DE SAVOIE.

719. LA GUIRLANDE DE JULIE, offerte à Mlle de Rambouillet, Julie-Lucine d'Angennes, par M. le marquis de Montausier. *Paris, impr. de Monsieur*, 1784. In-8, mar. rouge, doublé de tabis, tr. dor.

> Exemplaire imprimé sur VÉLIN.
> De la bibliothèque de NEUILLY.

720. CLOVIS OU LA FRANCE CHRESTIENNE. Poème heroïque Par J. Desmarests. *A Paris, Chez Augustin Courbé, Henry le Gras, et Jacques Roger*. [1657]. In-4, mar. rouge jans., dent. int., tr. dor. (*Thibaron.*)

> Ce volume est orné d'un frontispice, d'un portrait équestre de Louis XIV, de 26 gravures de Chauveau et d'A. Bosse pour les 26 chants, et de magnifiques chiffres fleuronnés du Roy, des Princes, du Pape régnant.
> Ces chiffres sont très probablement dessinés par Armand Desmarets, le fils de J. Desmarets, qui en 1664 a fait paraître chez Florentin Lambert un recueil de *Chiffres par Alphabet redoublés*. Les dessins du fils sauvent de l'oubli le volume du père.

721. POËSIES DE MONSIEUR DE SEGRAIS. Troisième édition plus ample, plus correcte, et en meilleur ordre que les précédentes. *Paris, Ant. de Sommaville*, 1660. In-12, mar. rouge, dos orné, fil., tr. dor. (*Rel. anc.*)

722. ODE A MGR. DE LA REYNIE, par Barreme, professeur en arithmétique. *Paris*, 1670. In-12, mar. citron, fil., tr. dor.

> La signature de la Reynie se trouve sur la garde du volume. Il signait ainsi tous les volumes qui lui appartenaient. L'ouvrage lui est dédié.
> Aux armes de LA REYNIE.

723. LES PLAISIRS DE LA POÉSIE galante, gaillarde et amoureuse. *S. l. n. d. (vers* 1660). In-12, veau.

Le titre est dans un encadrement gravé.

Ce curieux recueil contient des poésies légères et quelques autres pièces intéressantes qui paraissent là pour la première fois : un conte de La Fontaine, sœur Claude, un sonnet de Boileau sur la mort d'une cousine, une épigramme de Corneille sur l'abbé d'Aubignac.

Ce volume porte la signature du comte de PLÉLO.

724. DIVERSES PETITES POESIES DU CHEVALIER D'ACEILLY. *Paris, imprimées chez André Cramoisy,* 1667, *et se donnent au Palais.* Pet. in-12, mar. bleu, fil., tr. dor. (*Duru.*)

Coll. 6 ff. liminaires. 228 pp. chiffrées.

Exemplaire en GRAND PAPIER. Edition originale d'un recueil de poésies dont l'auteur, sous son véritable nom, est Jacques de Cailly, chevalier de l'ordre de Saint-Michel, né à Orléans en 1604, mort en 1673.

Aux armes et chiffre du Baron J. PICHON.

725. RECUEIL DES PLUS BEAUX VERS QUI ONT ÉTÉ MIS EN CHANT, avec le nom des autheurs tant des airs que des paroles (publ. par de Bacilly). *Paris, Ch. de Sercy, et Ballard,* 1668. Trois vol. in-12, mar. bleu, tr. dor. (*Rel. anc.*)

Parmi les auteurs des paroles, on remarque Benserade, Sarrazin, Quinault, Pélisson, Molière, etc. Il y a aussi un M. de Mollier, qui figure également comme musicien à côté de Boesset, Lambert et Lully. Les vers de Molière, qu'on retrouve dans ce recueil, ont été imprimés depuis dans la *Relation de la fête de Versailles* de 1668, par Félibien. *Paris,* 1669, in-12.

Le premier recueil d'abord dédié à Fouquet, fut après sa disgrâce, dédié à Pélisson. Il est de 1661. Le deuxième recueil est dédié au Duc de Montausier dont les armes sont sur le titre gravé. Il est de 1668.

L'éditeur de ces recueils, non cités par Brunet, est M. de Bacilly.

Les dos portent le chiffre de CRÉMAUX D'ENTRAGUES.

OEUVRES DE BOILEAU.

726. SATIRES DU SIEUR D***. *A Paris, Chez Louis Billaine, dans la Grand'salle du Palais, à la Palme, et au grand Cesar,* 1666. *Avec Privilege du Roi.* Pet. in-12, front. gr., mar. rouge, fil., dos orné, dent. int., tr. dor. (*Duru.*)

Édition originale.

Collat. 6 ff. liminaires pour le frontispice, le titre, l'avis au lecteur, l'extrait du privilège.

71 pp. chiffrées pour le texte.

727. SATIRES DU SIEUR D***, seconde édition. *Paris, Cl. Barbin,* 1667. In-12, mar. rouge, janséniste, tr. dor. (*Trautz-Bauzonnet*).

On a relié à la suite de cette seconde édition une plaquette intitulée : *Satyres du sieur D., quatriesme édition.* 1668. In-12. Imprimé en caractères plus petits.

Cette plaquette ne contient que la satire VIII, imprimée séparément.

Il est probable que la véritable édition originale est celle in-8, décrite ci-après, et que cette plaquette a été tirée in-12 pour être ajoutée à la deuxième édition et en faciliter la vente.

Le privilège de la première édition de 1666 est reproduit dans les deux éd. de 1667 et 1668.

Boileau a apporté quelques modifications au premier texte dans cette seconde édition : il a fait une addition à l'*Avis au lecteur* et placé le *Discours au Roy* avant les satires.

Le deuxième vers de la page 37 de la première édition, *Ariste veut rimer*, est ainsi modifié dans la seconde p. 46. *Pucellain veut rimer*.

Dans la satire VI, p. 61, Boileau a ajouté quatre vers après celui-ci : *Des mulets en sonnant augmentent le murmure.*

Collation. Première partie. 6 ff. liminaires. 71 pp. chiffrées.

Deuxième partie. 2 ff. blancs. 1 titre, 14 pages chiffrées, 1 f. pour le privilège, 1 f. blanc, soit deux cahiers de 6 ff. chacun.

728. SATIRES DU SIEUR D***. *Paris, Libr. associés,* 1668. In-8, front. gravé, mar. bleu, tr. dor. (*Duru.*)

Les satires VIII et IX et le *Discours sur la satire* sont en éditions originales.
Coll. 1 frontispice. 4 ff. liminaires pour le texte et l'avis au lecteur.
76 pp. chiffr. 1 f. pour le privilège. 1 f. blanc. 6 ff. non chiffrés pour le discours sur la satire.

729. ŒUVRES DIVERSES DU SIEUR D***. Avec le Traité du Sublime ou du Merveilleux dans le Discours. Traduit du Grec de Longin. *A Paris, Chez Claude Barbin,* 1674. In-4, front. gravé et fig., mar. rouge, fil., dos orné, doublé de mar. rouge, dent., tr. dor. (*Thibaron-Joly.*)

Première édition sous le titre d'*Œuvres*.
Frontispice gravé. Deux ff. liminaires pour le titre et l'avis au lecteur.
142 pp. pour le discours au Roi, les Satires , les Épîtres et l'Art poétique.
4 ff. pour la table de l'Art poétique.
Le Lutrin, en 4 chants, avec une figure, continue jusqu'à la p. 178. 1 f. pour le privilège.
Le Traité du sublime, 5 ff. préliminaires, 102 pages. 5 ff. pour la table et le privilège.
L'achevé d'imprimer est du 10 juillet 1674.
On a ajouté à l'exemplaire une épigramme autographe de Boileau sur un mauvais portrait qu'on avait fait de lui, et en regard on a placé ce portrait qui justifie pleinement l'épigramme.

730. ŒUVRES DIVERSES DU Sr D*** avec le traité du Sublime ou du Merveilleux dans le Discours, traduit du Grec de Longin. Nouvelle édition revue, corrigée et augmentée de plusieurs pièces nouvelles. *Suivant la copie à Paris, à Amsterdam chez Abraham Wolfgang, marchand libraire,* 1677. In-12, mar. rouge, fil., tr. dor. (*Boyet.*)

Signé A-N par 12 ff. O par 6 ff. Les feuillets de table ne sont pas numérotés. La pagination est défectueuse. La seconde partie commence par le chiffre 101 au lieu de 201. En tout 324 pages. Quatre figures.
Edition elzévirienne. On a inséré sous les nos IX et X deux satires faussement attribuées à Boileau.
Ce volume est aux armes du révérend père ALLARD LE ROY.
On rencontre souvent des livres lui ayant appartenu et portant son chiffre

sur les dos et aux angles des plats, mais on rencontre rarement les volumes frappés à ses armes.

731. Dialogue ou Satyre x du sieur D***. *Paris, D. Thierry,* 1694. In-4, mar. bleu, tr. dor. (*Duru.*)

Édition originale.
Dans le même vol. : *Réponse à la satyre X du sʳ D...* (par Pradon). *Paris, Lib. assoc.* 1694. — *Satyre contre les maris,* par Regnard. *Id., ibid.,* 1694. — *Le Pour et le Contre du mariage,* avec la critique du sʳ Boileau, par le sʳ P. H. *Lille, Fiévet,* 1695. — *L'apologie des femmes,* par M. P. (Perrault). *Paris,* 1695. —*Les Petits-Maîtres,* satyre. *Paris,* 1694.
La *Satyre contre les maris* est une pièce rare en édition originale.

732. La Satire des satires, comédie, par Boursault. *Paris, J. Ribou,* 1669. In-12, mar. vert, fil., tr. dor. (*Trautz-Bauzonnet.*)

Édition originale.
6 ff. liminaires. 59 pp. chiffr. Un f. blanc.
Pièce satirique dirigée contre Boileau.

733. Le Triomphe de Pradon. *Lyon,* 1684. Petit in-8, mar. bleu, tr. dor. (*Capé.*)

Le frontispice allégorique représente Pradon sous la forme de Mercure, fustigeant un Satyre par ordre de la Justice.
Un frontispice. 6 ff. préliminaires, titre, épître à Alcandre et préface. 88 pages.

734. Fables, ou Histoires allégoriques dédiées au roy, par madame de Villedieu. *Paris, Cl. Barbin,* 1670. In-12, mar. rouge, fil., dos orné, tr. dor. (*Capé.*)

OEUVRES DE LA FONTAINE.

735. L'Eunuque, Comedie. *A Paris, Chez Augustin Courbé,* 1654. In-4, mar. rouge jans., tr. dor. (*Mercier.*)

Premier ouvrage que La Fontaine ait livré à l'impression.
Exemplaire très grand de marges.

736. Nouvelles en vers tirées de Bocace et de l'Arioste, par M. de L. F. *A Paris, chez Claude Barbin, vis à vis le Portail de la Sainte Chapelle au signe de la Croix. M. DC. LXV [1665]. Avec privilege du Roy.* In-12, vélin blanc. (*Rel. anc.*)

Collation. 6 ff. prélim. pour le Titre, l'Avertissement, *le Cocu battu et content,* l'extrait du Privilège. 60 pp. chiffr. pour *Joconde ou l'Infidélité des femmes,* et pour la *Matrone d'Ephèse.* Le Privilège est daté du 14 janvier 1664 et l'achevé d'imprimer du 10 décembre 1664.

Ce petit volume, fort rare, est le premier essai de publication des Contes tenté par La Fontaine qui ne l'a signé que de ses initiales.

L'exemplaire que nous décrivons présente une particularité qui se retrouve du reste dans un autre exemplaire ayant conservé comme celui-ci la reliure de l'éditeur.

Le cahier préliminaire de 6 ff. est divisé, les deux premiers feuillets contenant le *Titre* et l'*Avertissement* sont placés en tête, les quatre autres contenant le conte du *Cocu battu et content* et terminés par le Privilège sont placés à la fin après la *Matrone d'Ephèse*.

De cette comparaison des deux exemplaires, tous les deux dans la reliure de l'éditeur et identiques en tout point, on peut conclure que cet arrangement n'est pas l'effet d'une erreur, mais qu'il a été voulu.

L'éditeur aura craint d'attirer l'attention des censeurs en mettant en tête le conte du *Cocu battu et content* qui n'est point porté au Privilège.

La Matrone d'Ephèse jointe aux deux contes de La Fontaine est traduite de Pétrone par Saint-Evremond.

Haut. 135^{mm}.

737. CONTES ET NOUVELLES EN VERS de M. de La Fontaine. *A Paris, chez Claude Barbin vis à vis le Portail de la Sainte Chapelle, au signe de la Croix, M.DC.LXV* [1665]. *Avec Privilege du Roy.* — DEUXIÈME PARTIE DES CONTES ET NOUVELLES EN VERS de M. de La Fontaine. *A Paris, chez Claude Barbin, au palais sur le second Perron de la Ste Chapelle. M.DC.XLVI* [*sic pour* 1666]. *Avec Privilege du Roy.* Ens. 2 tomes en 1 vol. in-12, mar. rouge jans., tr. dor.

Edition originale des deux premières parties des *Contes et Nouvelles en vers.*

Collat. 1re partie. 6 ff. limin. pour le titre et la préface, 92 pp. pour le texte, 1 f. pour le privilège, 1 f. blanc.

Le privilège est du 14 janvier 1664 et l'achevé d'imprimer du 10 janvier 1665.

2e partie. 6 ff. limin. pour le titre et la préface, 160 pp. pour le texte, 2 ff. pour le privilège. Le privilège est daté du 30 octobre 1665, l'achevé d'imprimer du 21 janvier 1666.

La 2e partie est, par erreur, datée sur le titre 1646 au lieu de 1666.

Haut. 144^{mm}.

738. CONTES ET NOUVELLES EN VERS de M. de La Fontaine. *A Paris, chez Louis Billaine dans la grande salle du palais au second Pillier à la palme et au Grand César. M.DC.LXVII* [1667]. *Avec privilège du Roy.* — DEUXIÈME PARTIE DES CONTES ET NOUVELLES EN VERS de M. de la Fontaine. *A Paris, chez Louis Billaine, M.DC.LXVII* [1667]. *Avec privilège du Roy.* Deux parties en 1 vol. in-12, mar. rouge jans. tr. dor. (*Motte.*)

Collat. 1re partie. 6 ff. prélim. pour le titre et la préface, 92 pp. chiffrées, 1 f. pour le privilège, 1 f. blanc complément du cahier H.

Le privilège de 1664 a été réimprimé.

2me partie. 6 ff. prélim. pour le titre et la préface, 160 pp. chiffrées pour le texte, 2 ff. pour le privilège.

Le privilège de 1665 a été réimprimé avec des différences typographiques.

Ces deux parties sont la réimpression des éditions de 1665 et 1666. Il y a peu de variantes, la plus intéressante est celle du vers 14, p. 4, 1re partie.

Dans l'édition de 1665, il y a « *et se distillait en adieux* » ; dans l'édition de 1667, il y a « *et de lui faire des adieux* ».

Haut. 147^{mm}.

739. CONTES ET NOUVELLES EN VERS De M. de la Fontaine. *A Paris, Chez Claude Barbin,* M.DC.LXIX [1669]. In-12, mar. rouge, fil., dos orné, dent. int., tr. dor. (*Bauzonnet.*)

Collat. 6 ff. lim. pour le titre, la préface et une table, 249 pp. pour le texte. Le privilège au v° du dernier f. est un extrait des privilèges de 1665 et 1667.

C'est la troisième édition. Elle contient les mêmes contes que les deux précédentes, plus quatre nouveaux contes déjà publiés subrepticement en Hollande, *l'Hermitte, le Mazet de Lamporecchio, les Frères de Catalogne, la Coupe enchantée* ; à la fin se trouve la *Dissertation sur Joconde* par Boileau, imprimée pour la première fois. Cet exemplaire a les deux vers obscènes qui terminent *La Servante justifiée,* p. 119.

Il a appartenu à Feuillet de Conches qui, dans une note sur la garde, nous apprend que la reliure est une imitation des reliures anciennes faite par Bauzonnet à la prière de Nodier.

De la bibliothèque de CH. NODIER.

740. RECUEIL DES CONTES du Sieur de la Fontaine. Les Satyres de Boileau et autres Pieces curieuses. *A Amsterdam, Chez Jean Verhoeven, à la Sphere,* 1669. Pet. in-12, mar. rouge, fil., dos orné, dent. int., tr. dor. (*Derome.*)

Cette édition avait déjà paru avec un titre à la date de 1668. Elle donne trois contes nouveaux de La Fontaine en éditions originales, *l'Hermitte, le Mazet de Lamporecchio, les Cordeliers de Catalogne.*

Exemplaire de Charles NODIER.

741. CONTES ET NOUVELLES EN VERS. De M. de la Fontaine. Troisiesme Partie. *A Paris, Chez Claude Barbin, au palais, sur le Perron de la Sainte Chapelle,* M.DC.LXXI [1671]. *Avec Privilege du Roy.* In-12, mar. rouge, fil., tr. dor. (*Rel. anc.*)

Edition originale de la troisième partie des *Contes.*
Collat. 1 f. blanc, le titre, 211 pp.
Le privilège au v° du dernier f. est un extrait des privilèges antérieurs, l'achevé d'imprimer est du 27 janvier 1671.
On croit que les corrections qui se trouvent aux pp. 77, 94, 105, 120 125, 134, 147, 194 et 197 sont de la main de La Fontaine.
A partir de la page 148, on trouve la *Comédie de Climène* qui termine le volume.

742. NOUVEAUX CONTES de Monsieur De La Fontaine. *A Mons, Chez Gaspar Migeon, Imprimeur,* M.DC.LXXIV [1674]. In-12 de 168 pp., mar. rouge, fil., tr. dor. (*Rel. anc.*)

Edition originale de la quatrième partie des *Contes.*
La publication de cette quatrième partie des *Contes* ayant été interdite, La Fontaine fut obligé de faire paraître ce volume sous la rubrique d'une ville étrangère. Il est très probable que le nom de Gaspard Migeon cache celui de quelque imprimeur d'une de nos villes de province.
Les deux volumes de la troisième et de la quatrième partie des *Contes et Nouvelles* sont dans une reliure janséniste de Boyet.
Ils viennent d'une vente de la portion de bibliothèque réservée par PÀRIS quand il fit vendre à Londres ses livres les plus précieux en 1790.

743 CONTES ET NOUVELLES EN VERS de Monsieur de la Fontaine.

Nouvelle Edition enrichie de Tailles-Douces, par Romain de Hooghe. *A Amsterdam, Chez Henry Desbordes*, 1685. 2 part. en 1 vol. in-12, mar. vert, fil., dos orné, dent. int., tr. dor. (*Du Seuil.*)

Exemplaire de la première édition sous cette date.

744. FABLES CHOISIES, MISES EN VERS. Par M. de la Fontaine. *A Paris, Chez Denys Thierry, rue St Jacques, à l'enseigne de la ville de Paris*, M.DC.LXVIII [1668]. *Avec privilege du Roy*. In-4, fig. de Chauveau dans le texte, mar. rouge, fil., dos orné, dent. int., tr. dor. (*Trautz-Bauzonnet.*)

Edition originale des six premiers livres.

28 ff. limin. qui contiennent le titre orné d'un fleuron aux armes du Dauphin, l'épistre dédicatoire à Mgr. le Dauphin, la préface, la vie d'Esope et la table. 284 pp. 1 f. non chiff. pour l'épilogue et le privilège. 1 f. blanc.

Le privilège est du 6 juin 1667 et l'achevé d'imprimer du 31 mars 1668.

Il y a 124 fables, réparties en 6 livres.

Haut. 250^{mm}.

745. FABLES NOUVELLES ET AUTRES POÉSIES, De M. De La Fontaine. *A Paris, chez Claude Barbin*, 1671. In-12. fig. de Chauveau. mar. rouge, dos orné, fil., tr. dor. (*Duru.*)

12 ff. lim., 184 pp. chiffrées.

Ce recueil, dédié au duc de Guise, contient huit fables nouvelles, des fragments du *Songe de Vaux*, des poésies diverses et la seconde édition d'*Adonis*.

746. FABLES CHOISIES, MISES EN VERS. Par Mr de la Fontaine, & par luy reveus, corrigées & augmentées. *A Paris, Chez Denys Thierry et Claude Barbin*, 1678-1679. 4 vol. in-12. — Fables choisies, par M. de la Fontaine. *A Paris, Chez Claude Barbin*, 1694. Ens. 5 vol. in-12, veau fauve, fil., dos orné, tr. dor. (*Rel. anc.*)

Le tome 1er, les 2e, 3e et 4e parties sont de bonne date. Les Fables choisies qui n'ont pas de tomaison portent sur le titre le grand chiffre de Barbin.

Le tome 1er et la 2e partie contiennent, l'un 59 fables, l'autre 64, plus l'Epilogue, avec les figures dessinées et gravées par Chauveau pour l'édition in-4 de 1668.

La 3e et la 4e partie contiennent, l'une 46, l'autre 45 fables qui n'avoient point encore été publiées, sauf les 8 fables parues en 1671, sous le titre *Fables nouvelles* et qui sont réparties dans les deux volumes.

Le tome de 1694 nous donne également en 1re édition 27 fables nouvelles, plus *Belphégor, les Compagnons d'Ulysse, Daphnis, les filles de Minée*, et l'envoi au duc de Bourgogne pour la fable V (*le Vieux Chat et la Jeune Souris*).

Chauveau a continué l'illustration à mi-page pour ces trois volumes.

Le privilège pour les quatre premiers volumes est de 1677 et pour le cinquième de 1692.

Cet exemplaire est de premier tirage et en grande partie non cartonné.

La reliure en veau fauve, très bien conservée, est probablement de Du Seuil.

747. FABLES DE LA FONTAINE. *Paris, Didot l'aîné*, 1782.

2 tomes en 3 vol. in-18, mar. vert. compart., dent., doublé de tabis, tr. dor. (*Derome.*)

Imprimé sur VÉLIN.
Collection du comte d'Artois. Exemplaire provenant de la bibliothèque de M. DE MAC-CARTHY.

748. FABLES INÉDITES des XIIe, XIIIe et XIVe siècles et fables de La Fontaine rapprochées de celles de tous les auteurs qui avaient, avant lui, traité les mêmes sujets, précédées d'une notice sur les fabulistes par A. C. Robert, conservateur de la Bibliothèque de Ste-Geneviève. Ornées d'un portrait de La Fontaine, de 90 gravures en taille-douce et de 4 fac-similés. *Paris, Etienne Cabin*, 1825. 2 vol. in-8, demi-rel. mar. vert, dos orné, tr. dor. (*Trautz-Bauzonnet.*)

749. RECUEIL DE POËSIES CHRÉTIENNES ET DIVERSES. Dédié à Monseigneur le Prince de Conty. Par M. de la Fontaine. *Paris, Jean Couterot*, 1679. 3 vol. in-12, mar. rouge, tr. dor. (*Rel. anc.*)

L.-Henri Loménie de Brienne est l'éditeur de ce recueil publié sous le nom de La Fontaine. C'est un choix fait avec goût et qui renferme, dit M. Brunet, plusieurs morceaux qu'on chercherait vainement ailleurs.

750. LES AMOURS DE PSYCHÉ et de Cupidon (et à la suite Adonis, poëme), par M. de la Fontaine. *Paris, Cl. Barbin*, 1669. In-8, veau fauve, dos orné, tr. dor. (*Du Seuil.*)

Editions originales de ces deux ouvrages. L'exemplaire, dont la reliure est excellente et parfaitement conservée, renferme la suite des 32 planches gravées en taille-douce par Léonard Gaultier, d'après M. Coxie, en 1586. Ces planches sont remontées à châssis et entourées de filets dorés. Un titre calligraphié en or et en couleurs les précède. C'est un arrangement d'amateur.
Le volume porte la signature de du Vivier, que Brice *(T. 1er, p. 465, éd. de 1706)* appelle « *un des plus curieux hommes de Paris et qui se connaît le mieux en choses de conséquence* ». Du Vivier habitait à l'Arsenal un appartement orné des plus beaux meubles, des plus précieuses porcelaines et de Pagodes fort curieuses. Lister dans son voyage à Paris en 1698 nous raconte qu'il a été le visiter, et nous parle de « *Corps de Bibliothèques aussi riches qu'élégants.* »,
Ce qui fait l'intérêt de cette signature sur ce livre, c'est que du Vivier était l'ami de La Fontaine. Dans une lettre au prince de Conti *(Œuvres posthumes, 1689, p. 204)* La Fontaine dit : « *nous en parlions il y a deux jours, du Vivier et moi, et nous avons formé des vœux très particuliers en votre faveur. Ils n'étaient ouïs que de quelques idoles chinois* ».
Exemplaire de BRUNET.

751. ODE pour la Paix. *A Paris, chez Claude Barbin, au palais sur le perron de la Ste Chapelle*, 1679. *Avec permission.* In-4, mar. rouge jans., tr. dor. (*Cuzin.*)

Edition originale.
Plaquette de 8 pages, fort rare. Elle est signée à la fin : de la Fontaine.
Permis d'imprimer le 16 juin 1679.

Cette pièce ne se trouve pas dans l'édition des Œuvres de La Fontaine donnée par Walckenaer. Elle avait été attribuée à Pavillon. Mais Paul Lacroix ayant vu l'édition originale signée de La Fontaine la lui restitua dans ses « *Œuvres inédites, p. 152* ». Elle figure dans l'édition des *Grands Écrivains*, publiée par la librairie Hachette en 1892.

752. Poème de la Captivité de Saint-Malc, par M. de la Fontaine. *A Paris, Chez Claude Barbin, au Palais, sur le second Perron de la Sainte Chapelle.* M DC.LXXIII [1673]. In-12, mar. rouge jans., dent. int., tr. dor. (*Trautz-Bauzonnet.*)

> Edition originale très rare. Suivant Chardon de la Rochette, elle fut supprimée lorsqu'elle parut, à cause de l'épître dédicatoire dans la souscription de laquelle La Fontaine avait indûment donné au cardinal de Bouillon le titre *d'Altesse sérénissime.*
> Ce renseignement est confirmé par le présent exemplaire, où une plume du temps, qui peut être celle de La Fontaine lui-même, a effacé la qualification de *Sérénissime* pour lui substituer celle d'*Eminentissime.*
> Collat., 4 ff. limin., pour le titre et l'épître à Son Altesse Mgr. le Cardinal de Bouillon. 50 pp. chiffrées, 1 f. blanc.

753. Poème du Quinquina, et autres ouvrages en vers par M. de La Fontaine. *A Paris, chez Denis Thierry et Claude Barbin,* 1682. In-12, mar. rouge, fil., dos orné, dent. int., tr. dor. (*Bauzonnet.*)

> Edition originale.
> La reliure de ce volume est, comme celle de la troisième édition des *Contes,* une imitation de reliure ancienne tentée par Bauzonnet.
> Exemplaire de Ch. Nodier.

754. Ouvrages de Prose et de Poésie. Des Srs de Maucroy et de la Fontaine. *A Paris, Chez Claude Barbin,* 1685. 2 vol. in-12, mar. rouge, fil., dos ornés, tr. dor. (*Boyet.*)

> Recueil contenant dix Fables nouvelles. Plusieurs contes et quelques poésies de La Fontaine, paraissant ici pour la première fois.
> Cet exemplaire est dans une excellente reliure de Boyet. Il provient de la bibliothèque de J.-J. de Bure.

755. Astrée, tragédie, par M. de La Fontaine, représentée par l'Académie royale de musique. *A Paris, chez Christophe Ballard,* 1691. In-4 de 45 pages, mar. rouge, fil., dos et coins fleurdelisés, tr. dor. (*Rel. anc.*)

> Edition originale.
> Cet exemplaire est celui de la bibliothèque de M. de Soleinne.
> Aux armes du comte de Toulouse.

756. Les Œuvres postumes de Monsieur de la Fontaine. *A Paris, Chez Jean Pohier,* 1696. In-12, mar. rouge, fil., dos orné, tr. dor. (*Boyet.*)

> Ce recueil, publié par Mad. Ulrich qui a signé la dédicace au Marquis de Sablé, contient les éditions originales de 7 nouvelles fables, du conte du *Quiproquo* et de diverses pièces jusque là inédites.

Très bonne reliure pareille à celle du recueil de Maucroy.
De la bibliothèque de J.-J. DE BURE.

757. JE VOUS PRENS SANS VERD, comédie, par La Fontaine. *A Paris, Chez Pierre Ribou, sur le Quay des Augustins, à la descente du Pont neuf, à l'image S. Loüis. M.DC.XCIX* [1699]. In-12 de 24 pp., mar. rouge, tr. dor. (*Cuzin.*)

> Edition originale.

758. PIÈCES DE THÉÂTRE de M. de La Fontaine. *A La Haye, chez Adrian Moetjens,* 1702. In-12, mar. bleu jans., dent. int., tr. dor. (*Trautz-Bauzonnet.*)

> Ce volume contient trois comédies : *le Florentin, Ragotin, Je vous prens sans verd,* faites en société par La Fontaine et Champmeslé ; de plus, *Pénélope ou le retour d'Ulisse,* tragédie de l'abbé Genest donnée sous le nom de La Fontaine, et *le Duc de Montmouth,* tragédie de M. de Vaernewyck.

759. LES ŒUVRES DE LA FONTAINE, nouvelle édition, revue, mise en ordre et accompagnée de notes par C.-A. Walckenaer. *Paris, Lefèvre (impr. de P. Didot),* 1827. 6 vol. gr. in-8, mar. bleu, fil., tr. dor. (*Rel. de Simier.*)

> Exemplaire en GRAND PAPIER VÉLIN, avec la première suite des figures de Moreau AVANT LA LETTRE. Reliure romantique.

Poètes français depuis J.-B. Rousseau jusqu'à nos jours.

760. ŒUVRES DIVERSES Du Sieur R** [J.-B. Rousseau]. *A Soleure, Chez Ursus Heuberger,* 1712. In-12, mar. rouge jans., dent. int., tr. dor. (*Trautz-Bauzonnet.*)

> Édition originale.
> De la bibliothèque du comte ROGER DU NORD.

761. POÉSIES de D. V. Nouvelle édition. *A Paris, de l'Imprimerie de Jacques Collombat,* 1728. In-12, mar. rouge, dent. sur les plats, dos orné, tr. dor. (*Rel. anc.*)

> Le privilège en date de 1724 est accordé au Sr de Villiers, auteur de ces poésies.
> La reliure est excellente et très bien conservée.
> Aux armes du Chancelier d'AGUESSEAU.

762. LA RELIGION, poème, par M. Louis Racine (avec le poème de la Grâce). *Paris,* 1742. Pet. in-12, veau marb., fil., tr. dor. (*Padeloup.*)

> La reliure est parfaite comme corps d'ouvrage, mais ce qui lui donne un

cachet très particulier, c'est le dessin de la marbrure qui figure les compartiments d'une dorure à la Le Gascon. C'est un spécimen curieux.

Ce livre a appartenu à M. Pasquier, amateur délicat et cousin du duc d'Audiffret-Pasquier.

763. Recueil de pièces choisies sur les conquêtes et la convalescence du Roy. (*Paris*), *David l'aîné*, 1745. In-8, gr. pap., front. par Cochin, mar. bleu, fil., tr. dor. (*Rel. anc.*)

> Exemplaire vendu 10 fr. à la vente de Mad. de Pompadour, N° 735.
> Il a appartenu à Perrin de Sanson et au baron J. Pichon.
> Aux armes de Mad. de Pompadour.

764. Voyage de Messieurs F. Le Coigneux de Bachaumont et Cl. Emm. Luillier Chapelle. *La Haye, P. Gosse et J. Neaulme*, 1732. In-12, veau granit, fil., dent., tr. dor. (*Padeloup.*)

> Aux armes du duc d'Aumont.

765. La Grange-Chancel (Jos. de). Les Philippiques, odes, avec des notes historiques, critiques et littéraires. *A Paris, l'an VI de la liberté*, 1795. In-12, papier vélin, mar. rouge, dent., tr. dor. (*Simier.*)

> Exemplaire de Pixerécourt.

766. Satyres sur les Femmes bourgeoises qui se font appeler Madame, avec une distinction qui sépare les véritables d'avec celles qui ne le sont que par le caprice de la fortune, la bizarerie et la vanité du siècle, par M. le Chevalier D*** (d'Hénissart). *A La Haye, chez Frick*, 1713. 2 vol. in-8, front. et fig., vélin.

> Satires très curieuses sur les mœurs du temps. L'auteur ne put obtenir un privilège pour son livre que par ruse ; la fraude ayant été découverte, le chevalier d'Hénissart fut emprisonné et la plupart des exemplaires de son ouvrage détruits (Voy. Cat. J. Pichon, n° 627).
> Une des satires a pour titre : *Les Avantures de la Chasse Royale ;* une des figures représente *La Foire de Bezons.*
> Les exemplaires qu'on rencontre ordinairement et qui sont ceux sans doute qui avaient échappé à la saisie, ont, ou un nouveau titre avec la rubrique de *La Haye, chez H. Frick*, 1713, ou l'ancien, mais dont on a enlevé la partie inférieure, contenant le nom de *Paris*, celui du libraire et la date.

767. La Ligue ou Henri le Grand, poème épique par M. de Voltaire. *A Genève, chez Jean Mokpap*, 1723. In-8, mar. rouge, tr. dor. (*Lortic.*)

> Coll. 4 ff. prél. 231 pp. chiffrées.
> Première édition du poème qui fut réimprimé en 1728 sous le titre de la Henriade. Ce n'est pas à Genève, mais à Rouen chez Viret, qu'elle a été imprimée. Elle nous donne un texte qui a été profondément modifié dans les éditions suivantes.
> Exemplaire de la bibliothèque de M. Paillet.

768. La Bataille de Fontenoy, poème. Sixième édition. *A Paris, chez Prault père, quai de Gèvres au Parradis, 1745. Avec approbation et permission.* In-8, mar. vert, comp. à la Du Seuil, dos orné, tr. dor. (*Trautz-Bauzonnet.*)

M. de Voltaire a écrit sur le titre, *Épreuve*, et fait dans le cours du poème de nombreuses corrections autographes. C'est d'après cet exemplaire corrigé qu'a été faite la septième édition sous la même date de 1745. Celle-ci se trouve placée à la suite de l'épreuve corrigée. En voici le titre : « *Le » poème de Fontenoy, septième édition, conforme à celle du Louvre augmentée de » beaucoup de vers dans le poème et de plusieurs additions instructives dans les » notes. Avec le plan de la bataille, l'épitre dédicatoire au roy, le discours préli- » minaire fort augmenté et autres pièces. Paris, Prault père, quai de Gèvre au » Paradis. Avec privilège »*.

A ces deux pièces, on a joint dans le recueil plusieurs pièces de critique littéraire ou autres à propos de la bataille et du poème.

M. Renouard à qui l'exemplaire a appartenu a ajouté deux portraits de Voltaire, l'un par Ficquet, l'autre par Saint-Aubin.

De la bibliothèque de M. Renouard.

769. Jérome et Fanchonnette, pastorale de la Grenouillère, en un acte par M. Vadé. *A Paris, chez Duchesne libraire rue St Jacques, au temple du goût, 1755. Avec privilège du roy.* — Lettres de la Grenouillère entre M. Jerosme Dubois, pêcheur du Gros Caillou et Mlle Manette Dubus, Blanchisseuse de linge fin, par M. Vadé. Suite des quatre bouquets, 3me édition. *A Paris, chez Duchesne, 1755.* — La pipe cassée, poème. Epitragi-poissardi-Heroi-comique, par M. Vadé. 3me édition enrichie de belles vignettes en taille douce. *A la Grenouillère, et se trouve à Paris, chez Duchesne, libraire, 1755.* — Les quatre bouquets poissards, par M. Vadé. Suite de la Pipe cassée. 3me édition. *Paris, Duchesne, libraire, rue St Jacques, 1755.* 4 parties en 1 vol. in-8, mar. rouge, fil., tr. dor. (*Rel. anc.*)

Aux armes du duc d'Orléans.

770. Les Géorgiques de Virgile en vers Francois, par M. l'abbé de Lille. *De l'imprimerie Didot l'aîné. A Paris, chez Bleuet libraire, pont St Michel, 1782.* Fig. — Les jardins, ou l'art d'embellir les paysages, poème par M. l'abbé de Lille de l'Académie Francoise. Vme édition. *A Paris, chez Cazin libraire, 1791.* Deux tomes en un vol. in-12, fig., mar. bleu, dent., tr. dor. (*Simier.*)

771. Rouget de l'Isle. Essais en vers et en prose. *Paris, P. Didot, 1796.* In-8, fig. de Lebarbier, mar. rouge, dos orné, fil., doublé de tabis, tr. dor. (*Bozérian.*)

Figure avant la lettre et eau-forte.

On trouve, dans ce recueil, *Le Chant des combats, vulgairement l'hymne des Marseillois.* C'est la première édition de la Marseillaise.

De la bibliothèque d'Ant.-Aug. Renouard.

772. LE MÉRITE DES FEMMES, poème, par Gabriel Legouvé, membre de l'Institut National. Huitième édition, revue et corrigée. *A Paris, chez Ant.-Aug. Renouard, an XI.* — 1803. In-12, mar. citron, dos orné, dent., tr. dor. (*Hardy*.)

On a ajouté à la figure de Moreau faite pour l'édition, le titre et les figures faites par Desenne pour l'édition de Janet. Ces figures n'ont d'autre intérêt que d'être la caractéristique d'une époque.

773. ŒUVRES COMPLÈTES d'André de Chénier. *Paris, Baudoin frères, libraires, rue de Vaugirard, n° 36.* 1819. In-8, cart.

Édition originale.
Cette édition a été donnée par H. de la Touche qui a placé en tête une notice sur la vie et les ouvrages d'André Chénier. On a relié, à la fin, la musique composée par le Sr Vernier sur l'ode de la *Jeune captive.*

774. LES ŒUVRES DE ALFRED DE MUSSET. *Paris, Alphonse Lemerre, éditeur, passage Choiseul, 31,* 1876. 11 vol. in-12, mar. bleu, dos orné, filets, tr. dor. (*Cuzin.*)

Exemplaire sur papier de Chine dont il a été tiré 110 ex.
On a ajouté les deux suites de Bida et de Pille gravées par Lalauze et Monziès, épreuves AVANT LA LETTRE SUR PAPIER DE CHINE.

775. TOAST en l'honneur de deux nouveaux membres de la Société des Bibliophiles François, 24 janvier 1872. *Paris, imprimerie D. Jouaust,* 1872. In-8, mar. bleu, doublé de mar. La Vallière, dent., chiffres et pièces d'armes sur les plats, tr. dor. (*Trautz-Bauzonnet.*)

Ces vers de notre excellent et regretté collègue Blanchemain ont été lus par lui à un dîner donné à quelques membres de la Société des Bibliophiles à l'occasion de la réception de Mgr. le duc d'Aumale et de M. l'abbé Bossuet, curé de Saint-Louis en l'île.

Noëls et Chansons.

776. CANTIQVES DV PREMIER ADVENEMENT de Iesu-Christ. Par Le Conte [*sic*] d'Alsinois. *A Paris, Chez la veufue Maurice de la Porte,* 1553. In-8 de 112 pp., réglé, mar. rouge, compart. de fil., coins dorés, dos orné, dent. int., tr. dor. (*Trautz-Bauzonnet.*)

Volume dédié à Antoinette de Luynes par Nicolas Denisot, dit le comte d'Alsinois, secrétaire de la reine de Navarre.

777. NOËLS DE LUCAS LE MOIGNE, curé de Saint-Georges du Puy La Garde en Poictou, publiés sur l'édition gothique

par la Société des Bibliophiles françois. *Paris*, 1860. In-16, mar. orange, tr. dor. (*Chambolle-Duru*).

Cette réimpression, publiée avec un avertissement de M. le Baron J. Pichon, n'a été tirée qu'à 31 exemplaires.
Aux armes de M. le Baron PICHON.

778. VERGER DE MUSIQUE contenant partie des plus excellents labeurs de M. C. Janequin, a 4 et 5 parties, nouvellement imprimé en 5 volumes reveuz et corrigez par lui-mesme. Premier livre : Contra-Tenor. *A Paris, de l'imprimerie d'Adrian le Roy, rue S. Jean de Beauvais, à l'enseigne Sainte-Geneviève*, 1559. In-12 obl., mar. brun, milieux dorés, dent. int., tr. dor.

48 ff. chiffrés sign. A.-M, par 4.
Recueil rare contenant : *le Chant des oiseaux, le Chant du Rossignol, la Bataille à quatre* de Jannequin, avec la cinquième partie ajoutée par Verdelot, le *Siège de Metz*, le *Caquet des femmes*, la *Jalousie*, la *Chasse du cerf*, la *Guerre de Renty*, etc.

779. RECUEIL des plus beaux airs, accompagnés de chansons a dancer, ballets, chansons folastres et bachanales, autrement dites Vaudevire, non encores imprimées. T. C. aux quelles chansons l'on a mis la musique de leur chant, afin que chacun les puisse chanter et dancer, le tout à une seule voix. *Caen, chez Jacques Mangeant*, 1615. In-12, 48 feuillets. — Le Recueil des plus belles chansons de danse de ce temps. A *Caen, chez Jacques Mangeant*, 1615, 60 feuillets. — Recueil des plus belles chansons des comédiens français, en ce comprins les airs de plusieurs ballets qui ont été faits de nouveau à la Cour. Reveu et augmenté de plusieurs chansons non encore vues. A *Caen, chez Jacques Mangeant*. *S. d.* 96 feuillets. Trois parties en 1 vol. in-12, mar. citron, dentelles, tr. dor. (*Bauzonnet.*)

L'exemplaire porte l'ex-libris de la collection Cigongne. Cet amateur avait un autre exemplaire, celui de Méon qui réunit au recueil de 1615 celui publié en 1608 en trois parties, sous le titre : *Airs nouveau*, par le même Jacques Mangeant. Mgr. le duc d'Aumale a gardé l'exemplaire de Méon et vendu l'autre qui a été acheté par le comte de Béhague lors de la vente des doubles de la Bibliothèque du prince.

780. LES CHANSONS DE GAULTIER GARGUILLE. Troisième édition. *Paris, Fr. Targa*, 1636. Pet. in-12, titre gr. par Michel Lasne, portant la date de 1632, mar. bleu, fil., tr. dor. (*Trautz-Bauzonnet.*)

Bel exemplaire d'une édition tout aussi rare que celle de 1632, sur laquelle elle est textuellement copiée.
Frontispice. 8 ff. liminaires, 170 pp. chiffrées. 2 ff. pour la table.
Signé A-H. par douze.
Grandes marges. Exemplaire SOLAR.

781. LE PARNASSE DES MUSES ou Recueil des plus belles

chansons à dancer, auquel est adiousté le Concert des enfants de Bacchus, dédié à leurs rouges trongnes. *A Paris, chez Charles Hulpeau.* (1630). 4 tomes en un vol. pet. in-12, front. gravé, mar. rouge, dos orné à la Rose, filets sur les plats et milieux à petits fers, doublé de mar. bleu, dentelle à petits fers, tr. dor. (*Trautz-Bauzonnet.*)

Ce recueil est divisé en quatre parties : 2 pour le *Parnasse des Muses* et 2 pour le *Concert des Enfants de Bacchus.*

Chaque partie a son titre, sa pagination et sa signature. Le titre général que nous donnons ci-dessus est sur le frontispice qui est indépendant.

Voici la description des quatre parties :

1° Le *Parnasse des Muses* ou recueil des plus belles chansons à danser, recherchées dans le cabinet des plus excellents poètes de ce temps, dédié aux belles dames. Augmenté d'un cinquième volume, troisième édition. *A Paris, chez Charles Hulpeau, au grand I vert, au bout du pont St-Michel, et en sa boutique à la grand'sale du Palais au second pillier,* 1630. Avec privilège. 192 pp. chiffr. 4 ff. pour la table.

2° Le second tome du *Parnasse des chansons à danser,* reveu et augmenté outre la première édition, auquel est ajouté un volume entier des plus belles chansons à danser et à boire des plus excellents poètes de ce temps. Avec une table très ample. *A Paris, chez Charles Hulpeau,* 1630, 168 pp. chiffr. 4 ff. pour la table.

3° Le *Concert des enfants de Bacchus* assemblez avec les Bacchantes, pour raisonner au son des pots et des verres, les plus beaux airs et chansons à sa louange. Composez par les meilleurs buveurs et sacrificateurs de Bacchus. Dédié à leurs rouges trongnes. Troisième édition. *Paris, Hulpeau,* 1631. Avec privilège. 4 ff. liminaires, 87 pp. chiffr. 2 ff. de table.

4° Le second tome du *Concert des enfants de Bacchus.* Augmenté nouvellement au premier volume. *Paris, Hulpeau,* 1630. 36 pp. chiffr. 1 f. pour la table et 1 f. blanc à la fin.

Cet exemplaire est très grand de marges et dans une condition exceptionnelle. Il a appartenu à MM. DE CLINCHAMP, SOLAR et BEHAGUE.

782. CHOIX DE CHANSONS mises en musique par M. de La Borde... ornées d'estampes par J.-M. Moreau, dédiées à Mme la Dauphine. *A Paris, chez de Lormel,* 1773. 4 vol. gr. in-8, titre gravé, portrait, 4 frontispices et 100 fig. dessinés par Moreau, Le Bouteux et le Barbier, gravés par Moreau, Masquelier, Née, etc., veau marbré, fil., tr. dor. (*Rel. anc.*)

Le dos porte les armes du marquis de MARIGNY.

783. CHANSONS MORALES ET AUTRES par M. P.-J. de Béranger, Convive du Caveau moderne, avec gravures et musique. *Paris, librairie d'Alexis Eymery,* 1816. In-12, veau, fil., tr. dor. (*Thouvenin.*)

Édition originale renfermant 83 chansons.

11 ff. liminaires, compris faux-titre et frontispice gravés. 232 pp.

Exemplaire imprimé sur PAPIER VÉLIN.

Les exemplaires sur PAPIER VÉLIN sont excessivement rares. Ils étaient même inconnus avant que j'aie signalé celui-ci. Je l'avais acheté un soir chez Rouquette, sous le regard indifférent d'un très passionné Bérangériste. Quelque temps après, il en est passé à la vente Roger du Nord un autre exemplaire qui a été adjugé à M. Paillet. Il faut lire le dramatique récit de cette enchère dans le très spirituel et très amusant *Catalogue de la Bibliothèque d'un Bibliophile,* par M. H. Béraldi. (N° 706).

Notre volume est dans une très fine reliure en veau de Thouvenin, et cette reliure du temps lui ajoute beaucoup de charme.

784. CHANTS ET CHANSONS populaires de la France. *Paris, Delloye,* 1843. 3 vol. gr. in-8, musique et fig., demi-rel. mar. brun, *non rognés. (Andrieux.)*

> Exemplaire du premier tirage, relié avec les couvertures originales, qui sont collées sur les cartons de la reliure à l'intérieur. On a ajouté la couverture de la première livraison.
>
> Cet exemplaire vient de la vente VIOLLET-LE-DUC.

Poètes italiens.

785. LE TERZE RIME DI DANTE. *Venetiis, in ædibus Aldi,* 1502. In-8, mar. brun, compart. de fil. genre Grolier, tr. dor. *(Trautz-Bauzonnet.)*

> Première édition des Aldes.
>
> Livre précieux orné par Trautz d'une très belle reliure à la Grolier. Il excellait dans l'art de pousser les filets, mais il ne faisait pas volontiers ce genre de reliure qui lui prenait trop de temps.
>
> Exemplaire de M. QUENTIN-BAUCHART.

786. LA COMEDIA DI DANTE ALIGIERI con la nova espositione di Alessandro Vellutello... — A la fin : — *Impressa in Vinegia per Francesco Marcolini ad instantia di Alessandro Vellutello del mese di Gugno lanno* MDXLIIII [1544]. In-4, fig. sur bois, mar. rouge, fil., compart. et dent. vénitienne, tr. dor. *(Trautz-Bauzonnet.)*

> Il y a dans cet exemplaire plusieurs passages effacés à la plume. Nous trouvons l'explication de cette mutilation dans les mots suivants écrits au-dessous du grand titre : « *Corrected da me J. Angelo Ottavioni da popoli, canceliere de S° Ufficino di Firenze (5 octobre 1669)* » une autre main a ajouté plus tard : « *anzi gastato.* »
>
> Ces corrections nous donnent une idée de ce qu'était l'opinion du Saint Office sur les poèmes de Dante.
>
> On a joint à l'exemplaire une longue lettre de J. Delecluze, le critique du Journal des Débats, qui apporte sur cette question des détails historiques du plus haut intérêt. Il y ajoute de curieux renseignements sur les premières éditions de Dante en Italie.

787 IL PETRARCA, corretto da M. Lodovico Dolce, et alla sua integrità ridotto. *Vinegia, Gabr. Giolito,* 1547. Pet. in-12, réglé, mar. vert, dent., tr. dor. *(Rel. anc.)*

> Exemplaire de BRUNET.

788. LE SATIRE ALLA BERNIESCA di M. Gabriello Symeoni,

con una elegia sopra alla morte del Re Francesco primo, et altre rime a diverse persone. *In Torino, pro Martino Cravotto*, 1549. In-4, mar. bleu, large dent. à petits fers, tabis, tr. dor. (*Derome.*)

Exemplaire de Brunet.

789. Belleze del Furioso di M. Lodovico Ariosto. Scielte da oratio Toscanella con gli argomenti et allegorie de I canti. *In Venetia, appresso Pietro de i Franceschi et Nepoti*, 1574. In-12, fig. sur bois, vélin doré, tr. dor. (*Rel. du XVIᵉ siècle.*)

Il y a un monogramme aux quatre coins de la reliure dont on n'a pu encore trouver une explication satisfaisante A O I H enlacés.
Aux armes de Henri III.

790. Angelica innamorata di Vicentio Brusantino, revista per il medesimo autore, e corretta per il diligente academico Pellegrino. *Vinegia, F. Marcolini*, 1553. Gr. in-8, fig. sur bois, mar. rouge, fil., tr. dor. (*Padeloup.*)

Exemplaire de Randon de Boisset.
De la bibliothèque de Brunet.

791. Stanze amorose sopra gli horti delle donne et in lode della menta. — La Caccia d'amore del Bernia, etc. (par Tansillo). *In Venetia*, 1574. Pet. in-12, fig. sur bois, mar. rouge, fil., tr. dor. (*Rel. anc.*)

792. Jérusalem délivrée, poëme, traduit de l'italien (par Lebrun), enrichi de la vie du Tasse. *Paris, Bossange, an XI*-1803. 2 vol. in-8, portr. et fig., mar. rouge, dos orné, dentelles, tabis, tr. dor. (*Bozérian.*)

Exemplaire en papier vélin, avec les figures de Lebarbier avant la lettre et avec les eaux-fortes.

793. Jérusalem délivrée, poëme traduit de l'italien (par le prince Lebrun); nouvelle édition, précédée de la Vie du Tasse. *Paris, de l'impr. de Bossange et Masson*, 1811. Pet. in-fol. figures, mar. rouge, fil. et large dent., dos orné, doubl. de tabis. (*Relié par Tessier.*)

Les figures sont celles qui avaient été gravées pour l'édition in-4 de 1774 sur les dessins de Cochin.
La vie du Tasse est de Suard.
Exemplaire au chiffre du comte de Montalivet.

Poésie dramatique.

Théâtre Grec et Latin.

794. L'Iphigene d'Evripide Poete tragiq : tourne de Grec en
François par l'Auteur de l'Art poëtique, dedié a Monsieur
Ian Brinon, Seigneur de Villenes, et Conseiller du Roy
nottre Sire en sa Court de Parlement a Paris. *A Paris. On
les vend en la salle du Palais, en la boutique de Gilles
Corrozet,* 1549. In-8, mar. vert, dent., dos orné, tr. dor.
(*Derome le jeune.*)

L'auteur de l'*Art poétique*, et par conséquent le traducteur d'Euripide,
est Thomas Sibilet.

795. La Tragedie d'Evripide, nommee Hecvba : Traduicte de
Grec en rhythme Francoise dediee au Roy. *A Paris. De
l'imprimerie de Rob. Estienne.* 1550. In-8 de 104 pp.
mar. rouge jans., dent. int., tr. dor. (*Traulz-Bauzonnet.*)

Le traducteur, Lazare de Baif, a joint à la tragédie diverses poésíes
composées par lui.

796. M. Acci Plavti Comœdiæ superst. XX. *Amsterodami
Apud Gulj. Ianssonium,* CIↃ. IↃC XIX [1619]. In-16,
titre gr., mar. rouge, comp. de fil., dorure au pointillé, dos
orné, tr. dor. (*Le Gascon.*)

Exemplaire de Bougainville, de l'Académie française.

797. Pub. terentii comœdiæ sex. Ex. Dan. Heinsii recensione. *Amsterodami, apud Guil. Janssonium,* 1619. In-16,
mar. rouge, dos et plats fleurdelisés, au milieu des plats un
H sommé d'une couronne fermée, tr. dor. (*Rel. anc.*)

Les livres ainsi reliés ont appartenu à Henri de Bourbon, duc de
Verneuil, fils légitimé de Henri IV et de Henriette d'Entragues, duchesse
de Verneuil.

798. Les Comédies de Térence, avec la traduction et les
remarques de Mᵐᵉ Dacier. *A Rotterdam, aux dépens de
Gaspar Fritsch,* 1717. 3 vol. pet. in-8, front. et fig. de
B. Picart, mar. rouge, dent., fil., dos ornés, tr. dor. (*Derome
le jeune.*)

Exemplaire en grand papier provenant de la bibliothèque de Méon.
Les livres qui ont appartenu à Méon se reconnaissent à un très petit
nº d'ordre à l'encre rouge que Méon inscrivait sur les gardes ou même
sur les titres.

Théâtre Français des origines à Corneille.

799. Le Theatre François divisé en trois livres. Où il est traité : I. De l'Usage de la Comedie. II. Des Autheurs qui soutiennent le Theatre. III. De la conduite des Comediens. *A Lion, Et se vend à Paris, chez René Guignard,* 1674. Pet. in-12, mar. brun jans., dent. int., tr. dor. (*Cuzin.*)

> Coll. 22 ff. lim. pour le titre, la dédicace, le sommaire des matières contenues dans les trois livres, la permission et 1 f. blanc. 285 pp. pour le texte des trois livres.
> Cet ouvrage dont Samuel Chappuzeau est l'auteur, fournit des renseignements très précieux pour l'histoire du Théâtre Français au XVIIe siècle. Il contient dans les pages 193 à 198 un grand éloge de Molière et des détails intéressants sur sa troupe.

800. Tablettes dramatiques, contenant l'Abregé de l'Histoire du Théâtre François, l'établissement des Théâtres à Paris, un Dictionnaire des Pieces, et l'Abregé de l'histoire des Auteurs & des Acteurs. Par M. le Chevalier de Mouhy. *A Paris, Chez Sebastien Jorry,* 1752. In-8, mar. vert, large dent., dos orné, doublé de tabis, tr. dor. (*Rel. anc.*)

> Aux armes du duc d'Orléans.

801. Archives de la Comédie française. Registre de La Grange, 1658-1685, précédé d'une notice biographique. Publié par les soins de la Comédie française, janvier 1876. *Paris, Claye, 7 rue St-Benoît.* In-4, vélin blanc.

> On a collé sur une des gardes un article de Regnier, l'acteur de la Comédie Française, intitulé : « *Découverte d'un document nouveau. Tartuffe.* » Cet article contient une lettre de Monseigneur le duc d'Aumale à M. Perrin, lui envoyant une lettre de Henri-Jules de Bourbon, duc d'Enghien, trouvée dans les archives de Chantilly.

802. Les Souvenirs et les regrets du vieil amateur dramatique ou lettres d'un oncle (V. Arnault), à son neveu sur l'ancien théâtre Français depuis Bellecour, Lekain, Brizard, Preville, Armand, etc. ; Mesdames Dumesnil, Clairon, les deux Sainval, Préville, etc., jusqu'à Molé, Larive, Monvel, Désessart, Dazincour, Dugazon ; Mesdames Raucourt, Vestris, Contat, Ollivier. Ouvrage orné de gravures coloriées, représentant en pied, d'après les miniatures originales, faites d'après nature, de Foëch de Basle et de Whirsker, ces différens acteurs dans les rôles où ils ont excellé. *Paris, Ch. Froment,* 1829. In-8, fig., mar. rouge, comp., tr. dor. (*Cuzin.*)

> Première édition. Papier de Hollande. Les figures sont coloriées et rehaussées d'or.

803. Les Métamorphoses de Melpomène et de Thalie ou caractères dramatiques des comédies françoise et italienne *A Paris, chez l'auteur, rue St-Honoré, s. d.,* (1770). In-8, fig., veau brun.

> Ce volume est orné d'un titre gravé, de 28 figures numérotées et d'une planche gravée contenant la liste des artistes avec les titres des pièces. Toutes ces figures ont été dessinées d'après nature par *Whirsker.*

804. Maistre Pierre Pathelin restitué à son naturel. — Le Grant Blason des faulses amours. — Le Loyer de folles amours. (*Paris*), *pour Galiot du Pré, libraire,* 1532. In-16, mar. bleu jans., doublé de mar. citron, dent., tr. dor. (*Cuzin*).

> Sign. A-Q par 4. Lettres rondes. La marque de l'imprimeur est au verso du dernier f.
> C'est le plus rare des volumes imprimés par Galiot du Pré.
> Haut. 119 millim.

805. Les Théâtres de Gaillon à la Royne. Par Nicolas Filleul de Rouen. *A Rouen, chez George Loyselet, avec privilège du Roy,* 1566. In-4, mar. vert, dent., tr. dor. (*Derome.*)

> Sign. A-N par 4. Ce volume est fort rare. Il contient :
> Un titre encadré ;
> Une Dédicace à la Reine (Catherine de Médicis);
> Quatre Eglogues : Les Naïades, Charlot, Thétys, une pièce de vers latins au cardinal de Bourbon, Francine ;
> Lucrèce, en cinq actes;
> Les Ombres, en cinq actes.
> Une note au bas de la dédicace à la Reine nous apprend que les Eglogues furent représentées en l'isle Heureux, le 26 septembre 1566, la Lucrèce et les Ombres, au Château de Gaillon le 29 septembre, devant les Majestés du Roi et de la Royne.

806. La Famine ov les Gabeonites, Tragedie prise de la Bible et suiuant celle de Saul. Ensemble plusieurs autres œuures poëtiques de Iehan de la Taille de Bondaroy, Gentilhomme du pays de Beauce. — Les Corriuaus comedie et le Negromant traduit de l'Arioste, elegies, chansons et sonnets d'amour. *A Paris, Par Federic Morel...* 1572. In-8, portr. et blason, gr. sur bois. — Savl le Fvrievx, Tragedie prise de la Bible, Faicte selon l'art & à la mode des vieux Autheurs Tragiques. Plus, une remontrãce faicte pour le Roy Charles IX, a tous ses suiets, à fin de les encliner à la paix. Auec Hymnes, cartels, epitaphes, anagrammatismes, & autres Œuures d'un mesme autheur [Jean de La Taille de Bondaroy]. *A Paris, par Federic Morel, Imprimeur du Roy,* 1572. In-8. — Daire. Tragedie de feu Iacques de la Taille, du pays de Beauce. *A Paris, Par Federic Morel...* 1573. In-8. — Alexandre, Tragedie de Iacques de la Taille. *A Paris, De l'Imprimerie de Federic Morel,* 1573. In-8. — La Maniere de faire des vers en François comme en Grec et en Latin. Par feu Iacques de la Taille. *A Paris, De l'Imprimerie de Federic Morel,* 1573. In-8. — Ensemble

5 parties en un vol. in-8, mar. vert jans., doublé de mar. rouge, dorure à petits fers, tr. dor. (*Duru.*)

Sur le titre la signature de James Davenant, le covenentaire.

807. PHAETON. Bergerie tragique des Guerres et Tumultes civiles. A monseigneur l'illustrissimo évêque Salviati, nonce do Sa Sainteté près Sa Majesté très chrestienne. *A Lyon, par Antoine de Harsy,* 1574. In-8, mar. rouge, doublé de mar. rouge, tr. dor. (*Thouvenin.*)

Coll. 8 ff. préliminaires, 46 pp. chiffr., le dernier f. est blanc. Cette pièce fort rare est de J.-B. BELLAUD qui a signé de son nom la dédicace à Mgr. Salviati.

Exemplaire de NODIER dont la reliure porte au recto un écusson avec son ex-libris et au verso un écusson avec la marque du relieur Thouvenin.

808. LES CONTENS, Comedie nouuelle en prose Françoise. *A Paris, Pour Félix le Mangnier,* 1584. In-8, mar. rouge, dent., dos orné, dent. int., tr. dor. (*Derome.*)

L'auteur est ODET TURNÈBE OU DE TOURNEBU, fils du célèbre Turnèbe.

809. LES TRAGEDIES de Robert Garnier Conseiller du Roy, Lieutenant general Criminel au siege Presidial & Sene-chaussée du Maine. Au Roy de France et de Polongne. *A Paris, par Mamert Patisson,* M.D.LXXXV [1585]. In-12, portr., mar. rouge, fil., tr. dor. (*Trautz-Bauzonnet*).

Ce recueil contient huit pièces : *Porcie, Cornelie, M. Antoine, Hippolyte, La Troade, Antigone, Les Juifves* et *Bradamante.*

Coll. Le portrait de Robert Garnier, 12 ff. liminaires non chiffrés pour le titre, les dédicaces au Roi en prose et en vers, les sonnets de Ronsard, Belleau, Baïf, Flaminio de Birague, Binet, Estienne, adressés à Robert Garnier, l'extrait du Privilège, l'argument de Porcie et les acteurs.

332 ff. chiffrés pour le texte.

810. HYPSICRATEE ou la magnanimité, tragédie, nouvellement représentée au collège des Bons-Enfants. *A Rouen, de l'imprimerie de Raphael du Petit Val,* 1604, *avec privilège du Roy.* Pet. in-12, mar. vert, fil., tr. dor. (*Rel. anc.*)

Coll. 95 pp. chiffr. le Privilège est au verso du dernier feuillet; il est daté de 1597. Cette tragédie est de J. BEHOURT, qui a signé la dédicace à « Monsieur messire George de la Porte, seigneur de Montaigny... »

Exemplaire de Ch. NODIER.

811. LA RODOMONTADE, mort de Roger, tragédies et amours de Catherine. A monsieur le Lieutenant civil. *A Paris, chez Clovis Eve, relieur ordinaire du Roy au mont St-Hilaire, s. d.* Pet. in-8, mar. rouge, fil., dent., tr. dor. (*Biziaux.*)

Coll. 8 ff. lim. 155 ff. chiffr. 1 f. pour le privilège.

Le privilège est accordé à Clovis Eve, Marchand libraire et relieur du Roy; il est daté du 28 juin 1605.

Le titro gravé est de Léonard Gaultier et porte le nom de l'auteur M. de MÉLIGLOSSE avec son anagramme, *Clarus Vates Orbis* — CAROLUS BAUTERUS.

Exemplaire de M. DE SOLEINNE.

812. La Mariane, Tragedie, par Tristan l'Ermite. *Paris, Aug. Courbé*, 1637. In-12, front. gr., veau fauve, fil.

813. Ouverture du théâtre de la grande salle du Palais Cardinal : Mirame, tragi-comédie. *Paris, Henri Le Gras*, 1641. In-fol., mar. rouge, fil., comp., tr. dor. (*Le Gascon.*)

Édition originale de cette tragi-comédie, dont Desmarets de Saint-Sorlin consentit à prendre la responsabilité littéraire en signant la dédicace au roi, mais qui est l'œuvre du Cardinal de Richelieu. Elle est ornée de six estampes dessinées et gravées à l'eau-forte par Della Bella.

Cet exemplaire très grand et d'une conservation parfaite, porte l'ex-libris de Brulart de Sillery et les signatures de Sillery, de Valençay et de La Rochefoucauld, l'auteur des Maximes.

Exemplaire de la bibliothèque de M. de Soleinne.

814. La Pucelle d'Orléans, Tragedie en prose. Selon la verité de l'histoire et les rigueurs du Theatre. *A Paris, chez François Targa*, 1642. In-12, mar. rouge jans., tr. dor. (*Chambolle-Duru.*)

Pièce attribuée à l'abbé Fr. Hedelin d'Aubignac.

Dans le même volume : La Cyminde ou les deux victimes. Tragédie en prose. *A Paris, chez François Targa*, 1642. Par Colletet.

Erigone. tragi-comédie. *A Paris, chez Henry Legras.* Par Desmarets.

Le privilège est en son nom.

815. Europe. Comédie Héroïque. *A Paris, chez Henry le Gras, au troisième pilier de la grand'sale du Palais à L. Couronnée*, 1643, *avec privilège.* In-4, mar. rouge jans., tr. dor. (*Mercier.*)

Cette pièce est de J. Desmarets de Saint-Sorlin. La légende lui donne pour collaborateur le cardinal de Richelieu. A ce titre, elle est intéressante.

816. Le Jodelet ou le Maître Valet, comédie de Scarron. *Suivant la copie imprimée à Paris (Leyde, Elz.)*, 1648. In-12, cart.

OEUVRES DE CORNEILLE.

817. Le Théatre de Corneille. *A Paris, chez Antoine de Sommaville et Augustin Courbé*, 1644. In-4, mar. rouge. (*Rel. anc.*)

Première réunion sous un titre collectif des pièces de Corneille publiées dans le format in-4. Ces pièces, parues séparément, sont précédées de deux feuillets pour le *Titre* et la *Table des Pièces contenues en ce volume : Mélite, la Galerie du Palais, la Suivante, la Place Royale, Médée, l'Illusion comique, le Cid, Horace, Cinna* et *Polyeucte.*

Ce volume UNIQUE, et jusqu'ici inconnu des bibliographes, ne figure plus dans ma bibliothèque : la Bibliothèque Nationale m'ayant exprimé le désir de le joindre à sa collection Cornélienne, je le lui ai cédé par voie d'échange. Si je le maintiens dans mon catalogue, c'est à cause de l'intérêt qu'il présente au point de vue bibliographique parmi les nombreux volumes de Corneille qui sont ici décrits.

818. ŒUVRES DE CORNEILLE, première partie. *Imprimé à Rouen et se vend à Paris chez Antoine de Sommaville et Augustin Courbé,* 1644. In-12, mar. rouge, doublé de mar. rouge, dent., dos orné, tr. dor. (*Trautz-Bauzonnet.*)

Coll. 4 ff. préliminaires pour le frontispice, avec la date de 1645, le portrait de Corneille par Michel Lasne, le titre et l'avis au lecteur. 654 pp. chiffrées, 1 f. blanc. A la fin de la page 654 on lit : « *Imprimé à Rouen pour Laurens Maury.*

Cette édition est la première collective des pièces de Corneille. Elle ne contient que huit pièces : *Mélite, Clitandre, la Veufve, la Galerie du Palais, la Suivante, la Place royale, Médée* et *l'Illusion comique.*

Hauteur de l'exemplaire : 138^{mim}, larg. 76^{mm}.

819. ŒUVRES DE CORNEILLE. Tome Ier. *A Paris, chez Augustin Courbé,* 1647. In-4, portrait gr. par Michel Lasne, mar. bleu, dos orné, fil., tr. dor. (*Mercier.*)

Recueil factice. On trouve au verso du titre l'indication des pièces qui le composent. Ce sont :

Le Cid, Tragi-Comédie. *A Paris, Chez la Veuve Iean Camusat,* 1644. In-4 de 4 ff. lim. et 110 pp., — *Horace,* Tragédie. *A Paris, chez Augustin Courbé,* 1641. In-4, front. gr., 5 ff. lim. et 103 pp. — *La Galerie du Palais,* ou l'Amie Rivalle, Comédie. *A Paris, chez François Targa,* 1637. In-4 de 4 ff. et 143 pp. — *La Suivante,* Comédie. *A Paris, chez Augustin Courbé,* 1637. In-4 de 5 ff. lim. et 128 pp. — *La Place Royale,* ou l'Amoureux extravagant, Comédie. *A Paris, chez François Targa,* 1637. In-4 de 4 ff. lim. et 112 pp. — *Médée,* Tragédie. *A Paris, chez François Targa,* 1639. In-4 de 4 ff. lim. et 95 pp. — *L'Illusion comique,* Comédie. *A Paris, chez François Targa,* 1639. In-4 de 4 ff. lim. et 124 pp.

Cette réunion de pièces in-4 sous un titre d'assemblage à la date de 1647, forme le volume similaire de l'édition in-12 à la même date, mais elle est composée différemment. Il semble probable que Corneille fut étranger à la publication de ces recueils formés par les libraires pour écouler les exemplaires non vendus des pièces publiées séparément.

Ce titre in-4 de 1647, aussi rare et aussi peu connu que celui de 1644, décrit plus haut, est également un précieux document pour l'histoire bibliographique des Œuvres de Corneille.

820. ŒUVRES DE CORNEILLE, Tome II. *A Paris, chez A. Courbé,* 1647. In-12, mar. rouge, doublé de mar. rouge, dent., tr. dor. (*Mercier.*)

Cette édition complète celle collective de 1644 publiée dans le format in-12. Elle porte sur le titre, Tome II. Elle contient 2 ff. préliminaires pour le titre et la table des pièces. Mais elle n'a pas comme l'autre une pagination suivie. Elle est composée de la réunion des pièces originales in-12 qui ont conservé leurs titres et frontispices.

Ce sont : *Le Cid*, s. d., *Horace*, 1647, *Cinna*, 1643. *Polyeucte*, 1644, *la Mort de Pompée*, 1644, *le Menteur*, 1644, *la Suite du Menteur*, 1645, *Theodore*, 1646, *Rodogune*, 1647.

Cette réunion de pièces antérieures à 1647 sous un titre collectif est des plus rares.

Exemplaire de M. de LIGNEROLLES.

821. ŒUVRES DE CORNEILLE, première et seconde partie. *Imprimé à Rouen et se vend a Paris, chez Toussaint Quinet, au palais sous la montée de la Cour des Aydes*, 1648. *Avec privilège du Roy*. 2 vol. in-12, mar. rouge, doublé de mar. rouge, dentelles, dos orné, tr. dor. (*Motte*.)

Première partie. 4 ff. lim. pour le frontispice, le portrait de Corneille par Michel Lasne, le titre, et un avis au lecteur. 654 pp. chiffr. 1 f. pour le privilège.

Le privilège est du 25 février 1647, et l'achevé d'imprimer du 30 mars 1648.

Cette première partie se compose des mêmes pièces que le volume de 1644, mais elle a de plus un privilège.

Seconde partie. 2 ff. lim. pour le titre et l'avis au lecteur. 339 pp. chiffr. 1 f. pour le privilège, 1 f. blanc.

Cette seconde partie contient le Cid, Horace, Cinna, Polyeucte, Pompée, le Menteur, la Suite du Menteur.

L'avis au lecteur est entièrement nouveau et commence ainsi « *Voici une seconde partie de pièces de théâtre un peu plus supportables que celles de la première* ».

Le privilège est le même que dans la première partie, mais l'achevé d'imprimer est du 31 septembre 1648.

Deuxième édition collective des Œuvres de Corneille avec pagination suivie. H. 137^{mm}.

822. LE THEATRE DE P. CORNEILLE, reveu et corrigé par l'autheur. *A Rouen et se vend à Paris, chez Guillaume de Luyne, libraire juré, au palais en la galerie des merciers à la Justice*, 1664. *Avec privilége*. 4 vol. in-8, front., fig., mar. rouge, dos orné, tr. dor. (*Cuzin*).

Cette édition nous donne le texte de l'édition in-fol. sous la même date, dont le texte a été revu par Corneille et où il a introduit une réforme de l'orthographe. On y trouve les Examens et Discours parus dans l'édition de 1660.

L'édition de 1664 a un quatrième volume qui porte la date de 1666.

Les trois premiers volumes ont conservé les frontispices de l'édition de 1660. Ils comprennent une pièce de plus, la *Toison d'or*.

Le 4e volume contient trois pièces : *Sertorius, Sophonisbe, Othon*. On y trouve jointe la 3me partie des Œuvres de Thomas Corneille.

823. LE THEATRE DE P. CORNEILLE. Reveu et corrigé par l'Autheur. *A Paris, Chez Guillaume de Luyne et Pierre Trabouillet*, 1682. 4 vol. in-12, mar. rouge, fil., doublés de mar. rouge, tr. dor. (*Du Seuil*.)

Cette édition est la dernière des Œuvres de Corneille revue par lui.

Sur le dos des quatre volumes, on voit les Dauphins couronnés qui sont la marque des livres de la bibliothèque du GRAND DAUPHIN fils de Louis XIV.

Les tomes 1 et 2 sont reliés en mar. citron sans doublure.

824. THEATRE DE P. CORNEILLE. 3 vol. in-4, mar. bleu, fil., dos ornés, tr. dor. (*Rel. anc.*)

Recueil factice de pièces en éditions originales.

Tome premier : Heraclius, Empereur d'Orient. *Paris, Ant. de Sommaville,* 1647. — D. Sanche d'Arragon. *Paris, Aug. Courbé,* 1650. — Theodore, vierge et martyre. *Paris, Ant. de Sommaville,* 1646. — Medée. *Paris, Fr. Targa,* 1639. — Le Menteur. *Paris, Aug. Courbé,* 1644. — La Suite du Menteur. *Paris, Aug. Courbé,* 1645.

Tome second : Le Cid. *Paris, Vve Camusat,* 1644. — Horace. *Paris, Aug. Courbé,* 1641. — Cinna ou la Clémence d'Auguste. *Paris, Toussainct Quinet,* 1646. — Polyeucte, martyr. *Paris, Ant. de Sommaville,* 1648. — La Mort de Pompée. *Paris, Ant. de Sommaville,* 1644. — Rodogune, Princesse des Parthes. *Paris, Ant. de Sommaville,* 1647.

Tome troisième : Andromede. Tragédie représentée avec les Machines sur le Théâtre royal de Bourbon. *A Rouen, chez Laurens Maurry,* 1651. — La Suivante. *Paris, Aug. Courbé,* 1637. — L'Illusion comique. *Paris, Fr. Targa,* 1639. — Nicomede. *A Rouen, chez Laurens Maurry,* 1651. — Melite, ou les Fausses Lettres. *Paris, Fr. Targa,* 1633. — La Place Royalle, ou l'Amoureux extravagant. *Paris, Aug. Courbé,* 1637.

Sur les 18 pièces qui composent ce recueil, 3 sont de seconde date : *Le Cid, Cinna* et *Polyeucte.*

Toutes les pièces ont leurs frontispices gravés.

Les figures d'Andromède gravées par Chauveau sont bien conservées.

Des bibliothèques du duc de LA VALLIÈRE et de M. DE LIGNEROLLES.

825. LE CID, tragi-comédie. *A Paris, chez François Targa, au premier pillier de la grand'salle du Palais, devant la Chapelle au soleil d'or,* 1637. *Avec privilège.* In-4, mar. bleu jans., tr. dor. (*Mercier.*)

4 ff. préliminaires, 1 pour le titre, 2 pour la dédicace, 1 pour le privilège et la liste des acteurs, 110 pour le texte.

Cette édition est la quatrième publiée avec la date de 1637 ; elle a 110 pp. au lieu de 128 comme les trois qui la précèdent sous la même date. Elle conserve les variantes de la troisième édition.

Acte Ier, Scène VIIe, Stance IIIe. «*Noble et dure contrainte, aimable tyrannie*» au lieu de «*Impitoyable loi, cruelle tyrannie*». A la scène première de l'acte V, elle rétablit la version primitive : «*Préférant, quelqu'espoir qu'eut son âme asservie*» au lieu de «*Préférant, en dépit de son âme ravie*».

On devrait donc compter quatre éditions sous la date de 1637. La première avec un achevé d'imprimer du 23 mars, la seconde avec l'achevé d'imprimer du 24 mars, la troisième avec deux variantes. Ces trois éditions ont 128 pp. Enfin la quatrième avec une seule variante a 110 pp.

826. LE CID, tragi-comédie. *A Paris, Chez François Targa et Augustin Courbé. S. d.* [1637]. Pet. in-12 de 4 ff. lim. et 88 pp., titre gr. par Michel Lasne, mar. rouge, dos orné, tr. dor. (*Mercier.*)

Édition originale du *Cid* dans le format in-12. Elle est imprimée en petits caractères. Il ne faut pas la confondre avec l'édition de même format et du même nombre de pages publiée vers 1642, par Aug. Courbé et Pierre le Petit, également sans date.

827. OBSERVATIONS SUR LE CID (par G. de Scudery). *Paris, aux dépens de l'autheur,* 1637. Pet. in-8. veau fauve, fil., tr. dor. (*Purgold.*)

C'est la première pièce du procès entre Corneille et ses détracteurs.

828. Lettre apologitique du Sr Corneille, contenât sa
response aux Observations faictes par le Sr Scuderi sur le
Cid, M.DC.XXXVII [1637]. *S. l.* In-8 de 14 pp., mar. rouge
jans., dent. int., tr. dor. (*Trautz-Bauzonnet.*)

829. Les Sentimens de l'Academie françoise sur la tragi-
comédie du Cid. *A Paris, chez Iean Camusat, rue Saint
Jacques à la Toyson d'Or,* 1638. *Avec privilége.* In-8 de
192 pp., mar. rouge, compart. de fil., dos orné, tr. dor.
(*Le Gascon.*)

Aux armes du Cardinal de Richelieu.

Le livre et la reliure se complètent et rappellent le souvenir d'un incident
célèbre dans l'histoire littéraire du XVIIe siècle. Le grand succès du *Cid*
venait de faire rentrer dans l'ombre tous les faiseurs de tragédie qui rimaient
lourdement sous la protection ou l'inspiration du Cardinal et souvent même
avec sa collaboration. L'auteur anonyme de *Mirame* se sentit atteint dans sa
vanité comme les autres gens de lettres. Scudéry s'étant avisé d'écrire un
libelle contre Corneille sous le titre d'*Observations sur le Cid* et d'en appeler
au jugement de l'Académie, le Cardinal prit son parti et força la Compagnie,
malgré ses répugnances, à se mêler d'une affaire dans laquelle le sentiment
public s'était déjà si vivement prononcé :

En vain contre le *Cid* un ministre se ligue
Tout Paris pour Chimène a les yeux de Rodrigue.

Le 16 juin 1637, l'Académie, pour complaire à son puissant protecteur,
confia à trois commissaires, dont Chapelain, le soin de préparer la réponse
aux observations de Scudéry « *et après cinq mois de travail furent mis au jour
les Sentiments de l'Académie Française sur le Cid, sans que durant ce temps-là
le ministre qui avait toutes les affaires du royaume sur les bras et toutes celles de
l'Europe dans la tête, se lassât de ce dessein et relaschât rien de ses soins pour cet
ouvrage.* » (Pellisson, *Relation contenant l'histoire de l'Académie Française, jouxte
la copie imprimée à Paris, chez A. Courbé,* 1671, in-12, page 88).

Le manuscrit de Chapelain est conservé à la Bibliothèque nationale (man.
suppl. Français 5541). Presque à chaque page, de la main du Cardinal ou de
celle de Citois, son médecin, on trouve des notes marginales, des passages
soulignés, des ratures qui témoignent de l'intervention passionnée du
Cardinal. Si bien qu'on peut presque affirmer que le livre qui a pour titre :
Les Sentiments de l'Académie Française sur la Tragi-Comédie du Cid, est bien
plus son œuvre que celle de la Compagnie.

Ne devait-il pas avoir une prédilection particulière pour ce volume que Le
Gascon avait revêtu d'une élégante reliure, et qui est arrivé jusqu'à nous à
travers, sans doute, d'étranges et périlleuses aventures ? Car si l'on en croit
la légende, il aurait été ramassé par le libraire Claudin chez un chiffonnier
bibliophile.

De la bibliothèque de M. de Lignerolles.

830. Horace, tragédie. *A Paris, chez Augustin Courbé,
libraire et imprimeur de Monsieur frère du Roy, dans la
petite salle du Palais à la Palme,* 1641. *Avec privilége du
Roy.* Front. gravé. In-4, mar. bleu, tr. dor. (*Mercier.*)

Edition originale.

Coll. 6 ff. lim., 1 f. pour le frontispice gravé, 1 f. pour le titre, 4 ff. pour
la lettre au Cardinal de Richelieu et les acteurs, 108 pages pour la pièce. Le
privilège est du 11 décembre 1640 et l'achevé d'imprimer du 15 janvier 1641.

Il y a une seconde édition sous la même date. Cette édition est incorrecte.

La première édition est fort rare, presque aussi rare que la première du
Cid de 1637.

Très bel exemplaire à toutes marges.

831. Cinna, ou la Clemence d'Auguste, tragédie. *Imprimé à Rouen, et se vendent à Paris, chez Toussainct Quinet.* 1643, front. gravé. In-4, mar. bleu, tr. dor. (*Mercier.*)

Edition originale.
8 ff. lim. 110 pp.

832. Polyeucte, Martyr, tragédie. *A Paris, chez Antoine de Sommaville,* 1643, front. gr. In-4, mar. bleu, tr. dor. (*Mercier.*)

Edition originale.
8 ff. lim. 121 pp., 1 f. pour le privilège.

833. La Mort de Pompée, tragédie. *A Paris, chez Antoine de Sommaville et Augustin Courbé, au Palais,* 1644. *Avec privilége,* front. gr. In-4, mar. bleu, tr. dor. (*Mercier.*)

Edition originale.
8 ff. liminaires, 99 pp., 1 f. pour le privilège.

834. Heraclius, Empereur d'Orient, tragédie. *Imprimé à Rouen, Et se vend à Paris, chez Toussaint-Quinet,* 1647. In-12 de 6 ff. lim., 93 pp. et 1 f.

Edition originale de format in-12.

835. Andromède, tragédie, représentée avec les machines sur le théâtre royal de Bourbon. *A Rouen, chez Laurens Maurry,* 1651. In-12, mar. bleu jans., tr. dor. (*Cuzin.*)

Edition originale de format in-12.

836. D. Sanche d'Arragon, comédie héroïque. *Imprimé à Rouen, et se vend à Paris, chez Augustin Courbé,* 1650. In-12 de 8 ff. lim. et 83 pp.

Édition originale de format in-12.

837. Nicomede, tragédie. *A Rouen, Chez Laurens Maurry, Et se vend à Paris, chez Guillaume de Luyne,* 1653. In-12 de 4 ff. lim. et 80 pp., mar. bleu jans., tr. dor. (*Cuzin.*)

Edition originale de format in-12.

838. Pertharite, Roy des Lombards. Tragédie. *Rouen, chez Laurens Maurry,* 1653. In-12 de 6 ff. lim. et 71 pp.

Édition originale.
A partir de Pertharite les pièces de Corneille ont paru seulement dans le format in-12.

839. Œdipe, tragédie. *Imprimée à Rouen, et se vend à Paris, chez Augustin Courbé, et Guillaume de Luyne,*

1659. *Avec privilège du Roy*. In-12 de 6 ff. limin., 89 pp. plus 1 f. blanc, mar. brun.

Édition originale.

840. LA TOISON D'OR, tragédie. *Imprimé à Rouen, et se vend à Paris, chez Augustin Courbé et Guillaume de Luyne*, 1661. In-12 de 6 ff. limin., 105 pp. 1 f. non chiffré.

Édition originale.

841. SERTORIUS, tragédie. *Imprimé à Rouen, et se vend à Paris, chez Augustin Courbé et Guillaume de Luyne*, 1662. In-12 de 6 ff. lim., 32 pp., 1 f. blanc.

Édition originale.

842. SOPHONISBE, tragédie. *Imprimé à Rouen, Et se vend à Paris, chez Guillaume de Luyne*, 1663. In-12 de 6 ff. lim. et 76 pp.

Édition originale.

843. OTHON, tragédie. *A Paris, Chez Guillaume de Luyne*, 1665. In-12 de 2 ff. lim., 78 pp. et 1 f.

Édition originale.

844. AGESILAS, tragédie. En vers libres rimez. *A Rouen. Et se vend à Paris, Chez Guillaume de Luyne*, 1666. In-12 de 2 ff. lim., 88 pp. et 2 ff. dont le dernier est blanc.

Édition originale.

845. ATTILA, Roy des Huns, tragédie. *A Paris, Chez Guillaume de Luyne*, 1668. In-12 de 3 ff. lim., 78 pp et 1 f. blanc.

Édition originale.

846. TITE ET BERENICE, comédie héroïque. *A Paris, Chez Guillaume de Luyne*, 1671. In-12 de 4 ff. lim. et 76 pp.

Édition originale.

847. PULCHERIE, comédie héroïque. *A Paris, chez Guillaume de Luyne*, 1673. In-12 de 4 ff. lim. et 72 pp.

Édition originale.

848. SURENA, General des Parthes, tragédie. *A Paris, chez Guillaume de Luyne*, 1675. In-12 de 2 ff. lim. et 72 pp.

Édition originale.

849. Pièces imprimées par les Elzevier qui composent l'Illustre Théatre de Monsieur Corneille. — Le Cid, Tragi-Comédie, par Mons' Corneille. *Suivant la Copie imprimée à Paris*, 1644. Pet. in-12. — Horace, tragedie par le Sieur Corneille. *Suivant la Copie imprimée à Paris*, 1645. Pet. in-12. — Cinna ou la Clemence d'Auguste. *Suivant la Copie imprimée à Paris*, 1644. Pet. in-12. — Polyeucte, martyr, Tragedie de Mons. Corneille. *Suivant la Copie imprimée à Paris*, 1644. Pet. in-12. — La Mort de Pompée, Tragedie. *Suivant la Copie imprimée à Paris*, 1644. Pet. in-12. — Le Menteur, Comedie. *Suivant la Copie imprimée à Paris*, 1645. Pet. in-12, mar. rouge, dos orné, dorure à petits fers à l'imitation des dorures de *Le Gascon*, doublé de mar. rouge, dent., tr. dor. (*Trautz-Bauzonnet*.)

> Les pièces qui composent ce recueil, imprimées par les Elzevier de Leyde, sont celles qui, réunies sous un titre collectif, forment l'Illustre Théâtre. Mais ce titre précieux manque à notre exemplaire.
> Il est très pur et revêtu d'une excellente reliure de Trautz-Bauzonnet faite dans le meilleur temps.
> De la bibliothèque du Marquis de Coislin.

850. Recueil de pièces imprimées par les Elzevier qui font suite à celles qui composent l'Illustre Théatre. — La Suite du Menteur, Comedie. *Suivant la Copie imprimée à Paris*, 1645. Pet. in-12. — Rodogune, Princesse des Parthes, Tragedie de M. de Corneille. *Suivant la Copie imprimée à Paris*, 1647. Pet. in-12. — Heraclius, Empereur d'Orient, Tragedie, par le S' Corneille. *Suivant la Copie imprimée à Paris*, 1647. Pet. in-12. — Don Sanche d'Arragon, Comedie héroïque. *Suivant la Copie imprimée à Paris*, 1650. Pet. in-12. — Nicomède, Tragedie. Par le Sieur Corneille. *A Leyde, Chez Jean Sambix*, 1652. Pet. in-12, mar. rouge jans., doublé de mar. rouge, dent., tr. dor. (*Trautz-Bauzonnet*.)

> Ces pièces, également imprimées par les Elzevier de Leyde, complètent le précédent recueil.

851. Sertorius. Tragedie. Par M. Corneille. *Suivant la Copie imprimée à Paris*. [*Amsterdam, Daniel Elzevier*], 1662. Pet. in-12, mar. rouge, fil., tr. dor. (*Trautz-Bauzonnet*.)

> Complément des deux recueils qui précèdent.
> Exemplaire du Marquis de Ganay.

852. La Comédie des Tuileries. S. l. (*Paris, Aug. Courbé*, 1638). Pet. in-12, titre gravé par Daret, réglé, mar. bleu, fil., tr. dor. (*Trautz-Bauzonnet*).

> Coll. 10 ff. limin. 1 f. pour le frontispice, 2 ff. pour l'épître au chevalier Digby, 2 ff. pour l'avis au lecteur, 2 ff. pour le privilège et les acteurs, 3 ff. pour le monologue, 100 ff. pour la pièce.
> Cette pièce a été composée par les cinq auteurs, sur l'ordre du cardinal de Richelieu, d'après les sujets qu'il leur avait lui-même fournis. On trouve

dans le monologue composé par Colletet, la description la plus étendue que
nous ayons du Jardin des Tuileries avant sa transformation par Lenôtre.
  Les cinq auteurs que Richelieu avait pris pour collaborateurs étaient
Bois-Robert, Colletet, Corneille, l'Estoile et Rotrou [Voir Pellisson, *Histoire
de l'Académie française, Paris*, 1653, in-8, p. 181).
  Le troisième acte de la pièce passe pour avoir été écrit par P. Corneille.

853. L'AVEUGLE DE SMYRNE, Tragi-Comédie. *S. l. n. d.* [*Paris,
Aug. Courbé*, 1638]. Pet. in-12, front. gravé par Daret,
d'après C. Le Brun, mar. bleu, fil., dos orné, dent. int., tr.
dor. (*Capé.*)

    Coll., le titre gravé, l'épître au lecteur, les acteurs et le privilège, 3 ff.
92 pp. pour la pièce.
    Cette pièce est également attribuée aux cinq auteurs.

854. LES TRIOMPHES de Louis le Juste XIII. du nom. Roy
de France et de Navarre. Contenant les plus grandes actions
où sa Majesté s'est trouvée en personne, représentées en
figures ænigmatiques exposées par un poëme héroïque
(latin) de Ch. Beys, et accompagné de vers françois sous
chaque figure, composés par P. de Corneille, avec les
portraicts des rois, princes et généraux qui ont assisté ou
servi Louis le juste combattant, et leurs devises... Ouvrage
entrepris et fini par Jean Valdor. *A Paris, en l'Imprimerie
Royale par Antoine Estiene*, 1649. In-fol., fig. et portraits
mar. rouge, dent., dos orné, tr. dor. (*Rel. anc.*)

855. L'IMITATION DE JÉSUS-CHRIST, traduite en vers françois,
par P. Corneille. *A Rouen, chez Laurens Maurry*, 1651.
Pet. in-12, mar. bleu, tr. dor. (*Trautz-Bauzonnet.*)

    Édition originale du premier livre.
    Exemplaire du comte ROGER DU NORD.

856. L'IMITATION DE JÉSUS-CHRIST, traduite et paraphrasée en
vers françois par P. Corneille. *Rouen, Rob. Ballard*, 1656.
In-4, front. et fig. de Chauveau, mar. rouge compart. de fil.,
tr. dor. (*Le Gascon.*)

    Édition originale, qui contient pour la première fois les IV livres.
    Sur la garde on lit :
      Exemplaire de Pierre Corneille
    Le Bibliophile Jacob à son ami le marquis de Flers
                 P. Lacroix
et au dessous :
    Acheté par moi au marquis de Flers, 500 francs.
            Montalivet.
  Cette attribution se fonde sur trois lettres écrites en haut du dernier f. de
garde « *à M. C.* »
  M. Paul Lacroix que j'ai consulté n'hésitait pas à lire « *à M. Corneille.* »
et assurait que l'origine du volume ne lui laissait aucun doute ; elle était
affirmée par une tradition très ancienne conservée dans la famille de la
personne qui lui avait cédé ce précieux volume.

857. LOUANGES DE LA SAINTE VIERGE, composées en rimes latines par S. Bonaventure, et mises en françois par P. Corneille. *A Rouen, et se vendent à Paris, chez Gabriel Quinet*, 1665. In-12, fig., mar. rouge, fil., tr. dor.

> Édition originale.
> Exemplaire avec la figure.

858. L'OFFICE DE LA SAINTE VIERGE, traduit en françois, tant en vers qu'en prose.... par P. Corneille. *A Paris, Chez Robert Ballard*, 1670. In-12, fig., mar. brun jans., doublé de mar. rouge, dent. à l'intér., tr. dor. (*Thibaron-Joly.*)

> Édition originale.
> Collation. Frontispice, titre, dédicace à la Reine, prières pour le Roy, la Reine et le Dauphin; Approbations, en tout 8 ff. préliminaires. 528 pp. pour le texte, 2 ff. pour le privilège.
> 12 figures gravées par Matheus et autres artistes.

859. JOANNIS-BAPT. SANTOLII VICTORINI selecta carmina ad illustrissimum V. D. P. Bellevræum. *Parisiis, apud Dyonisium Thierry, viâ Jacobœâ, sub signo Urbis Lutetiæ*, 1670. *Cum Licentia*. In-8, mar. rouge, filets, tr. dor. (*Rel. anc.*)

> Ce recueil contient la traduction faite en vers français par Pierre Corneille des pièces suivantes : 1° pour la défense des fables dans la poésie; 2° au Roy sur la Conqueste de la Franche Comté ; 3° sur le départ du Roy ; 4° au Roy sur sa libéralité envers les marchands de la ville de Paris ; 5° au Roy touchant les fontaines tirées de la Seine.

860. LUDOVICO MAGNO POST EXPEDITIONEM BATAVICAM. Epinicium [Auctore C. de la Rüe. S. J.] *Parisiis, Apud Guillelmum de Luynes et Simonem Benard*, 1672. In-12. — LES VICTOIRES DU ROY sur les Estats de Hollande, en l'année 1672. In-12. — Ens. 2 pièces en 1 vol. in-12, mar. rouge jans., dent. int., tr. dor. (*Duru.*)

> Éditions originales.
> Coll. Les victoires du Roy, 24 pp. Epinicium auctore C. de la Rue, 21 pp. et un feuillet blanc.
> Au chiffre du Comte ROGER DU NORD.

OEUVRES DE MOLIÈRE.

861. LES ŒVVRES DE MONSIEUR MOLIÈRE. *A Paris, chez Thomas Iolly et Gabriel Quinet*, 1666. 2 vol. in-12, front. gravés, mar. rouge, doublés de mar. bleu, dentelle intérieure, tr. dor. (*Mercier.*)

> Première édition du théâtre de Molière avec une pagination suivie. Elle

contient: *L'Étourdi, Le Dépit amoureux, Les Précieuses ridicules, Sganarelle, L'École des maris, les Fâcheux, L'École des femmes, La Critique de l'École des Femmes, Les Plaisirs de l'ile enchantée.*

Les frontispices représentent : le premier, le buste de Molière près duquel sont accoudés Mascarille et Sganarelle, le second, Molière et sa femme couronnés par Thalie.

Hauteur : 150ᵐᵐ.

862. LES ŒUVRES DE MONSIEUR MOLIÈRE. *A Paris Chez Claude Barbin*, M. DC. LXXIII. [1673]. 8 vol. in-12, mar. rouge, tr. dor. (*Rel. anc.*)

Recueil factice des pièces de Molière vendu par *Claude Barbin* sous un titre à la date de 1673.

En voici la description.

Les tomes I et II, réimpression de l'édition de 1666 avec les mêmes frontispices, contiennent : *Les Précieuses ridicules ; Le Cocu imaginaire ; L'Estourdy ; Le Dépit amoureux ; Les Fascheux ; l'Escole des maris ; L'Escole des femmes ; La Critique de l'Escole des femmes ; La Princesse d'Élide.*

Tome IIIᵉ : *L'Amour médecin*, 1674 ; *Le Misanthrope* (*Paris, Jean Ribou*, 1667, édition originale) ; *Le Médecin malgré luy*, 1673.

Tome IVᵉ : *Le Sicilien, ou l'Amour peintre* (*Paris, Jean Ribou*, 1668, édition originale) ; *Amphitryon*, 1674 ; *Le Mariage forcé* (*Paris, Jean Ribou*, 1668, édition originale).

Tome Vᵉ : *L'Avare* (*Paris, Jean Ribou*, 1669, édition originale) ; *George-Dandin* (*Paris, Jean Ribou*, 1668, édition originale) ; *Le Tartuffe ou l'Imposteur*, 1673.

Tome VIᵉ : *Monsieur de Pourceaugnac*, 1673 ; *Le Bourgeois Gentilhomme*, 1673.

Tome VIIᵉ : *Psiché, Tragédie-ballet*, 1673 ; *Les Fourberies de Scapin* (*Paris, P. Le Monnier*, 1671, édition originale) ; *Les Femmes Sçavantes* (*Paris, P. Promé*, 1673, édition originale).

Tome VIIIᵉ : *Le Malade imaginaire*, comédie meslée de musique et de dance, par M. de Molière. *Cologne, J. Sambix*, 1674, première édition authentique. Quoique portant le nom de Cologne, cette édition offre tous les caractères d'un livre imprimé en France, elle ne présente pas la moindre différence pour le texte avec celle qui parut en 1675, chez D. Thierry et C. Barbin.

La réimpression des deux volumes de 1666 a été faite avec des caractères différents et d'autres vignettes. Les frontispices sont les mêmes, et le texte a été conservé sans variantes, mais on y a introduit des corrections.

Ainsi on a fait disparaître à la page 35 du t. Iᵉʳ dans les *Précieuses ridicules* une faute qui rendait le texte de Molière inintelligible.

A la ligne 14, éd. de 1666, on lit « viste, venez nous *attendre* icy dedans le la conseiller des grâces ». Dans la réimpression on a corrigé ainsi : « Viste, venez nous *tendre* icy dedans le conseiller des grâces. »

Ce recueil fort rare est dans sa première reliure en vieux maroquin très bien conservée.

863. LES ŒUVRES DE MONSIEUR DE MOLIÈRE. *Paris, Denys Thierry et Claude Barbin*, 1674-1675. 7 vol. in-12, mar. rouge, fil., comp. à la Du Seuil, doublé de mar. bleu, dent., tr. dor. (*Trautz-Bauzonnet.*)

M. P. Lacroix considère cette édition, la dernière imprimée du vivant de Molière avec une pagination suivie, comme la véritable édition originale des Œuvres.

Il est en effet très vraisemblable que Molière la préparait depuis 1671 pour profiter du privilège général qu'il avait obtenu le 12 mars 1671 à son nom, privilège qui le faisait rentrer en possession du droit de disposer de ses œuvres.

Elle était prête à paraître quand Molière mourut en 1673. Cela permit à sa veuve de la mettre tout de suite en vente sans attendre les planches gravées qui devaient figurer sur les feuillets placés en tête de chaque pièce, feuillets qui sont restés blancs.

Cette édition est donc la plus importante de toutes les éditions de Molière puisque seule elle nous donne un texte revu par lui.

Le tome 7 qui est à la date de 1675 contient l'*Ombre de Molière*, par Brécourt et le *Malade Imaginaire*.

Cet exemplaire est grand de marges, 154^{mm}, et sa reliure est excellente.

De la bibliothèque du comte de Béhague.

864. Œuvres de M. Molière. *Amsterdam, Jacques le Jeune.* 1675. 5 vol. pet. in-12. — Œuvres posthumes du même, *Amsterdam, J. le Jeune,* 1684. Pet. in-12. Ens. 6 vol. mar. rouge, fil., tr. dor. (*Bauzonnet-Trautz.*)

Très bel exemplaire du Molière *Elzevier*. On a ajouté au volume des œuvres posthumes, *le Festin de Pierre, Amsterdam*, 1683, édition dans laquelle la *Scène du pauvre* se trouve en entier.

Toutes les pièces sont de bonne date. Le tome Ier a un frontispice gravé.

Le *Don Juan* a été remplacé par le *Festin de Pierre* ou l'*Athée foudroyé* de *Dorimond* que les *Elzevier* avaient déjà publié sous le nom de Molière.

Le *Malade imaginaire* est la reproduction du texte d'Amsterdam, 1674, qui n'est qu'une plate contrefaçon.

Cet exemplaire, très grand de marges, avec de nombreux témoins avait été formé par P. Deschamps pour Solar.

Hauteur des marges 132^{mm}.

865. Les Œuvres de M. de Molière, revues, corrigées et augmentées, enrichies de figures en taille-douce. *Paris, Denys Thierry, Claude Barbin et Pierre Trabouillet,* 1682, *avec privilège du Roy.* 8 vol. in-12, mar. bleu, fil., doublé de mar. rouge, dent., tr. dor. (*Bauzonnet.*)

Célèbre exemplaire du Molière de 1682 qui a successivement appartenu à M. de la Reynie, à M. de Soleinne, à M. A. Bertin et au comte de Montalivet.

M. de Soleinne a placé en tête du volume une notice fort intéressante que nous transcrivons ici. « *Ce précieux exemplaire est celui de M. de La Reynie, Lieutenant général de police à l'époque où fut publiée cette édition. C'est sans doute à ce titre que cet exemplaire ne reçut aucun des cartons mis à tous ceux de la même édition. Le tome 7e que la Bibliothèque du Roy acheta à la vente de M. Regnaud Bretel est en partie cartonné. Celui-ci ne l'est pas du tout. Lorsque je l'ai acheté il revenait de Constantinople où il avait été porté par M. Simonnin, son précédent possesseur, et pour le faire rentrer en France on l'avait passé au vinaigre. Cette opération avait nécessité la dislocation du dos de la reliure et avait sali les pages du volume. J'ai donc dû faire passer à l'eau les 8 volumes et les faire relier de nouveau. J'ai fait graver les armes de M. de La Reynie d'après celles existantes sur les plats de l'ancienne reliure. J'avais aussi fort soigneusement conservé la signature de M. de La Reynie placée sur chaque garde des 8 volumes, mais par un accident bien malheureux, Bauzonnet à qui j'avais donné cet ouvrage à relier jeta ces anciennes gardes au feu avec les vieux cartons devenus inutiles depuis la nouvelle gravure des armes. Voici du reste le détail de ce que m'a coûté cet exemplaire dans l'état où il est maintenant :*

» *Le 1er mars 1833 achat des 8 volumes......　75 francs.*
» *Payé à Simonin pour le lavage............　48　»*
» *Payé à Bauzonnet pour la reliure......... 320　»*
» *Gravure des armes.....................　35　»*
　　　　　　　　　　　　　　　　　　　 —————
　　　　　　　　　　　　　　　　　　 478 francs. »

Cette édition donnée par Vinot et Lagrange a été considérée comme l'édition originale avant que l'attention ait été attirée sur celle de 1674.

Mais elle est plus complète que sa devancière et à ce titre, aussi bien que pour la pureté du texte, elle a conservé sa valeur.

Les exemplaires non cartonnés sont fort rares. Longtemps l'exemplaire Soleinne a passé pour être unique. Il s'en trouva un autre à la vente La Rochebilière en 1882. Il fut poussé par deux amateurs passionnés et adjugé à l'un d'eux, au prix fort élevé de 15,600 francs, plus les frais.

Notre exemplaire avait coûté 478 fr. à M. de Soleinne et 1.200 fr. à M. de Montalivet à la vente A. Bertin.

Les armes de la Reynie ont été poussées sur la doublure des volumes.

866. LES ŒUVRES DE MONSIEUR MOLIÈRE. *A Brusselles, Chez George de Backer*, 1694. 4 vol. in-12, front. gr. par *Harrewyn*, fig., mar. rouge, fil., tr. dor.

Cette édition, ornée de 32 fig. de Harrewyn, est un recueil d'éditions séparées de chaque pièce, réunies en volumes au moyen de titres d'assemblage.

On trouve dans le *Festin de Pierre* le texte complet de la *Scène du pauvre*, reproduit d'après l'édition donnée par Wetstein, Amsterdam, 1683.

867. L'ESTOURDY OU LES CONTRE-TEMPS, Comédie représentée sur le Théâtre du Palais Royal. Par I.-B.-P. Molière. *A Paris, Chez Gabriel Quinet*, 1663. In-12, mar. rouge, fil.; dos orné, dent. int., tr. dor. (*Capé*.)

Édition originale.

6 ff. préliminaires dont un f. blanc, 117 pages chiffr. Au v° de la page 117 le privilège. 1 f. blanc pour compléter le cahier K.

La devise *Paulatim* poussée sur les plats est celle de M. Luzarches, amateur de Tours.

868. DÉPIT AMOUREUX, Comédie de I. B. P. Moliere représentée sur le Theatre du Palais Royal. *A Paris, Chez Gabriel Quinet*, 1663. In-12, mar. rouge, fil., dos orné, dent. int., tr. dor. (*Trautz-Bauzonnet*.)

Édition originale.

4 ff. préliminaires, 135 pp. chiffr.

Haut. 146mm.

869. LES PRÉCIEUSES RIDICULES, comédie, représentée au petit Bourbon. *A Paris, Chez Charles de Sercy au palais dans la Salle Dauphine à la bonne foy couronnée*, 1660, *avec privilège*. In-12, mar. rouge, dos orné, fil., tr. dor. (*Mercier*.)

Édition originale.

Coll. 4 ff. lim. pour le titre, la préface et les acteurs, 135 pp. chiffr. Le privilège est au verso du dernier feuillet, il est à la date du 19 janvier 1660.

Le catalogue Rothschild signale trois éditions des *Précieuses* sous la même date, et les désigne par A. B. C.

Notre exemplaire présente un mélange des particularités relevées dans A et B.

Il est difficile d'établir un classement entre les différents tirages. Il n'y a pas deux exemplaires qui reproduisent les mêmes fautes ou les mêmes corrections.

II.

Le nombre des exemplaires qu'on a pu comparer entre eux est fort restreint à cause de la grande rareté de cette première édition.
Haut. 188ᵐᵐ.

870. LES VÉRITABLES PRÉTIEUSES, comédie (par Baudeau de Somaize). *Paris, Jean Ribou*, 1660. Pet. in-12, veau. (*Bibolet.*)

> Edition originale.
> 6 ff. préliminaires, 72 pp. chiffr.
> Pièce qui parut la même année que les *Précieuses ridicules,* et dont la préface est une diatribe contre Molière.

871. LE PROCEZ DES PRETIEUSES, en vers burlesques. Comédie. (Par Somaize). *A Paris, Chez Iean Ribou*, 1660. In-12, veau fauve, dent. à froid, tr. marbr. (*Bibolet.*)

> Édition originale.
> 8 ff. préliminaires. 74 pp. chiffr. 3 ff. pour le privilège et l'errata.

872. SGANARELLE OU LE COCU IMAGINAIRE, comédie. Avec les arguments de chaque scene. *A Paris, Chez Iean Ribou*, 1660. In-12, mar. rouge, fil., dos orné, dent. intér., tr. dor. (*Cuzin.*)

> Édition originale.
> 7 feuillets préliminaires pour le titre, la lettre à M. de Molière, le libraire au lecteur, la lettre à un ami et les noms des acteurs, 59 feuillets et une page non chiffr. pour le privilège du 26 juillet 1660.
> On ne connait jusqu'à présent que huit exemplaires de cette édition. Ils ont été minutieusement comparés par les bibliographes moliéristes qui ont relevé entre eux plusieurs différences et constaté deux tirages (Voir *le Supplément au Manuel du libraire, T. Ier,p. 1058,* et la *Bibliographie de J. Le Petit, p. 263).* Le présent exemplaire est celui de la librairie Morgand. Il est de premier tirage et contient les deux lettres à M. de Molière et à un ami, plus un 7ᵉ feuillet intitulé *Le libraire au lecteur.* C'est un prospectus où Jean Ribou annonce la publication de la *Cocue imaginaire* et du *Procès des précieuses.* « *Vous trouverez, toutes ces galantes nouveautés et beaucoup d'autres encore en ma boutique au Quai des Grands-Augustins, à l'Image St-Louis où je vous attends, adieu.* » Ce curieux spécimen de l'annonce au XVIIᵉ siècle, est sans date.
> Haut. 185ᵐᵐ.

873. SGANARELLE OU LE COCU IMAGINAIRE, comédie. Avec les Argumens de chaque Scene. *A Paris, Chez Augustin Courbé, au Palais, en la Gallerie des Merciers, à la Palme.* M.DC.LXII [1662]. *Avec Privilège du Roy.* In-12 de 6 ff. prél. et 59 pp., mar. rouge, dos orné, tr. dor. (*Trautz-Bauzonnet.*)

> Cette édition de 1662 est intéressante en ceci que Molière cessant de se couvrir du prête-nom de Neuf-Villenaine rétablit son nom sur le privilège.
> C'est bien une édition imprimée à nouveau et non point la première avec un titre et un privilège réimprimés ; les manchettes de la première édition ont disparu.
> Les arguments sont maintenus, ce qui laisse à penser que Molière n'était pas étranger à ceux de la première édition.
> Cet exemplaire est celui de la librairie Fontaine cité dans le Supplément du Brunet, dans la Bibliographie Moliéresque et dans la Bibliographie de Jules Le Petit.
> Hauteur : 143ᵐᵐ.

874. L'Escole des Maris, Comédie, De I. B. P. Moliere. Representee sur le Theatre du Palais Royal. *A Paris, Chez Gabriel Quinet, au palais, dans la galerie des prisonniers, à l'ange Gabriel,* 1661. In-12, front. gravé, mar. rouge, fil., dos orné, dent. int., tr. dor. (*Trautz-Bauzonnet.*)

> Edition originale.
> 6 ff. préliminaires, pour le frontispice, le titre, l'épître au Duc d'Orléans et les personnages. **65** p. chiffr. pour le texte. 5 pp. non chiffr. pour le privilège du **9 juillet 1661**. 1 f. blanc.
> Le frontispice dans cet exemplaire est en double état. Dans l'un, qui est le frontispice de la seconde édition de 1663, le plancher est couvert de hachures, dans l'autre le plancher est blanc, et le cartouche où est gravé le titre ne se termine pas de même.
> Haut. 146^{mm}.

875. Les Facheux. Comédie, De I. B. P. Moliere, Representee sur le Theatre du Palais Royal. *A Paris, Chez Guillaume de Luyne,* 1662. In-12, mar. rouge, fil., dos orné, dent. int., tr. dor. (*Motte.*)

> Édition originale.
> 6 ff. lim. pour le titre et l'épître au Roy. **76** pages chiffr., 1 f. pour le privilège, 1 f. blanc à la fin du dernier cahier.
> Les 10 premières pages contenant la préface, le prologue par Pellisson et les noms des acteurs, ne sont pas chiffrées. Le premier feuillet de la comédie est coté inexactement 9 et 10 au lieu de 11 et 12.
> Haut. 148^{m}.

876. L'Escole des Femmes, Comédie, Par I. B. P. Moliere. *A Paris, Chez Guillaume de Luyne,* 1663. In-12, front. de *F. Chauveau,* mar. rouge, fil., dos orné, tr. dor. (*Motte.*)

> Édition originale.
> Elle est considérée comme la première des deux éditions publiées sous cette date.
> 6 ff. liminaires et 95 pages. Une erreur de pagination aux feuillets **73-74**, qui sont doubles, fait que la dernière page est numérotée 93 au lieu de 95.
> Haut. 143^{mm}.

877. L'Escole des Femmes. Comédie. Par I. B. P. Moliere. *A Paris, Chez Lous Billaine,* 1663. In-12, front. de *F. Chauveau,* mar. rouge, fil., tr. dor. (*Motte.*)

> Seconde édition publiée sous cette date, comprenant 6 ff. lim. et 95 pp. régulièrement chiffrées.
> Cette seconde édition nous offre un texte composé à nouveau avec des fleurons et titres courants différents, l'erreur de pagination est corrigée et aux pages 2, 52, 65 et 68 on constate quelques variantes sans grande importance.
> Haut. 145^{m}.

878. La Critique de L'Escole des Femmes. Comédie. Par

I. B. P. Moliere. *A Paris, Chez Gabriel Quinet*, **1663.**
In-12, mar. rouge, fil., dos orné, tr. dor. (*Trautz-Bauzonnet.*)

Édition originale.

6 ff. liminaires, qui se composent d'un titre, de 3 ff. pour l'épître à la Reine mère, de l'extrait du privilège et de 1 feuillet blanc, 117 pages chiffrées : au dernier cahier un feuillet blanc.
Haut. 145mm.

879. Le Portrait du peintre, ou la contre-critique de l'Escole des Femmes, comédie représentée sur le Théâtre Royal de l'hostel de Bourgogne, par Boursault, *Paris, de Sercy*, **1663.** Pet. in-12, mar. rouge, fil., tr. dor. (*Mercier.*)

Édition originale.
Haut. 152mm.

880. Zélinde, Comédie ou la véritable critique de l'Escole des femmes et la critique de la critique. *A Paris, Chez Claude Barbin, vis-à-vis le portail de la Sainte Chapelle au Signe de la Croix*, 1663, *avec privilège du Roi.* In-12.

Le dernier feuillet est coté par erreur 161, à cause d'une pagination défectueuse qui saute de 120 à 139.
Il n'y a que 141 pages.
Cette comédie, qui n'a pas été représentée, est attribuée à Doneau de Visé par les uns, au comédien Villiers par les autres. M. Paul Lacroix partage cette dernière opinion.

881. La Guerre comique, ou la défense de l'Escole des Femmes, par le sieur de la Croix. *Paris, P. Bienfait*, 1664. In-12, mar. bleu, tr. dor. (*Capé.*)

6 ff. liminaires pour l'épître et le privilège. 96 pp. chiffrées pour le texte.

882. Le Mariage forcé, Comédie, par I. B. P. de Moliere. *A Paris, Chez Iean Ribou*, 1668. In-12, mar. rouge, dos orné, fil., tr. dor. (*Mercier.*)

Édition originale de la Comédie dont les intermèdes seuls avaient paru en 1664.
2 ff. et 91 pp. chiffrées.
Haut. 145mm.

883. Les Plaisirs de l'Isle enchantée. Course de bague, Collation ornée de Machines, Comedie de Moliere de la Princesse d'Elide, meslée de Danse et de Musique, Ballet du Palais d'Alcine, Feu d'artifice : et autres Festes galantes et magnifiques ; faites par le Roy, à Versailles, le 7 Mai 1664. Et continuees plusieurs autres Jours. *A Paris, Chez Robert Ballard*, 1665. Pet. in-8, mar. rouge, fil., dos orné, dent. int., tr. dor. (*Mercier.*)

132 pp. chiffrées, à la fin deux ff. non chiffrés pour le privilège.
Le privilège est du 7 janvier 1664.
Cette édition de format pet. in-8 avait été précédée d'une autre édition

in-folio, datée de 1664. C'est sur cette première édition que Ballard a fait celle de plus petit format. Celle-ci est celle qui, par son format, se place le mieux parmi les éditions originales des autres pièces; de plus on lit pour la première fois sur le titre le nom de Molière.

A la page 130 se trouve un curieux passage sur Tartuffe où le rédacteur officiel de la relation des fêtes explique pourquoi le Roi après avoir fait représenter Tartuffe à Versailles et s'en être fort diverti, « défendit pourtant la pièce en public et se priva soi-même de ce plaisir pour n'en pas laisser imposer à d'autres, moins capables d'en faire un juste discernement. »
Haut. 163ᵐᵐ.

884. LES PLAISIRS DE L'ISLE ENCHANTÉE. Course de bague ; Collation ornée de machines, Comédie melee de Danse et de Musique. Ballet du palais d'Alcine, feu d'artifice et autres festes galantes et magnifiques faites par le Roi à Versailles le VII mai 1664 et continuées pendant plusieurs autres jours. A Paris de l'Imprimerie Royale, 1673. — LES DIVERTISSEMENTS DE VERSAILLES donnés par le Roy à toute sa cour au retour de la Conqueste de la Franche-Comté, en l'année 1674. A Paris de l'Imprimerie Royale, 1676. — LA RELATION DE LA FESTE DE VERSAILLES du 18 juillet 1668. A Paris, de l'Imprimerie Royale, 1679. Trois parties en 1 vol. in-fol., veau brun. (Rel. anc.)

1ʳᵉ partie, 91 pp. chiffr., 9 planches gravées par Israël Silvestre en premières épreuves, avant les mots excudit cum privilegio.
2ᵉ partie, 34 ff. chiffr., 6 planches par Le Pautre.
3ᵉ partie, 43 pp. chiffr., 5 planches gravées par Le Pautre. On a ajouté à l'exemplaire une 6ᵉ planche intitulée : Élévation de la Salle de bal de la feste de Versailles en 1668, elle porte la signature de Mariette.

885. LE TARTUFFE, OU L'IMPOSTEUR, Comédie. Par I. B. P. de Moliere. Imprimé aux despens de l'Autheur, et se vend A Paris, Chez Iean Ribou, 1669. In-12, réglé, mar. rouge, fil., dos orné, dent. int., tr. dor. (Cuzin).

Édition originale.
12 ff. liminaires, 1 f. blanc. titre 1 f., préface 9 f., extrait du privilège 1 f. 96 pp. chiffrées.
Le privilège est du 15 mars 1669. L'achevé d'imprimer est du 23 mars 1669.
Haut. 142ᵐᵐ.

886. LE TARTUFFE, OU L'IMPOSTEUR. Comédie. Par I. B. P. de Moliere. A Paris, Chez Iean Ribou, 1669. In-12, front. gravé, réglé, mar. rouge, fil., dos orné, dent. int., tr. dor. (Trautz-Bauzonnet.)

Seconde édition publiée la même année que la première et achevée d'imprimer le 6 juin 1669. Elle contient, de plus que la précédente, les trois placets présentés au Roi, et le frontispice représentant la Scène V du IVᵉ acte.
12 ff. liminaires, 96 pp. chiffrées.
Haut. 142ᵐᵐ.

887. L'HOMME GLORIEUX, ou la derniere Perfection de l'homme achevée par la Gloire éternelle. Par M. Pierre Roullé,

docteur de Sorbonne, & curé de S. Barthelemy. — LE ROY
GLORIEUX AU MONDE, ou Louis XIV, le plus glorieux de tous
les Rois du Monde. *A Paris, Chez Gilles Gourault*, 1664.
2 parties en un vol. pet. in-12, mar. rouge, dos fleurdelisé,
doublé de mar. rouge, fil., tr. dor. (*Trautz-Bauzonnet.*)

> *L'Homme glorieux*, 13 ff. préliminaires pour le titre, un portrait équestre
> du Roi Louis XIV, l'épistre au roy, l'avant-propos, la table des sommaires,
> les approbations et le privilège, du 24 avril 1664.
> 691 pp. chiffrées pour le texte.
> *Le Roi glorieux au monde*, 31 pp. chiffrées.
> Dans ce pamphlet le Curé Roullé attaque avec violence le Maréchal de
> Turenne qui n'était pas encore converti (voir pages 12, 13 et 14) et Molière
> qui venait de faire représenter le *Tartuffe* (pp. 48 et 49). Le roi ordonna de
> supprimer toute l'édition. On ne connaît encore que deux exemplaires
> complets échappés au pilon.
> Exemplaire de M. de LIGNEROLLES.

888. LETTRE SUR LA COMÉDIE DE L'IMPOSTEUR. *S. l.*, 1667. Pet.
in-12, mar. rouge, dos orné, tr. dor. (*Trautz-Bauzonnet.*)

> Première édition, datée du 28 août 1667.
> On pense que cette défense du Tartuffe a été écrite par Molière lui-même.
> Haut. 147^{mm}.

889. LA CRITIQUE DU TARTUFFE. Comédie. *A Paris, Chez
Gabriel Quinet, au Palais*, 1670, *avec privilège*. In-12,
vélin. (*Rel. anc.*)

> Col. 4 ff. lim. pour le titre, une lettre satyrique sur le Tartuffe, le
> privilège et les personnages. 52 ff. chiffr. pour le texte.
> Comédie attribuée à Le Boulanger de Chalussay, l'auteur de *Molière
> Hypocondro*.

890. LE FESTIN DE PIERRE, Comédie par J. B. P. de Molière.
Edition nouvelle et toute différente de celle qui a paru
jusqu'à présent. *A Amsterdam*, 1683. Pet. in-12, mar.
rouge, fil., dos orné, tr. dor. (*Mercier.*)

> Frontispice gravé, deux feuillets préliminaires pour le titre et l Imprimeur
> au lecteur, au verso les noms des personnages, 72 pages chiffrées.
> Cette édition donne, plus complètement que les exemplaires non cartonnés
> de l'édition de 1682, le texte de la scène du pauvre et de la scène précédente
> (acte III, scènes I et II).
> Haut. 134^{mm}.

891. OBSERVATIONS SUR UNE COMÉDIE DE MOLIÈRE intitulée le
Festin de Pierre, par le sieur de Rochemont. *A Paris,
Chez N. Pepingué à l'entrée de la rue de la Huchette*, 1665,
avec permission. 1 titre, 48 pp. chiffr. — RESPONSE AUX
OBSERVATIONS touchant le Festin de Pierre de M. Molière.
*A Paris, Chez Gabriel Quinet, dans la galerie des
prisonniers*, 1665, *avec permission*. 32 pp. chiffr. — LETTRE
SUR LES OBSERVATIONS d'une Comédie du Sr Molière, intitulée
le Festin de Pierre. *A Paris, Chez Gabriel Quinet, au*

palais dans la galerie des prisonniers, 1665, *avec permission*, 58 pp. chiffr. — Trois parties en 1 vol. in-12, veau racine. (*Rel. anc.*)

La réponse et la lettre sont d'un ami de Molière, sinon de Molière lui-même.

892. L'AMOUR MÉDECIN, Comédie. Par I. B. P. Moliere. *A Paris, Chez Théodore Girard*, 1666. In-12, front. gravé, mar. rouge, fil., dos orné, dent. int., tr. dor. (*Mercier.*)

Édition originale.
6 ff. préliminaires, 1 frontispice, 1 titre, 3 ff. au lecteur. Extrait du privilège, les personnages, 1 f. prologue. 95 pages chiffrées pour le texte, la dernière cotée par erreur 59.
Exemplaire rempli de témoins. Haut. 152ᵐᵐ.

893. LE MISANTROPE, Comedie. Par I. B. P. de Moliere. *A Paris. Chez Iean Ribou*, 1667. In-12 de 12 ff. lim. et 84 pp., front. gravé, mar. rouge, fil., dos orné, dent. int., tr. dor. (*Mercier.*)

Édition originale.
Cette pièce faisait primitivement partie d'un de ces recueils de pièces originales formés par les libraires avant l'édition collective à pagination suivie, de 1674.
On a conservé le titre du volume qui se trouvait placé en tête de ce recueil. Il porte « les Œuvres de M. de Molière. T. IV. *A Paris, Chez Jean Ribou*, 1669. »
Haut. 145ᵐᵐ.

894. LE MEDECIN MALGRÉ LUI, Comedie. Par I. B. P. de Moliere. *A Paris, Chez Iean Ribou, au Palais… à l'image S. Louis*, 1667. In-12, front. gravé, mar. rouge, fil., dos orné, tr. dor. (*Mercier.*)

Édition originale.
3 ff. liminaires, 1 pour le frontispice, 1 pour le titre, 1 pour les acteurs et pour l'extrait de privilège. 151 pages chiffrées pour le texte.
Haut. 145ᵐᵐ.

895. LE SICILIEN, OU L'AMOUR PEINTRE, Comédie. Par I. B. P. de Moliere. *A Paris Chez Iean Ribou*, 1668. In-12, mar. rouge, fil., dos orné, dent. int., tr. dor. (*Mercier.*)

Édition originale.
2 ff. liminaires, 81 pages chiffrées pour le texte, à la fin cinq pages non chiffrées pour le privilège qui est daté du 31 octobre 1667.
Cette pièce a fait partie d'un recueil à l'adresse de J. Ribou et à la date 1669, en tête se trouve le titre du recueil : « Les Œuvres de M. de Molière, T. V. *Paris, chez Jean Ribou*, 1669. »
Haut. 145ᵐᵐ.

896. AMPHITRYON, Comedie. Par I. B. P. de Moliere. *A Paris, Chez Iean Ribou*, 1668. In-12, mar. rouge, fil., dos orné, dent. int., tr. dor. (*Trautz-Bauzonnet.*)

Édition originale.
4 ff. liminaires, 82 pp. chiffr. pour le texte.
Haut. 145ᵐᵐ.

897: GEORGE DANDIN ou le Mari confondu. Comédie par J. B. P. de Molière. *A Paris, Chez Iean Ribou, au palais, vis-à-vis la porte de l'église de la Sainte Chapelle, à l'image St. Louis,* 1669, *avec privilège du roi.* In-12, mar. rouge, dos orné, tr. dor. (*Duru.*)

> Édition originale.
> 2 ff. préliminaires. 155 pp. chiffr. pour le texte.
> Haut. 148mm.

898. L'AVARE, Comédie, Par I. B. P. Moliere. *A Paris, Chez Iean Ribou, au Palais,* 1669, *avec privilège du roi.* In-12, mar. rouge, dos orné, tr. dor. (*Mercier*).

> Édition originale.
> 2 ff. lim. 150 pages, 1 f. blanc.
> Haut. 146mm.

899. L'AVARE, Comedie. Par J. B. P. Moliere. *A Paris, Chez Iean Ribou,* 1669. In-12, mar. rouge, fil., dos orné, dent. int., tr. dor. (*Trautz-Bauzonnet.*)

> 2 ff. prél. pour le titre et le Privilège. 128 pp. chiffr. pour le texte.
> La bibliographie Moliéresque et le Supplément au Brunet considèrent cette édition en 128 pages comme une contrefaçon.
> Haut. 142mm.

900. MONSIEUR DE POURCEAUGNAC, Comedie. Faite à Chambord, pour le Divertissement du Roy. Par I. B. P. Moliere. *A Paris, Chez Iean Ribou,* 1670. In-12, mar. rouge, fil., dos orné, dent. int., tr. dor. (*Trautz-Bauzonnet.*)

> Édition originale.
> 4 ff. liminaires, titre 1 f., extrait du privilège et noms des acteurs 1 f., vers chantés à l'ouverture du spectacle 2 ff., 136 pp. pour le texte.
> Haut. 146mm.

901. LE BOURGEOIS GENTILHOMME. Comedie-Balet, Faite à Chambort pour le Divertissement du Roy. Par I. B. P. Moliere. *Et se vend pour l'Autheur, A Paris, Chez Pierre le Monnier...* 1671. In-12, mar. rouge., fil., dos orné, dent. int., tr. dor. (*Trautz-Bauzonnet.*)

> Édition originale.
> 2 ff. lim., titre, extrait du privilège. 164 pages chiffr.
> Haut. 146mm.

902. PSICHÉ, Tragedie-Ballet. Par I. B. P. Moliere, *A Paris, Chez Pierre le Monnier,* 1671. In-12, mar. rouge, fil., dos orné, dent. int., tr. dor. (*Cuzin.*)

> Édition originale.
> Titre 1 f. Le libraire au lecteur 1 f., 90 pp. chiffrées, 1 f. pour l'extrait de privilège.
> Haut. 143mm.

903. LES FOURBERIES DE SCAPIN. Comedie. Par I. B. P. Molière. *Et se vend pour l'autheur, A Paris, Chez Pierrè le Monnier,* 1671. In-12, mar. rouge, fil., dos orné, dent. int., tr. dor. (*Trautz-Bauzonnet.*)

> Édition originale.
> 2 ff. lim. 123 pp. 4 pp. pour le privilège.
> Le privilège est daté du 18 mars 1671. C'est l'obtention de ce privilège qui rendant à Molière la libre disposition de toutes ses pièces lui a permis de préparer l'édition de 1674 qui a paru après sa mort.
> Haut. 148ᵐᵐ.

904. LES FEMMES SÇAVANTES. Comedie. Par I. B. P. Moliere. *Et se vend pour l'Autheur, A Paris, au palais, et Chez Pierre Promé, sur le Quay des Grands Augustins, à la Charité,* 1673, *avec privilège du Roy.* In-12 de 2 ff prélim. et 92 pp., mar. rouge, dos orné, dent. int., tr. dor. (*Cuzin.*)

> Édition originale.
> Exemplaire relié sur brochure.

905. MYRTIL ET MELICERTE, pastorale héroique. *Paris, Pierre Trabouillet,* 1699. In-12, mar. rouge, fil. tr. dor. (*Rel. anc.*)

> Coll. 10 ff. lim. 75 pp. pour le texte. Au verso du dernier feuillet le privilège du 13 mars 1699.
> Quoique cette pièce soit signée par Guérin, fils de la veuve de Molière et de son second mari, le comédien Guérin, il n'est pas démontré qu'elle ne soit pas de Molière lui-même. Dans l'édition de 1682, Vinot et Lagrange ont fait figurer deux actes de la Pastorale de Myrtil et Melicerte joués à St-Germain, en 1666; la Pastorale était restée, d'après eux, inachevée. C'est cette Pastorale que Guérin prétend avoir traduite en vers irréguliers et complétée. Les explications assez embarrassées qu'il donne dans sa préface nous apprennent qu'il a eu à sa disposition les papiers de Molière. M. de Soleinne pensait que Molière avait refait en vers libres et terminé sa Pastorale, et que Guérin l'avait tout simplement trouvée dans ses papiers et fait paraître sous son propre nom. Il croyait qu'un débutant peu exercé comme Guérin n'aurait pas pu changer les vers alexandrins en des vers irréguliers dont la facture rappelle ceux d'Amphitrion et que Molière seul en était capable. Cette opinion est fort plausible *(Voir Cat. Soleinne).*
> Aux armes de la DUCHESSE DU MAINE.

906. DEUX PIÈCES INÉDITES de J. B. P. Molière. *Paris, Th. Desoer, libraire, rue Christine,* 1819. — Avertissement (par Beffara). In-8, demi-rel.

> 70 pp. chiffr. et 1 f. pour la table.
> Ces deux pièces inédites ne sont que des canevas de farces. Joly, à qui J.-B. Rousseau les avait données, ne les jugea pas dignes de figurer dans son édition in-4 de 1734. Elles ont pour titres *le Médecin Volant* et la *Jalousie du Barbouillé.*
> On a ajouté à l'exemplaire :
> 1° *Une lettre* de Beffara à Aimé Martin sur le mariage de Madeleine Béjart.
> 2° *Une dissertation sur Molière,* sur ses ancêtres, l'époque de sa naissance, etc., par Beffara, ex-commissaire de police du quartier de la chaussée d'Antin. *Paris, chez Vente, libraire, boulevard des Italiens,* 1822. Plaquette de 28 pp.
> 3° *Une lettre de Beffara* aux maires des communes de Ferrière ou La Ferrière pour rechercher des manuscrits de Molière.
> Une note au crayon sur la garde du volume nous apprend que l'avertisse-

ment est dû à Beffara, mais que la publication des deux pièces est due à
Viollet-le-Duc.

Beffara est le grand ancêtre des innombrables Moliéristes qui depuis 60 ans
remuent sans trêve les cendres du grand comique.

907. Psiché. Tragédie représentée dans la grande salle des
machines, 1671. — La feste de l'amour et de Bachus.
Pastorale, 1672. 2 parties en 1 vol. in-fol., mar. rouge,
riches dorures, tr. dor. (*Rel. anc.*)

> Recueil manuscrit des deux partitions de Lully qui a composé sa musique
> sur les paroles de Quinault pour le Ballet de Psiché et pour le Ballet de la
> Fête de l'Amour et de Bacchus. Il est difficile d'établir d'une manière précise
> la part de Molière dans le second Ballet, mais sa collaboration est générale-
> ment admise. La musique de ces deux Ballets se rattache donc à la
> collection des œuvres de Molière.
>
> Riche reliure aux armes de Liscoet. Les Liscoet sont de Bretagne (Voir
> La Chesnaye des Bois).

908. Les fêtes de l'Amour et de Bacchus. Pastorale
représentée par l'Académie Royale de Musique. *On la vend
à Paris à l'entrée de la porte de l'Académie Royale de
Musique près Luxembourg vis à vis Bel-air,* 1672. *Avec
Privilège.* — A la fin : — *Imprimé aux dépens de l'Académie
Royale de Musique par François Muguet imprimeur du
Roy.* In-4, mar. rouge jans., tr. dor. (*Thibaron-Echaubard.*)

> Coll. 4 ff. prél. pour le titre, le privilège, l'avant-propos et les acteurs.
> 48 pp. chiffr., quatre planches pliées ; une pour le Prologue et une pour
> chacun des trois actes. Ces quatre planches sont toutes les quatre
> différentes.
>
> Cette pastorale a été arrangée par Molière et Quinault pour être mise en
> musique par Lully. Le privilège, daté du 20 septembre 1672, est accordé
> à Lully.

909. Recueil des Ballets et Fêtes de la Cour composés
par Molière. — Le Mariage forcé. Ballet du Roy, dansé
par Sa Majesté le 29 jour de Ianvier 1664. *A Paris, par
Robert Ballard,* 1664. In-4, 12 pp. — Les Plaisirs de l'Isle
enchantée, Course de Bague faite par le Roy a Versailles
le 6 May 1664. *A Paris, Par Robert Ballard,* 1664. — Liste
du Divertissement de Versailles et les noms de ceux qui y
sont employez. S. l. n. d. In-4, 24, 4, 10, 19 pp. — Le
Ballet des Muses, dansé par S. M. à son château de Saint-
Germain-en-Laye, le 2 décembre 1666. *Paris, Rob. Ballard,*
1666. In-4, 40 pp. 1re édition. — Le Grand Divertissement
Royal de Versailles. *A Paris, Par Robert Ballard,*
1668. In-4, 20 pp. (Intermèdes de George Dandin). — Le
Divertissement Royal, meslé de Comédie, de Musique et
d'Entrée de Ballet. *A Paris, par Robert Ballard,* 1670.
In-4, 30 pp. (Intermèdes des Amants magnifiques). — Le
Divertissement de Chambord, meslé de Comédie, de
Musique, et d'Entrée de Ballet. *A Paris, Par Robert
Ballard,* 1670. In-4, 13 pp. (Intermèdes de Monsieur de
Pourceaugnac). — Le Bourgeois Gentilhomme, Comedie-

Ballet, Donné par le Roy à toute sa court dans le chasteau de Chambort au mois d'Octobre 1670. *A Paris, chez Robert Ballard*, 1670. In-4, 26 pp. — PSICHE. Tragi-Comedie et Ballet Dansé devant Sa Majeste au mois de Janvier 1671. *A Paris, Par Robert Ballard*, 1671. In-4, 48 pp. — BALLET DES BALLETS, dansé devant Sa Majesté en son Chasteau de S. Germain en Laye au mois de Décembre 1671. *A Paris, Par Robert Ballard*, 1671. In-4, 64 pp. — LE MALADE IMAGINAIRE, Comedie meslée de Musique et de Dance. Représentée sur le Theatre du Palais Royal. *A Paris, Chez Christophe Ballard*, 1673. In-4, 36 pp. — 11 pièces en 1 vol. in-4, mar. rouge jans., tr. dor. (*Mercier*.)

Éditions originales.

910. REMERCIMENT AU ROI. *A Paris, Chez Guillaume de Luynes et Gabriel Quinet*, 1663. In-4 de 4 ff., mar. rouge jans., tr. dor. (*Motte*.)

Plaquette de 4 ff. Très rare.
Exemplaire de la vente ROCHEBILIÈRE.

911. LA GLOIRE DU VAL DE GRACE. *A Paris, chez Jean Ribou* 1669. In-4 de 24 pp., fig., mar. rouge, dos orné, fil., tr. dor. (*Thibaron*.)

Édition originale.
Cet exemplaire contient la grande figure frontispice gravée par Chauveau d'après Mignard, un en-tête, un cul-de-lampe et une grande lettre initiale ornée. Il n'a pas sur le titre le sujet gravé qui ne se trouve que dans les exemplaires à l'adresse de Pierre le Petit. (Voir Cat. Lignerolles et Bibliothèque nationale.)
Frontispice, titre, 22 pp. chiffrées de 3 à 24. Le titre qui représente les ff. 1 et 2 n'est pas chiffré.
Il y a lieu de supposer que les exemplaires à l'adresse de J. Ribou sont ceux du 1er tirage.
Dans les exemplaires de Pierre le Petit, le frontispice entre dans la pagination et le dernier f. est numéroté 25-26.
Il est probable que Ribou avait imprimé avant que le frontispice et le fleuron du titre fussent prêts pour le tirage.

912. LES FRAGMENTS DE MOLIÈRE. Comédie. *A Paris, chez Jean Ribou*, 1682. In-12 de 1 f. pour le titre et 58 pp., mar. rouge, dos orné, fil., tr. dor. (*Cuzin*.)

Ces *Fragments* se composent de 4 scènes de Don Juan, ou le *Festin de Pierre*, et d'une scène des *Fourberies de Scapin*, réunies par le sieur de Champmeslé, pour former une comédie complète. Cette pièce fut représentée à Fontainebleau en 1677 et à Paris en 1681.

913. LA COCÜE imaginaire, comédie (par Franç. Doneau de Visé). *A Paris, chez Jean Ribou*, 1660. In-12, vélin blanc.

Édition originale.
6 ff. préliminaires, titre, épître à Mlle Henriette, au lecteur, personnages, 47 pp. chiffrées.

914. Response a l'impromptu de Versailles ou la vengeance des marquis. *A Paris, chez Gabriel Quinet, au Palais à l'entrée de la Galerie des Prisonniers, à l'Ange Gabriel,* 1664. *Avec Privilège du Roi.* Pet. in-12, vélin.

Cette pièce, représentée en 1663, a paru d'abord chez Barbin et chez Quinet dans un recueil de pièces intitulé : *Les Diversités galantes,* 1664. Elle fut ensuite détachée du recueil et vendue à part avec un titre spécial. C'est ce qui explique pourquoi la pagination commence à 81 et la signature à D. VI.

Titre, faux-titre avec la liste des acteurs au verso, 74 pp. numérotées 81 à 154, 1 p. non numérotée contenant un avis au lecteur.

Cette pièce, qui est une comédie satirique en prose dirigée contre Molière, est de l'acteur Villiers.

915. Les Diversités galantes contenant Les soirées des auberges, nouvelle comique. Response à l'impromptu de Versailles ou la vengeance des marquis. L'Apothicaire de qualité, nouvelle galante et véritable. Lettre sur les affaires du Théâtre. *Jouxte la copie imprimée à Paris, s. d.* In-12.

Contrefaçon de l'édition de Paris. Gabriel Quinet, 1664.

Ce volume ne contient que deux pièces intéressantes qui se rattachent à la bibliographie de Molière : la *Lettre sur les affaires du Théâtre* et la *Response à l'impromptu de Versailles ou la Vengeance des Marquis.* Ces deux pièces contre Molière sont de l'acteur Villiers.

Exemplaire de Monmerqué et du baron Taylor.

916. Elomire hypocondre ou les Médecins vengez, comédie, par M. le Boulanger de Chalussay. *Paris, Sercy,* 1670. In-12, mar. rouge, fil., dos orné, tr. dor. (*Hardy-Mennil.*)

Frontispice gravé, 4 ff. liminaires, titre, préface, personnages de la Comédie. 112 pp. chiffrées pour le texte.

Haut. 150^{mm}.

917. Le Mariage sans Mariage. Comédie. Représentée sur le Théâtre du Marais. *A Paris, chez Pierre le Monnier, vis-à-vis la porte de l'église de la Sainte-Chapelle, à l'image Saint Louis et au feu divin,* 1672. *Avec privilège du Roy.* In-12, veau racine. (*Rel. anc.*)

1 f. blanc, le titre, 4 ff. pour la dédicace et le privilège, 81 pp. chiffr. 1 f. blanc.

Cette comédie écrite par un comédien passe pour mettre en scène Molière sous le personnage d'Anselme, le mari impuissant. Il est assez difficile de trouver les raisons sur lesquelles cette opinion s'appuie. On la joint à la collection des pamphlets injurieux dirigés contre Molière.

918. L'Enfer Burlesque, le Mariage de Belphégor, Epitaphes de M. de Molière. *Cologne, Jean le Blanc,* 1677. In-12, mar. olive, tr. dor. (*Duru.*)

Ce recueil d'un nommé Jaulnay contient de la page 22 à la page 25 une plate diatribe contre Molière.

Exemplaire de Ch. Nodier.

919. La Fameuse Comédienne, ou Histoire de la Guérin, auparavant femme et veuve de Molière. *A Francfort, chez Franz Rottenberg,* 1688. Pet. in-12, mar. vert jans., tr. dor. (*Duru.*)

> Edition rare ; elle contient le passage relatif à Molière, à Baron et au duc de Bellegarde, qui n'a pas été reproduit dans toutes les éditions. Les trois dernières pages sont occupées par les portraits en vers de quelques comédiennes de la troupe de Molière.
> Exemplaire de la vente Veinant, 1855.

920. Histoire des Intrigues amoureuses de Molière et celles de sa femme. *Sur l'imprimé à Paris,* 1688. In-12, veau fauve, fil., tr. dor. (*Niedrée.*)

> Cette édition ne reproduit pas les vers satyriques qui se trouvent à la fin de l'édition de Francfort.

921. Le Médecin volant, comedie, par M. Boursault. *A Paris, Chez N. Pepingué, à l'entrée de la ruë de la Huchette. Et en sa Boutique au premier Pilier de la grande Salle du Palais, vis-à-vis les Consultations, au Soleil d'Or.* 1665. *Avec privilège du Roy.* In-12, mar. rouge jans., tr. dor. (*Cuzin.*)

> Collation. 6 ff. limin. le titre, la dédicace *A Monsieur C*** Médecin de mon Pais,* 4 pp., l'*Advis au lecteur* 2 pp., l'*Extraict du privilège du Roy,* accordé à Pépingué pour sept ans et l'*Achevé d'imprimer* pour la première fois le 14 janvier 1665 1 p., les noms des acteurs 1 p., 1 f. blanc, 45 pp. chiffr., 1 f. blanc.
> Edition originale. Exemplaire relié sur brochure.

922. La Vie de Monsieur Molière [par J. Léonor Le Gallois, sieur de Grimarest]. *A Paris, chez Jacques le Febvre,* 1705. In-12, portrait de Moliere gravé par B. Audran, d'après Mignard. — Adition [*sic*] à la Vie de Moliere, contenant une réponse à la Critique que l'on en a faite. *A Paris, Chez Jacques le Febvre,* 1706. In-12. — Ensemble 2 parties en 1 vol. in-12, veau brun. (*Rel. anc.*)

923. Le Centenaire de Molière, comédie en un acte et en prose ; suivie d'un divertissement relatif à l'Apothéose de Molière, par M. Artaud. *A Paris, chez la veuve Duchesne,* 1773. In-8, mar. rouge, dos orné, fil., tr. dor. (*Rel. anc.*)

> Exemplaire aux armes de Louis XVI, Dauphin.

924. Galerie historique des portraits des comédiens de la troupe de Molière, gravés à l'eau-forte, sur des documents authentiques, par Frédéric Hillemacher. Avec des détails biographiques succincts relatifs à chacun d'eux. *Lyon, imprimerie de Louis Perrin,* 1858. In-8, pap. vergé, mar. rouge jans., tr. dor. (*Duru.*)

> Premier tirage des portraits.

OEUVRES DE RACINE.

925. LES ŒUVRES DE M^r. RACINE. *A Paris, Chez Cl. Barbin.* M. DC.LXXIII [1673]. 2 vol. in-12, mar. rouge jans., doublés de mar. rouge, fil., coins dorés, tr. dor. (*Trautz-Bauzonnet.*)

Recueil factice des huit premières pièces de Racine réunies sous un titre général.

Première partie : *La Thebayde ou les Freres ennemis. Paris, Gabr. Quinet,* 1664. Edition originale. — *Alexandre le Grand,* 1672. — *Andromaque,* 1673. — *Les Plaideurs,* comédie. *Paris, Cl. Barbin,* 1669. Edition originale.

Seconde partie : *Britannicus. Paris, Cl. Barbin,* 1678. Edition originale. — *Berenice. Paris, Cl. Barbin,* 1671. Edition originale. — *Bajazet. Paris, P. le Monnier,* 1672. Edition originale. — *Mithridate. Paris, Cl. Barbin,* 1673. Edition originale.

On a ajouté à la première partie un portrait de Racine gravé au XVIIe siècle.

Ce recueil se rencontre avec un titre à la date 1674. Mais avec un titre à la date de 1673, les exemplaires de cette réunion de pièces sont encore plus rares.

Haut. 150^{mm}.

Exemplaire de la vente de M. DE LIGNEROLLES.

926. ŒUVRES DE RACINE. *A Paris, Chez Cl. Barbin et Jean Ribou,* 1675 et 1676. 2 vol. in-12, front. gr. par S. Le Clerc d'après C. Le Brun, fig. de Chauveau, mar. rouge jans., tr. dor. (*Trautz-Bauzonnet.*)

Première édition collective donnée par Racine.

Le tome Ier seulement est à la date de 1675. Le tome II est à la date de 1676.

On n'a jamais rencontré d'exemplaire complet du tome II à la date de 1675.

L'exemplaire de Rochebilière n'avait à la suite du titre que les 64 premières pages du texte comprenant *Bérénice.*

L'exemplaire de la vente Lignerolles avait eu pour point de départ une plaquette pareille à celle de Rochebilière, et il avait été complété avec un volume à la date de 1676 (Voir cat. Rochebilière, p. 221.)

Tout l'intérêt du tome Ier à la date de 1675 est dans la Préface d'*Alexandre* dont le texte et l'impression sont notablement différents dans le volume à la date de 1675 et dans le volume à la date de 1676. Les exemplaires avec le 1er titre à la date de 1675 sont fort rares.

Haut. 155^{mm}.

Exemplaire de M. ODIOT.

927. ŒUVRES DE RACINE. *A Paris, Chez Claude Barbin, au palais, sur le perron de la Sainte Chappelle,* 1676. *Avec privilège du Roy.* 2 vol. in-12, mar. bleu, comp. à la Du Seuil, dos orné. (*Trautz-Bauzonnet.*)

Première édition collective donnée par Racine.

En réunissant les pièces de son théâtre qui, jusque-là, avaient paru séparément, il en a modifié le texte et il a refait les préfaces de la *Thébaïde,* d'*Alexandre,* d'*Andromaque* et de *Britannicus.* Celle des *Plaideurs* a été considérablement augmentée.

Le privilège imprimé au verso du faux-titre de la *Thébaïde* est daté du 12 mars 1673. Le tome II de notre exemplaire ne porte pas au verso du titre, dans l'indication des pièces, celle de *Phèdre et Hippolyte* qui se trouve dans quelques exemplaires.

Il y a donc eu deux tirages de cette édition.

On reconnaît les exemplaires du 1er tirage à l'absence de *Phèdre* et à la remarque faite par un bibliophile. M. de Marcheville a reconnu que l'écusson formé de deux branches de laurier qui entoure la lettre majuscule I, page 153, est imprimé à l'envers dans les exemplaires du 1er tirage.

Notre exemplaire n'a pas *Phèdre* et a la remarque.

L'achevé d'imprimer à la fin du tome II est de décembre 1675. La place ménagée pour la date du mois est restée en blanc.

Haut. 160mm.

928. ŒUVRES DE RACINE. *A Paris, Chez Pierre Traboüillet,* 1687. 2 vol. in-12, front. de C. Le Brun, fig. de Chauveau, mar. rouge jans., dent. int., tr. dor. (*Trautz-Bauzonnet.*)

Dans cette édition Racine a ajouté la *Phèdre* avec pagination continue, le *Discours prononcé à l'Académie française* et l'*Idylle sur la paix.*

Haut. 163mm.

929. ŒUVRES DE RACINE. *Paris, Claude Barbin,* 1697. 2 vol. in-12, fig., mar. rouge, fil., doublés de mar. rouge, larges dentelles intér., dos ornés, tr. dor. (*Trautz-Bauzonnet.*)

Cette édition est la dernière donnée du vivant de Racine et la première contenant *Esther* et *Athalie.*

Haut. 162mm.

Exemplaire de la bibliothèque du baron de LACARELLE.

930. ŒUVRES DE RACINE. *Suivant la copie imprimée à Paris,* (*Amsterdam, Wolfgang*) 1678. 2 vol. pet. in-12. — Esther, tragédie tirée de l'Escriture sainte (par Racine). *Suivant la copie impr. à Paris,* 1689. — Athalie, tragédie (par le même). *Suivant la copie impr. à Paris,* 1691. Ensemble 2 vol. mar. bleu, doublé de mar. rouge, tr. dor. (*Trautz-Bauzonnet.*)

Exemplaire composé entièrement de pièces de bonne date.

Les pièces d'*Esther* et d'*Athalie*, qui n'y sont pas ordinairement jointes, sont également de bonne date.

Chaque tome est précédé d'un frontispice gravé, et en tête de chaque pièce il y a une figure finement gravée.

Haut. 132mm. Témoins.

Exemplaire d'A. A. RENOUARD.

931. ŒUVRES DE RACINE, nouvelle édition augmentée de diverses pièces, de remarques (des variantes, etc., par d'Olivet et L. Racine). *Amsterdam, J.-F. Bernard,* 1743. 3 vol. in-12, fig. grav. par Tangé, d'après les dessins de Du Bourg, mar. rouge, dos orné, fil., tr. dor. (*Rel. anc.*)

Le 3e volume contient les *Remarques de grammaire sur Racine,* par d'Olivet; *Racine vengé, ou examen des remarques de d'Olivet,* par l'abbé Desfontaines; *Réflexions sur trois pièces de Racine,* par Racine fils; *Apollon charlatan,* satire en vers par Barbier d'Aucourt; Variantes des pièces de Racine, recueillies par d'Olivet.

932. LA THEBAYDE, ou les Freres ennemis, tragedie. *A Paris, Chez Claude Barbin*, 1664. In-12, mar. rouge jans., dent. int., tr. dor. (*Trautz-Bauzonnet.*)

> Édition originale.
> 6 ff. limin. dont un blanc, 70 pp. pour la pièce, le dernier feuillet blanc.
> Haut. 145mm.

933. ALEXANDRE LE GRAND, tragedie. *A Paris, Chez Théodore Girard*, 1666. In-12, mar. rouge jans., dent. int., tr. dor. (*Trautz-Bauzonnet.*)

> Édition originale.
> 12 f. liminaires pour le titre, la dédicace au Roy, la préface, le privilège, les acteurs.
> La dernière page est chiffrée inexactement 84. Il n'y a que 72 pages. Cela tient à une erreur de pagination à partir de la page chiffrée 60.
> Haut. 145mm.

934. ANDROMAQUE, tragedie. *A Paris, Chez Claude Barbin*, 1668. In-12, mar. rouge jans., dent. int., tr. dor. (*Trautz-Bauzonnet.*)

> Édition originale.
> 6 f. liminaires, titre, épître à Madame, préface. 93 pp. et un f. non chiffré pour le privilège.
> La dernière page est chiffrée par erreur 95, à cause d'une erreur de pagination au cahier D.
> Il y a trois tirages différents de cette pièce. L'exemplaire ici décrit est du 1er tirage, reconnaissable au fleuron du titre qui représente une corbeille de fleurs au-dessous de laquelle est une tête d'ange.
> Haut. 146mm.

935. LA FOLLE QUERELLE, ou la Critique d'Andromaque, comédie (par de Subligny). *Paris, Th. Jolly*, 1668. In-12, veau.

> 14 ff. liminaires, 142 pp., 1 f. blanc.

936. LES PLAIDEURS, comédie. *A Paris, Chez Claude Barbin*, 1669. In-12, mar. rouge jans., dent. int., tr. dor. (*Trautz-Bauzonnet.*)

> Édition originale.
> 4 ff. limin., 88 pp. chiffr. pour la pièce.
> Haut. 154mm.

937. BRITANNICUS, tragédie. *A Paris, Chez Claude Barbin*, 1670. In-12, mar. rouge jans., dent. int., tr. dor. (*Trautz-Bauzonnet.*)

> Édition originale.
> 8 ff. limin., 80 pp. chiffr.
> Haut. 149mm.

938. BERENICE, tragédie. Par M. Racine. *A Paris, Chez*

Claude Barbin, 1671. In-12, mar. rouge jans., dent. int.,
tr. dor. (*Trautz-Bauzonnet.*)

Édition originale.
10 ff. liminaires. Titre, dédicace à Colbert, préface, privilège, acteurs.
88 pp. chiffrées.
Haut. 148ᵐᵐ.

939. La Critique de Bérénice (par l'abbé de Villars). *Paris,
L. Billaine, M. le Petit et E. Michallet*, 1671. 2 part. en
1 vol. pet. in-12, veau.

44 pp., 1 f. pour le privilège, 1 f. blanc.

940. Bajazet, tragédie. Par M. Racine. *Et se vend pour
l'Autheur, A Paris, Chez Pierre le Monnier*, 1672. In-12,
mar. rouge jans., dent. int., tr. dor. (*Trautz-Bauzonnet.*)

Édition originale.
4 ff. préliminaires, 99 pp. chiffrées.
Haut. 148ᵐᵐ.

941. Mithridate, tragédie par Mʳ. Racine. *A Paris, Chez
Claude Barbin*, 1673. In-12, mar. rouge jans., dent. int.,
tr. dor. (*Trautz-Bauzonnet.*)

Édition originale.
12 ff. liminaires dont le 1ᵉʳ est blanc, 81 pp. chiffrées, 1 feuillet blanc à
la fin.
Haut. 150ᵐᵐ.

942. Iphigénie, tragédie. Par M. Racine. *A Paris, Chez
Claude Barbin*, 1675. In-12, mar. rouge jans., dent. int.,
tr. dor. (*Trautz-Bauzonnet.*)

Édition originale.
6 ff. liminaires, 72 pp. chiffrées.
Haut. 150ᵐᵐ.

943. Phèdre et Hippolyte, tragédie. Par Mʳ. Racine. *A
Paris, Chez Claude Barbin*, 1677. In-12, front. grav. par
S. Le Clerc d'après C. Le Brun, mar. rouge jans., dent. int.,
tr. dor. (*Trautz-Bauzonnet.*)

Édition originale.
6 ff. liminaires, frontispice gravé, titre, préface, privilège, acteurs. 74 pp.
chiffr.
Haut. 150ᵐᵐ.

944. Dissertation sur les tragédies de Phèdre et Hippolyte
(par de Subligny), *Paris, Chez de Sercy*, 1677. In-12, veau
fauve, fil., tr. dor. (*Capé.*)

945. ESTHER, tragédie tirée de l'Écriture sainte. *Paris, Thierry*, 1689. In-4, fig., mar. rouge, fil., tr. dor. (*Rel. anc.*)

Édition originale.
Précieux exemplaire, aux armes de Mme de MAINTENON.
Sur le feuillet de garde, envoi autographe de Racine :

> *A Madame la marquise de Maintenon,*
> *offert avec respect.*
> *Racine.*

De la bibliothèque du comte DE MONTALIVET.

946. ESTHER, tragédie tirée de l'Escriture sainte. *A Paris, Chez Claude Barbin*, 1689. In-4, fig. de Séb. Le Clerc. — ATHALIE, tragédie tirée de l'Écriture sainte. *A Paris, Chez Denys Thierry*, 1691. In-4, front. gr. par Mariette, d'après J.-B. Corneille. Ensemble 2 tomes en 1 vol. in-4, mar. rouge jans., dent. int., tr. dor. (*Trautz-Bauzonnet.*)

Éditions originales.
r

947. ESTHER, tragédie tirée de l'Escriture sainte. *A Paris, Chez Claude Barbin*, 1689. In-12, fig. de Séb. Le Clerc, mar. rouge jans., tr. dor. (*Trautz-Bauzonnet.*)

Édition originale.
8 ff. liminaires, 86 pp. chiffrées.
Exemplaire QUENTIN-BAUCHART.

948. ATHALIE, tragédie tirée de l'Écriture sainte. *A Paris, Chez Denys Thierry*, 1692. In-12, front. gr. par Mariette d'après J.-B. Corneille, mar. rouge jans., tr. dor. (*Trautz-Bauzonnet.*)

Édition originale.
8 ff. limin., 114 pp. chiffrées, à la fin un f. blanc.

949. CHŒURS DE LA TRAGÉDIE D'ESTHER. Avec la musique composée par J.-B. Moreau, maistre de musique du Roy. *A Paris, Chez Denys Thierry, rue St-Jacques, Claude Barbin au Palais et Christophe Ballard, rue St J. de Beauvais*, 1689. *Avec privilège du Roy*. In-4, mar. rouge jans., tr. dor. (*Mercier.*)

Première édition.
Coll. 4 ff. liminaires pour le frontispice, le titre, la dédicace au Roy, et le privilège. Le frontispice est gravé par S. Leclerc d'après Lebrun.
99 pages pour la musique.
Moreau né à Angers en 1656, mort à Paris en 1733, n'est connu que pour avoir composé la musique d'*Esther*. Il passe à la postérité dans la gloire de Racine.

950. LA NYMPHE DE LA SEINE A LA REYNE, Ode. *A Paris, Chez Augustin Courbé, en la Galerie des Merciers, à la*

Palme, 1660. *Avec permission.* In-4 de 15 pp., mar. rouge jans., dent. int., tr. dor. (*Trautz-Bauzonnet.*)

Cette ode, composée par Jean Racine, à l'âge de dix-huit ans, pour le mariage du roi Louis XIV, attira au jeune auteur les éloges de Chapelain et de Perrault et les bienfaits du Roi.

On a joint à l'exemplaire un portrait de Marie-Thérèse d'Autriche, reine de France.

Exemplaire de la bibliothèque de M. DE LIGNEROLLES.

951. CANTIQUES SPIRITUELS. Faits par Monsieur R... pour estre mis en musique. *A Paris, Chez Denys Thierry, ruë S. Jacques, devant la ruë du Plâtre, à la ville de Paris,* M. DC. XCIV [1694]. In-4 de 16 pp., caract. ital., mar. rouge, dos orné, tr. dor. (*Trautz-Bauzonnet.*)

Édition originale, rarissime, des *Cantiques* composés par Jean Racine pour les demoiselles de Saint-Cyr.

Exemplaire de M. DE LIGNEROLLES.

Théâtre Français de Regnard à nos jours.

952. LES ŒUVRES DE Mʳ. D** R. (Regnard). *A Paris, Chez Pierre Ribou, à la décente du Pont-Neuf prés les Augustins, à l'image S. Louis,* 1698-1707. 2 vol. in-12, mar. rouge jans., doublé de mar. rouge, dent. int., tr dor. (*Cuzin.*)

Le tome 1ᵉʳ est précédé d'un titre daté de 1698. Il contient les pièces suivantes, en éditions originales :

La Sérénade, comedie. *A Paris, Chez Thomas Guillain,* 1695. — *Attendez-moy sous l'orme,* comedie. *A Paris, Chez Thomas Guillain,* 1694, — *Le Bourgeois de Falaise,* comedie. *A Paris, Chez Thomas Guillain,* 1694. — *Le Joueur,* comedie en vers. *A Paris, Chez Thomas Guillain,* 1697. — *Le Distrait,* comedie. *A Paris, Chez Pierre Ribou,* 1698.

Les airs de la comédie du *Bourgeois de Falaise* en quatre feuillets sont joints à la Pièce.

Le tome 2 est précédé d'un titre à la date de 1707. Il contient en éditions originales les pièces parues avant cette date.

Democrite, comedie. Le prix 20 S. *A Paris, chez Pierre Ribou,* 1700.

Le Retour impreveu, comedie. *A Paris chez Pierre Ribou,* 1700.

Les Folies amoureuses, comedie, par M. R*** *A Paris, chez Pierre Ribou,* M. DC. XCCIV (sic) 1704. In-12.

Les Menechmes, comedie. Avec une Epître à Mʳ Despreaux, par Mʳ Regnard. Le prix est de vingt sols. *A Paris, chez Pierre Ribou,* 1706.

Collation du T. 1ᵉʳ. 2 ff. liminaires. 1 f. pour le titre d'assemblage et un f. pour l'indication des pièces contenues dans le volume.

— *La Sérénade,* 2 ff. liminaires, 56 pp.

— *Attendes-moi sous l'orme,* 2 ff. liminaires, 48 pp.

— *Bourgeois de Falaise,* 47 pp. chiffrées.

— *Musique du Bourgeois de Falaise,* 8 pp. chiffrées.

— *Le Joueur,* 3 ff. liminaires. Titre, préface et privilège.

— *Le Distrait,* 2 ff. liminaires. 112 pages chiffr.

T. II. 1 f. pour le titre d'assemblage à la date de 1707. Au verso l'indication des pièces du recueil.

— *Democrite,* 2 ff. et 90 pp. chiffr.

— *Le Retour impreveu,* 59 pp. chiffr.

— *Les Folies amoureuses*, 4 ff. liminaires, faux-titre, titre, deux ff. pour le privilège et les acteurs, 92 pp. chiffrées.

— *Les Menechmes*, 3 ff. liminaires. 90 pp. chiffr. pour le texte et deux ff. non chiffrés pour le privilège.

Ces recueils de pièces originales, réunies sous un titre d'assemblage, qui précèdent l'édition collective à pagination suivie, sont fort rares.

Haut. 155^{mm}.

953. LES ŒUVRES DE M. REGNARD, *A Paris, chez Pierre Ribou*, 1708-1707. 2 vol. in-12, fig., mar. rouge, fil., dos orné, dent. int., tr. dor. (*Trautz-Bauzonnet.*)

> Première édition à pagination suivie. On a ajouté à la fin du tome II : *Le Légataire* et *La Critique du Légataire* en éditions originales.

954. LE LEGATAIRE UNIVERSEL, comedie. Le prix est de 20 sols. *A Paris, chez Pierre Ribou*, 1708. In-12, front. et fig. sur le titre. — LA CRITIQUE DU LEGATAIRE, comedie. *A Paris, chez Pierre Ribou*, 1708. In-12. Deux parties en 1 vol., mar. rouge jans., tr. dor. (*Cuzin.*)

> Éditions originales.

955. Le THÉÂTRE ITALIEN, ou le Recueil de toutes les scènes françoises qui ont esté jouées sur le Théâtre italien de l'Hostel de Bourgogne (par Evariste Gherardi). *Paris, Guillaume de Luyne*, 1694. Deux tomes en 1 vol. in-12, mar. rouge jans., dent. int., tr. dor. (*Cuzin.*)

> Première édition, très rare.
>
> Ev. Gherardi remplissait le rôle d'Arlequin au Théâtre Italien. Il dit, dans son avertissement : « Ces scènes sont l'ouvrage de plusieurs personnes d'esprit qui nous les ont données pour les mettre dans des sujets italiens où elles sont comme enchâssées. Tout Paris les a admirées... »
>
> Parmi ces scènes, on remarque les suivantes qui sont de Regnard: 1° six scènes du *Divorce ;* 2° cinq scènes d'*Arlequin homme à bonnes fortunes* ; 3° le 3° acte de la comédie des *Chinois*, intitulé : *la Baguette de Vulcain*, cinq scènes, avec l'*Augmentation de la Baguette*, un prologue et trois scènes (en collaboration avec Du Fresny).

956. LE CARNAVAL DE VENISE, ballet représenté par l'Académie royale de Musique. *On le vend à Paris à l'entrée de la porte de l'Académie royale de Musique, au palais royal, rue St Honore. Imprimé aux dépens de la dite académie. par Christophe Ballard, seul imprimeur du Roi pour la musique.* 1699. *Avec privilege.* In-4, mar. rouge jans., dent. int., tr. dor. (*Cuzin.*)

> Edition originale.
>
> Coll. 4 ff. pour le titre et le prologue. 56 pp. chiffrées.
>
> Ce ballet a été écrit par Regnard. C'est une pièce fort rare.

957. ŒUVRES COMPLETTES DE REGNARD avec des avertissemens et des remarques sur chaque pièce, par M. G*** (Garnier). *De l'imprimerie de Monsieur (Didot le Jeune, à Paris)*,

chez la Vve Duchesne et fils, 1789-1790. 6 vol. in-8, pap.
vélin, portr. et fig., mar. rouge, fil., coins dorés, dos ornés,
dent. int., mors de mar., doublés de tabis, tr. dor. (*Bozérian.*)

Exemplaire contenant la suite des figures de l'édition qui sont de Moreau
le Jeune et Marillier, en épreuves à la LETTRE GRISE.
On a ajouté la suite de Borel de l'édition de Maradan 1790 et le portrait
de Regnard par Ficquet.
Exemplaire de PIXERÉCOURT.

958. LES ŒUVRES DE M. PRADON. *A Paris, Chez Pierre Ribou,
proche les Augustins à la descente du pont neuf à l'image
St Louis*, 1700. In-12, veau fauve. (*Du Seuil.*)

Ce volume contient les pièces suivantes :
Pirame et Thisbé.
Tamerlan ou la mort de Bajazet.
Phèdre et Hippolyte.
La Troade.
Regulus.
Scipion l'Africain.
500 pp. chiffr. 1 f. pour le privilège.
Aux armes du comte D'HOYM.

959. RECUEIL DES TRAGÉDIES DE M. DE LAGRANGE. *A Paris,
chez Pierre Ribou*, 1701. In-12, mar. citron, filets, dos orné,
tr. dor. (*Rel. anc.*)

Frontispice. Titre. Table des tragédies contenues en ce volume :
Adherbal, Oreste et Pylade, Méléagre, Athénais, Amasis, Alceste.
Aux armes de la comtesse DE VERRUE.

960. ŒUVRE DE M. DE LA FOSSE. In-12, veau fauve. (*Du Seuil.*)

Recueil de trois pièces en éditions originales.
Polixène, tragédie. *A Paris chez Thomas Guillain à la descente du pont-neuf,
près les Augustins, a l'image St Louis*, 1696. Avec privilège. 6 ff. préliminaires,
72 pp.
Manlius Capitolinus, tragédie par M. de la Fosse. *A Paris chez Pierre
Ribou, quai des Augustins, à l'image St Louis*, 1713. 2 ff. lim. 75 pp. 1 f.
privilège.
Thésée, tragédie par M. de la Fosse. *A Paris chez Pierre Ribou, quai des
Augustins*, 1700. 6 ff. lim. 72 pp. chiffrées. 1 f. blanc.
Aux armes du comte D'HOYM.

961. RECUEIL DES PIECES MISES AU THÉATRE FRANÇOIS. Par M. le
Sage. *A Paris, Chez Jacques Barois, fils*, 1739. 2 vol. in-12,
mar. rouge jans., tr. dor. (*Cuzin.*)

Première édition collective.

962. LE JEU DE L'AMOUR ET DU HAZARD, comédie en trois actes.
(Par Marivaux). *A Paris, Chez Briasson*, 1730. In-12, mar.
bleu jans., dent. int., tr. dor. (*Cuzin.*)

Édition originale.
2 ff. liminaires. 116 pp. chiffrées.
Exemplaire relié sur brochure.

963. Mustapha et Zéangir, tragédie en cinq actes et en vers, dédiée à la Reine, par M. de Chamfort. *Paris*, 1778. In-8, veau granit. (*Rel. anc.*)

> Édition originale.
> Aux armes de Marie-Antoinette.
> Au dos, les deux initiales C. T. (château des Tuileries).

964. Cornélie, Vestale, Tragédie (par Fr. Hénault et Louis Fuselier). *Imprimé à Strawberry-Hill*, 1768. In-8, mar. bleu, dos orné, fil., tr. dor. (*Derome.*)

965. Le Siège de Calais, tragédie (par De Belloy). *Paris*, 1765. In-8, mar. citron, fil., tr. dor. (*Rel. anc.*)

> Aux armes de Choiseul, duc de Praslin.

966. Gaston et Baiard, tragédie par de Belloy. *Paris*, *Duchesne*, 1770. In-8, veau écaille, fil. (*Rel. anc.*)

> Aux armes de la princesse de Lamballe.

967. Charles IX ou la Saint Barthélemy; Henri VIII; tragédies par M. J. Chénier, de l'Institut national. *A Paris chez Laran galeries de bois du Palais égalité N° 245, an VII.* In-12, veau fauve. (*Thouvenin le jeune.*)

> La pièce de Henri VIII contient de nombreuses corrections, additions et retranchements de la main de M. J. Chénier qui ont été introduits dans l'édition suivante. La pièce avait été représentée pour la première fois en 1791.

968. Marie Stuart, tragedie en cinq actes par M. Pierre Lebrun, representée pour la première fois par les Comédiens ordinaires du Roy, sur le premier théâtre Francais, le lundi 6 mars 1820. *Paris, chez les éditeurs, Ladvocat libraire galeries de bois. Barba libraire, Palais royal, derrière le théâtre Francais*, 1820. In-8, mar. rouge, dent.

> Exemplaire de l'acteur Talma dont le nom est poussé sur le plat de la reliure.

969. Mademoiselle Rachel et l'avenir du théâtre Francais par A. B. (Armand Bertin), *Paris*, 1839. In-8, veau fauve. (*Bauzonnet.*)

> Avec un portrait de Rachel et un billet de sa main.

Théâtres Italien et Espagnol.

970. Histoire du Théâtre Italien depuis la décadence de la Comédie latine ; avec un catalogue des tragédies et comédies italiennes imprimées depuis l'an 1500 jusqu'à l'an 1660 et

une dissertation sur la tragédie moderne par Louis Riccoboni. *Paris, Pierre Delormel*, 1728. In-8, veau fauve, tr. rouge. (*Rel. anc.*)

Ce volume est orné d'un Frontispice et de 17 planches représentant les divers costumes de caractères des artistes du théâtre italien gravés par Joullain. Il y a une 18ᵐᵉ planche donnant le dessein du Théâtre Olympique à Vicence.

971. CALANDRA, comedia di Bernardo da Bibiena. *In Fiorenza, Giunti*, 1558. Pet. in-8, mar. bleu, fil., tr. dor. (*Derome.*)

Exemplaire de M. BRUNET.

972. COMEDIE DI M. LODOVICO ARIOSTO CIŒ. I. Suppositi, la Cassaria, la Lena, il Negromante, et la Scolastica, di nuovo ristampate et con somma diligenza ricorrette, per Thomaso Porcacchi. *In Vinegia appresso Gabriel Giolito de Ferrari*, 1562. Pet. in-12, mar. bleu, dentelle sur les plats, doublé de tabis, tr. dor. (*Padeloup.*)

Exemplaire de RANDON DE BOISSET.

973. LES ABVSEZ, comedie faite à la mode des Anciens Comiques, premierement composée en langue Tuscane, par les professeurs de l'Academie Senoise, et nommée Intronati, depuys traduite en Françoys par Charles Estienne, et nouuellement reueuë et corrigée. *A Paris, Par Estienne Groulleau*, 1552. In-16, fig. sur bois, mar. citron jans., dent. int., tr. dor. (*Trautz-Bauzonnet.*)

96 ff. chiffrés très incorrectement, le dernier feuillet est chiffré 106 par suite d'une pagination defectueuse à partir du feuillet 68.
Il y a une édition à la date de 1549.

974. LA COMEDIE DES SUPPOSEZ de M. Louys Arioste, en italien et Françoys. *A Paris, Par Estienne Groulleau, libraire demourant en la rue Neuve nostre Dame à l'enseigne Sainct Iean Baptiste*, 1552. Pet. in-8, mar. citron, fil., dos et milieux ornés, dent. int., tr. dor. (*Trautz-Bauzonnet.*)

87 ff. chiffr. plus un feuillet blanc à la fin.

975. BONIFACE ET LE PÉDANT, comédie en prose imitée de l'italien de Bruno Nolano. *A Paris, chez Pierre Ménard, rue neufve S. Louys, proche le Palais, au Bon Pasteur*, 1663. In-8, mar. rouge, dos orné, fil., tr. dor. (*Rel. anc.*)

Cette comédie contient quelques passages qui ont été imités par Molière.
Exemplaire de PIXERÉCOURT.

976. CELESTINA. Tragi-comedia di Calisto et Melibea novamente tradotte di lingua castigliana in Italiano idioma. Agiontovi di nuovo tutto quello che fin al giorno presente li manchava. Dapoi ogni ultra impressione novissimamente

corretta, distinta, ordinata, et in piu cōmoda forma redotta, adornata le qual cose nelle altre īpressione non si trova. — In fine : — *Finisse la tragi comedia intitolata Calisto et Melibea tradotta de lingua Spagnola in Italiano idioma novamente, corretta et stampata per Marchio Sessa,* 1531, fig. sur bois. Pet. in-8, mar. vert, compartiments de filets. (*Duru.*)

> 1 titre avec figure. 113 ff. chiffrés.
> Sur le dernier f. la marque de M. Sessa.

977. LA CELESTINE Fidellement Repurgee, et Mise en meilleure forme par Iacques de Lavardin Escuyer, Seigneur du Plessis Bourrot en Touraine. Tragicomedie Iadis Espagnole, composee en reprehension des fols amoureux, lesquels vaincuz de leurs desordonnez appetis invoquent leurs amies & en font vn Dieu : aussi pour descouvrir les tromperies des maquerelles, & l'infidelité des meschans & traistres serviteurs. *A Paris, Pour Gilles Robinot.* 1578. In-16, réglé, mar. bleu, fil., compart., coins et milieux, dorure à petits fers, dos orné, tr. dor. (*Rel. anc.*)

> Exemplaire recouvert d'une reliure à compartiments portant sur les plats du volume les chiffres couronnés de LOUIS XIII et d'ANNE D'AUTRICHE. De la bibliothèque de M. DE SOLEINNE (Cat. tome IV, n° 4812).

978. LA CELESTINE, tragi-comédie, traduit d'espagnol en françois (par Jacques de Lavardin), où se voyent les ruses et tromperies dont les macquerelles usent envers les fols amoureux. *Paris, Nicolas Bonfons* (1598). In-16, lettres rondes, veau marbré. (*Rel. anc.*)

> Exemplaire du chancelier DE PONTCHARTRAIN.

Représentations et Ballets.

979. DES REPRÉSENTATIONS EN MUSIQUE anciennes et modernes (par le P. Menestrier). *A Paris, chez René Guignard,* 1681. Pet. in-8, mar. vert, tr. dor. (*Rel. anc.*)

980. MAGNIFICENTISSIMI SPECTACULI, A REGINA REGUM MATRE IN HORTIS SUBURBANIS EDITI, in Henrici Regis Poloniæ invictissimi nuper renunciati gratulationem, Descriptio. Jo. Aurato Poeta Regio Autore. *Parisiis, ex off. Federici Morelli,* 1573. In-4 de 26 ff., fig., mar. rouge, tr. dor.

> Spectacle avec ballets offert à Henri duc d'Anjou (plus tard Henri III), par Catherine de Médicis, à l'occasion de son élection au trône de Pologne.
> Le volume renferme les divers dialogues en latin entre *Gallia, Pax* et *Prosperitas,* la description du *Montis Nympharum,* les élégies de la Nymphe de la France, le Chœur des Nymphes, les vers récités par les Nymphes des

N° 977

diverses provinces,. etc. Ces différentes poésies latines par Dorat occupent ensemble 22 ff. (signatures A-D, F par 4 et E par 2).

Entre les cahiers B et C sont intercalés 4 ff. (signés C. D) pour 2 pièces de vers en français de Ronsard et d'Amadis Jamyn; le premier a composé les vers mis dans la bouche de la Nymphe de France, le second ceux de la Nymphe Angevine.

Le volume est orné de 20 figures gravées sur bois; 3 de la grandeur de la page représentent une allégorie sur la France, le Mont des Nymphes et la salle de verdure construite dans le jardin des Tuileries, nouvellement installé par la reine Catherine, ces planches ont été attribuées à Jean Cousin; les autres figures représentent les armes de Charles IX et 16 médaillons allégoriques pour chacune des nymphes.

On a relié à la suite 2 pièces en vers latins de J. Dorat, l'une adressée aux ambassadeurs polonais, l'autre sur la mort de Charles IX.

On a ajouté à l'exemplaire le 1er feuillet du tome III des *Mémoires de l'Etat de la France* où se trouvent le récit de l'Entrée des ambassadeurs polonais et des renseignements sur la plaquette de Jean Dorat.

Beaujoyeux fut l'ordonnateur de ces fêtes qui devancent et préparent le Ballet comique.

981. BALET COMIQVE DE LA ROYNE, faict aux Nopces de Monsieur le Duc de Ioyeuse et Madamoiselle de Vaudemont sa sœur. Par Baltasar de Beaujoyeulx, Valet de chambre du Roy et de la Royne sa mere. *A Paris, Par Adrian le Roy, Robert Ballard. et Mamert Patisson, Imprimeurs du Roy.* M. D. LXXXII [1582]. *Auec Priuilege.* In-4, fig., mar. vert, doublé de mar. rouge, compart. de fil., tr. dor. (*Thompson.*)

8 ff. liminaires, au verso du 8e feuillet les armes de la Reine Louise de Lorraine, 75 f. chiffr., 1 f. pour le privilège accordé à maistre Jacques Patin, peintre ordinaire du Roy.

Il y a dans le volume, outre la musique, 8 grandes figures et 16 médaillons gravés à l'eau-forte par Patin.

Beaujoyeux qui avait déjà organisé le divertissement du Ballet des Nymphes en 1573 pour la réception des ambassadeurs de Pologne, est l'auteur du ballet comique.

Il nous donne les noms de ses collaborateurs f. 3. Ce sont l'abbé de La Chesnaye pour les vers, Beaulieu pour la musique et Patin pour les figures.

Le sujet du Ballet est l'histoire de Circé.

Ce ballet est le premier essai du genre de représentation dramatique qui est devenu l'opéra.

L'exemplaire est très grand de marges. La marque de planche des figures est intacte.

Cet exemplaire a appartenu à Charles NODIER et au baron TAYLOR.

982. MASCARADES ET BALLETS DE LA COUR, 1572-1671. In-fol. mar. rouge, dos orné, tr. dor. (*Trautz-Bauzonnet.*)

Recueil de 73 dessins de costumes exécutés pour les Ballets de la Cour depuis 1572 jusqu'en 1671.

Il a fait partie de la bibliothèque de LOMÉNIE. Le relieur a reproduit exactement le titre et la date qui se trouvaient sur le dos de l'ancienne reliure.

Un certain nombre de ces dessins datent de la fin du XVIe siècle, les autres sont du temps de Louis XIII et un petit nombre du temps de Louis XIV.

Les Nos 17, 18, 42, 64, qui nous semblent appartenir à la série du XVIe siècle, sont particulièrement intéressants.

Le No 18 représente la Pucelle dans le costume du tableau d'Orléans, copié par Léonard Gaultier. Dans le coin du dessin en haut à gauche, on lit : « Comtesse de Matan ».

C'est vraisemblablement la désignation de la personne qui devait figurer Jeanne d'Arc dans l'entrée du ballet.

Le N° 17 est le costume pour une entrée de faunes où doivent figurer le chevalier de Guise, le chevalier de Lillebonne, Franchine, Richelieu, Joyeuse, dont les noms sont inscrits sur le dessin.

Les Nos 41 et 64 portent également les noms des personnages auxquels le costume était destiné. Ce sont les noms de Colligny, Dandelot, la Moussaye et Saint-Aignan.

Il est difficile de dire pour quels ballets ces costumes ont été dessinés. On ne connaît qu'un ballet où ait figuré Jeanne d'Arc ; c'est le ballet des Modes dansé à Paris en 1635.

Ces dessins sont tous coloriés et très finement rehaussés d'or et d'argent.

Ce recueil et celui de LEBER, actuellement dans la bibliothèque ROTHSCHILD, contiennent les plus anciens dessins de costumes pour ballets connus jusqu'ici. Ceux qui sont conservés au Cabinet des estampes, fonds d'Hennin, ceux de l'Institut, des Archives, de l'Opéra et du Mobilier national, vont de 1651 à 1690. Voir l'intéressant ouvrage de M. Germain Bapst, (*Histoire du Théâtre*. Paris. 1893).

983. DISCOURS AU VRAY DU BALLET dansé par le Roy, le Dimanche XXIX° iour de Ianvier. M. VIC XVII. Avec les desseins, tant des machines & apparences differentes, que tous les habits des Masques. *A Paris, Par Pierre Ballard*, 1617. In-4 de 34 ff., fig. et musique, mar. citron jans., tr. dor. (*Mercier.*)

Ce ballet composé par Durand avait pour sujet la délivrance de Renaud tiré du palais d'Armide. Le volume est orné de 13 planches gravées en taille-douce, non signées, mais qui sont de Rabel et représentent les différents personnages de la cour de Louis XIII ; on y remarque le Roi, MM. de Luynes, de Vendôme, de La Rochefoucauld, de Chalais, etc.

La musique, souvent avec tablature de luth, est l'œuvre de Guedron, Boesset et Bataille. Les vers sont de Durand et Bordier.

984. FESTE THEATRALI per la finte Pazza, drama del Sigr G. Strozzi ; rappresentate nel piccolo Borbone in Parigi anno 1645. Et da Giacomo Torelli de Fano inventore. (*Parigi*, 1645), in-fol., veau rouge, fil., dos orné. (*Rel. anc.*)

Il y a sur le frontispice une vue du Pont-Neuf, de la place Dauphine, des galeries du Louvre et de la Tour. Les planches sont gravées à l'eau-forte par Nic. Cochin.

985. NOUVEAUX DESSINS D'HABILLEMENTS A L'USAGE DES BALLETS, Opéras et Comédies, inventez par M. Gillot, et gravez par Joullain. *Se vend à Paris, chez le sieur Duchange, s. d.* 1725. In-8, fig., vélin. (*Rel. anc.*)

Suite se composant de 1 frontispice et de 72 pl. de costumes numérotées; les 12 premières sont AVANT LES NUMÉROS. Cette suite est fort rare complète.

986. COSTUMES ET PORTRAITS D'ACTEURS du XVIII° siècle.

Dessins originaux par Whirsker. 2 vol. pet. in-4, mar. bleu, dos orné. (*Trautz-Bauzonnet.*)

Sur VÉLIN.

Ces dessins sont au nombre de 21 dans l'un des volumes et de 22 dans l'autre.

Ils nous donnent les portraits des acteurs en renom à la fin du XVIII⁰ siècle, au Théâtre italien, à l'Opéra et surtout à la Comédie française, dans le costume de leurs principaux rôles; ils reproduisent aussi la mise en scène des passages les plus intéressants des pièces où ils ont figuré.

Plusieurs de ces dessins sont gravés soit dans les « *Souvenirs du Vieil amateur dramatique. Paris, 1829.* » soit dans les « *Métamorphoses de Melpomène et de Thalie.* »

Ce sont les portraits dont l'énumération suit :

de M. de Voltaire.
de Lekain.
de Bellecour.
de Mˡˡᵉ Saint-Val.
de Préville.
de Molé.
de Dauberval.
de Mˡˡᵉ Raucourt.
de Mˡˡᵉ Duménil.
de Mˡˡᵉ Drouin.
de Mˡˡᵉ Durancy.
de Colalto, le célèbre arlequin.
de Garrick, en roi Léar.
et de Mˡˡᵉ Clairon.

Ces dessins, peints à la gouache, rehaussés d'or et traités avec beaucoup de finesse, sont d'un grand intérêt pour l'Histoire du Costume au Théâtre à la fin du dernier siècle.

987. HISTOIRE DU THÉATRE, la mise en scène, le décor, le costume, l'architecture, l'éclairage, l'hygiène, par Germain Bapst. *Paris, Hachette, 79, boulevard St-Germain, 1893.*

Avec un envoi de l'auteur.

———

Conteurs. — Romans.

Conteurs des XVI⁰ et XVII⁰ siècles.

988. LES FASCETIEUX DEVITZ des Cent nouvelles nouvelles, tres recreatives et fort exemplaires pour resveiller les bons espritz francoys, veuz et remis en leur naturel, par le Seigneur de la Motte Roullant lyonnois, homme tresdocte et bien renommé. *Avec privilege du Roy. On les vend à Paris en la rue du Meurier à l'ymage Saincte Geneviève par Jehan Real, 1549. — A la fin : — Cy finissent les fascetieux devis des cent nouvelles nouvelles, veues, corrigées et addition-nées selon leur sens naturel et langage plus pratiqué en*

Français par le Seigneur de La Motte Lyonnays et imprimé a Paris par Jehan Real imprimeur en la dicte ville. Pet. in-8, mar. citron, mosaïque de feuillages sur les plats, dos orné, tr. dor. (*Trautz-Bauzonnet.*)

Première édition.
Coll. 128 ff. n. chiffr. Sign. A-Q par 8.

989. LES COMPTES DU MONDE ADVENTUREUX par A. D. S. D. *A Paris. Pour Ian Longis,* 1555. In-8, réglé, de 10 ff. lim., 245 ff. chiffrés plus un f. non chiffré pour la fin du privilège, mar. citron, milieux dorés à petits fers, dos orné, dent. int., tr. dor. (*Trautz-Bauzonnet.*)

Première édition de ce recueil contenant 54 nouvelles, tirées du *Novellino* de MASUCCIO et des *Proverbi* d'AL. CINTIO DEGLI FABRICI. On suppose que les initiales désignent ANTOINE DE SAINT-DENIS, curé de Champflour.

990. LES JOYEUSES NARRATIONS advenues de nostre temps, contenant choses diverses, pour la recreation de ceux qui desirent savoir choses honnestes. *Lyon, Benoist Rigaud et Jean Saugrain,* 1557. In-16, réglé, mar. citron, comp., tr. dor. (*Trautz-Bauzonnet.*)

Coll. 224 pp. chiffrées, sign. A.-O. par huit.
Ce petit volume des plus rares contient 24 narrations, qui, pour la plupart, sont fort *joyeuses*, ainsi que le titre l'indique.

991. HISTOIRES DES AMANS FORTVNEZ. Dediées à Tres illustre Princesse Madame Marguerite de Bourbon, Duchesse de Niuernois. *A Paris, Par Benoist Preuost,* 1550. In-4, réglé, mar. bleu jans., doublé de mar. bleu, comp. et arabesques, milieux dorés, semis de fleurs de lis et de marguerites, chiffre de Marguerite de Valois aux angles du volume, tr. dor. (*Riche reliure de Trautz-Bauzonnet.*)

Édition originale des Contes de la reine de Navarre, publiée par PIERRE BOAISTUAU, dit LAUNAY. Elle se compose de 20 ff. lim. non chiffrés, dont un blanc, et de 184 ff. chiffrés. Le privilège est daté du 31 août 1558.
Les feuillets liminaires contiennent, outre le titre et le privilège, une dédicace de Boaistuau, un sonnet de BER. DE GIRARD, SEIGNEUR DU HAILLAN, Bordelois, à la duchesse de Nevers, un sonnet de L. Du Lys, et un autre de GABRIEL DE LYVENE, au seigneur de Launay; une ode latine de PAUL VILLEMORE, une ode française au sieur de Launay, Breton, par FR. DE BELLEFOREST, Comingeois; une adresse de P. BOAISTUAU au lecteur; un errata, une table et le prologue. Aucune de ces pièces de vers n'a été reproduite dans les éditions suivantes.
Cette édition comprend seulement 67 nouvelles. On a ajouté à l'exemplaire un portrait de Marguerite d'Angoulême gravé au XVI° siècle.
Ce livre est fort rare. Je n'en connais que deux autres exemplaires, un chez M. de Ruble, et un autre qui a passé à la vente Solar incomplet d'un feuillet. Il a été complété depuis.
La reliure est une des plus belles de celles exécutées par Trautz-Bauzonnet. Elle est de son meilleur temps, avant 1860.
Exemplaire de M. DE LIGNEROLLES.

992. L'HEPTAMERON DÉS NOVVELLES dé tresillustre et tresexcel-
lente Princesse Marguerite de Valois, Royne de Nauarre
Remis en son vray ordre, confus au parauant en sa premiere
impression : et dedié a tresillustre et tres vertueuse Princesse,
Ieanne de Foix, Royne de Nauarre, par Claude Gruget
Parisien. *A Paris, Par Vincent Sertenas*, 1559. In-4, réglé,
mar. bleu jans., doublé de mar. rouge, dent., chiffre de
Marguerite de Valois aux angles du volume, tr. dor. (*Trautz-
Bauzonnet.*)

> Seconde édition de l'*Heptameron*, mais la première qui renferme les 72
> nouvelles.
> Coll. 6 ff. liminaires, 212 ff. chiffrés, 2 ff. pour le privilège et l'adresse
> de l'imprimeur Benoist Prevost, rue Frementel, près le clos Bruneau, à
> l'enseigne de l'Etoile d'or.
> Le privilège est du 27 décembre 1558 et l'achevé d'imprimer du 7 avril
> 1559.

993. LES NOVVELLES RECREATIONS ET IOYEVX DEVIS de feu
Bonauenture des Periers, Valet de Chambre de la Royne de
Nauarre. *A Lyon, Par Guillaume Rouille.* M. D. LXI
[1561]. In-4, mar. rouge, fil., dos orné, dent. int., tr. dor.
(*Trautz-Bauzonnet.*)

> Collat. 239 pp. chiffr., 4 ff. non chiffrés pour la table.
> Exemplaire de CH. NODIER.

994. LE PRINTEMPS D'YVER. Contenant cinq Histoires, discourues
par cinq iournees, en une noble côpagnie, au chasteau
du Printemps ; par Iacque Yuer, Seigneur de Plaisance, et
de la Bigotterie, gentilhomme Poecteuin. *A Paris, Par
Iehan Ruelle*, 1572. In-16, mar. rouge, fil., dos orné, dent.
int., tr. dor. (*Trautz-Bauzonnet.*)

> Coll. 8 ff. liminaires. 395 ff. chiffrés. 4 ff. non chiffrés. 1 f. pour un fleuron
> à la fin.
> Le titre est entouré d'un très élégant ornement. L'exemplaire vient de la
> vente SOLAR. Il a été relié depuis. Le supplément au Brunet cite cet
> exemplaire..

995. RECUEIL DE PLUSIEURS PLAISANTES NOUVELLES, apophteg-
mes, et récréations diverses ; fait Francais par M. Antoine
Tyron, le tout nouvellement mis en lumière pour la récréation
et passe temps de chascun. *A Anvers, chez Henry Heyndricx
au cemitierre nostre dame, à la fleur de lis*, 1578. Pet.
in-8, fig., veau fauve, dos orné. (*Rel. anc.*)

> Exemplaire de CHARLES NODIER.

996. LES CENT EXCELLENTES NOUVELLES de Jean-Baptiste
Giraldy Cynthien, gentilhomme ferrarois, mis d'italien en
françois par Gabriel Chappuys, Tourangeau. *A Paris, pour
Abel l'Angelier libraire juré au premier pilier de la
grande salle du palais*, 1584, *avec privilège*. 2 vol. in-8,

mar. fauve, dos et plats ornés de feuillages, doublés de mar. bleu, dentelle de feuillage à petits fers, tr. dor. (*Trautz-Bauzonnet.*)

Coll. T. 1er. 12 ff. lim. pour la dédicace à Madame la Duchesse de Retz, le privilège et les sommaires. 502 ff. chiffr. pour la préface et le texte.
T. 2e. 12 ff. lim. pour la dédicace à Mgr. le Duc d'Epernon, le privilège et les sommaires. 303 ff. chiffr. pour le texte.
Exemplaire du COMTE DE BÉHAGUE.

997. LES FACÉTIEUSES JOURNÉES, contenant cent certaines et agréables nouvelles, la plus part advenues de nostre temps, les autres recueillies et choisies de tous les plus excellents autheurs estrangers qui en ont escrit, par G. C. D. T. *A Paris, pour Jean Houzé*, 1584. In-8, mar. fauve, dos et milieux ornés de feuillages à petits fers, doublé de mar. bleu, dentelle, tr. dor. (*Trautz-Bauzonnet.*)

Coll. 14 ff. lim. 357 ff. chiffr.
Les Facétieuses journées sont le plus estimé des ouvrages de Gabriel Chappuys, de Tours, et l'un des plus rares de la classe des conteurs.
L'exemplaire est dans une reliure pareille à celle du N° précédent et a appartenu également à M. DE BÉHAGUE.

998. LES NEUF MATINÉES DU SEIGNEUR DE CHOLIÈRES dédiées à Monseigneur de Vendosme. *Paris, Jean Richer, rue Sainct Jean de Latran à l'enseigne de l'arbre verdoyant*, 1585. In-8, mar. rouge, milieux de feuillages, dorure à petits fers, dent. intér., tr. dor. (*Trautz-Bauzonnet.*)

8 ff. limin. 315 pp. chiffrées. Le privilège est au verso de la page 315.
Première édition.
Exemplaire de la bibliothèque de CH. NODIER.

999. LES APRÈS-DISNÉES DU SEIGNEUR DE CHOLIÈRES. *A Paris, chez Jean Richer*, 1588. In-12, mar. rouge, fil., compart. à la Du Seuil, dent. intér., dos orné, tr. dor. (*Bauzonnet-Trautz.*)

8 ff. limin. 240 ff. chiffrés. Le privilège au verso du dernier feuillet est daté de septembre 1586.

1000. LE PREMIER, LE SECOND ET LE TROISIÈME LIVRE des Serees de Guillaume Bouchet, sieur de Brocourt, reveu et augmenté par l'autheur en ceste dernière édition presque de moitié. *A Paris, chez Jérémie Périer*, 1608. 3 vol. pet. in-12, mar. vert, fil., dos ornés, dent. int., tr. dor. (*Trautz-Bauzonnet.*

Cette édition des Sérées, la première complète, la plus belle et la plus estimée, a été imprimée après la mort de l'auteur.
Guillaume Bouchet était de la famille des Bouchet, les grands imprimeurs de Poitiers.

1001. LES CONTES AUX HEURES PERDUES du sieur d'Ouville, ou le Recueil de tous les bons mots, reparties équivoques et autres contes facécieux non encore imprimez. *Paris,*

Toussainct Quinet, 1644. 4 vol. in-8, front., mar. rouge, fil., dos orné, tr. dor. (*Duru.*)

Édition originale.

Première partie. 16 ff. liminaires pour le frontispice, le titre, la table. 539 pp. chiffr. et 1 f. pour le privilège, daté du 20 février 1642.

Deuxième partie. 12 ff. liminaires pour le frontispice, le titre, la table, le privilège. 542 pp. chiffr.

Troisième partie. 12 ff. liminaires pour le frontispice, le titre, la table, le privilège. 400 pp. chiffr.

Quatrième partie. 8 ff. liminaires pour le frontispice, le titre, la table et 1 f. blanc. 383 pp. chiffr., 2 f. pour le privilège.

Le titre de chacun des volumes a une rédaction différente.

Les frontispices ne sont pas signés. Ils semblent avoir été dessinés et gravés par Chauveau.

Antoine Le Metel, S^r d'Ouville, avant de donner ces quatre volumes, avait déjà publié une partie de ces contes en 1641 sous le titre *Elite des Contes du S^r d'Ouville*.

J'ai acheté cet exemplaire à Rome chez Petrucci. C'est un livre rare. Je n'en connais pas d'autre que celui qui a figuré au cat. Tripier et au catalogue Pichon, maintenant dans la bibliothèque de M. DE ROTHSCHILD.

1002. ROGER BONTEMPS EN BELLE HUMEUR, donnant aux tristes & aux affligés le moyen de chasser leurs ennuis, & aux joyeux le secret de vivre toujours contens. *A Cologne, Chez Pierre Marteau (Hollande)*. MDC.LXX [1670]. Pet. in-12, front., mar. rouge, doublé de mar. bleu, dent., dos orné, tr. dor. (*Trautz-Bauzonnet.*)

Haut. 133 millim.

1003. LA COMPAGNIE AGREABLE, contenant toute sorte d'Histoires galantes, Curieux Divertissemens et autres plaisantes Narrations pour chasser la melancholie, Et faire parer [*sic*] agreablement le temps à la campagne. *A Paris, Chez Claude Barbin (Hollande)*, 1685. In-12, front. gravé, mar. vert, fil., dos orné, dent. int.. tr. dor. (*Trautz-Bauzonnet.*)

Exemplaire de VEINANT.

1004. LE FACÉCIEUX RÉVEILLE-MATIN des esprits mélancoliques, ou le remède préservatif contre les tristes. *Paris, Claude Barbin*, 1668. Pet. in-12, mar. bleu, tr. dor. (*Bauzonnet.*)

Édition imprimée en Hollande.

Exemplaire de CIGONGNE.

La bibliothèque Cigongne avait été achetée en bloc par Mgr. le Duc d'Aumale. Mais il céda au libraire Techener un certain nombre de doubles qui sont depuis en circulation.

1005. IL DECAMERON DI G. BOCCACCI. *Amsterdamo (Amst. Elzevier)*, 1665. In-12, mar. brun, fil., doublé de mar. rouge, dent., dos orné, tr. dor. (*Duru.*)

Exemplaire de RACINE, avec sa signature autographe sur le titre.

1006. LES CONTES DE POGGE, Florentin, avec dès réflexions. *Amsterdam, Jean-Fréd. Bernard*, 1712. Pet. in-12, front. gravé, mar. vert, fil., tr. dor. (*Bauzonnet.*)

Édition recherchée et très curieuse pour les facétieuses réflexions qui accompagnent chaque conte. Ces réflexions sont attribuées, par certains bibliographes, à David Durand, par d'autres, à l'éditeur J.-Fréd. Bernard.

OEUVRES DE RABELAIS.

1007. LA VIE TRES HORRIFICQVE DV GRAND GARGANTVA pere de Pantagruel, iadis cōposee par M. Alcofribas, abstracteur de quintessence, liure plein de Pantagruelisme, MDXLII. *On les vend aLyon chez Françoys Juste* — A la fin : — *Imprimé a Lyon par Françoys Juste.* In-16, caract. goth., fig. sur bois, mar. rouge, dos orné, fil., dent. intér., tr. dor. (*Trautz-Bauzonnet.*)

Signé A-T par 8. U par 4 dont un blanc.
Exemplaire de COPPINGER, CLINCHAMP et LA ROCHE LACARELLE.

1008. PANTAGRVEL, ROY DES DIPSODES, restitue a son naturel auec ses faictz et prouesses espouentables, cōposez par feu M. Alcofribas, abstracteur de quinte essence — Pantagrueline prognostication certaine veritable et infaillible, pour lan perpetuel. Nouuellement cōposee au prouffit et aduisement de ĝes estourdis et musars de nature, par maistre Alcofribas, Architriclin du dict Pantagruel. *Lyon, François Juste.* MDXLII [1542]. 1 tome en 2 vol. in-16, caract. goth., fig., mar. bleu, dos orné, fil., dent. intér., tr. dor. (*Trautz-Bauzonnet.*)

Sign. A-S par huit. T par 4 dont un feuillet blanc.
Cette édition du *Pantagruel* se joint à l'édition du *Gargantua* donnée la même année par François Juste.
Cet exemplaire a appartenu à COPPINGER et au baron de LACARELLE. On ne s'explique pas pour quelle raison on a relié à part la Prognostication puisque la pagination suit celle du Pantagruel.

1009. LA PLAISANTE ET JOYEVSE HISTOYRE DV GRAND GÉANT GARGANTVA. Prochainement reuue et de beaucoup augmentée par l'auteur mesme. *A Lyon, ches Estienne Dolet,* 1542. — A la fin : — *Cet œuure fut imprimé l'an de grace Mille cinq cent quarante deux* [1542]. *A Lyon ches Estienne Dolet demeurant pour lors en la rue Mercière, à l'enseigne de la Dolouere D'or.* In-16 de 282 pp., 1 f. non chiffr. et 2 ff. blancs. — Pantagruel, Roy des Dipsodes, restitué à son naturel : auec ses faits et prouesses espouuentables : composés par feu M. Alcofribas, abstracteur de quinte essence. Plus

les merueilleuses nauigations du disciple de Pantagruel,
dict Panurge. *A Lyon, ches Estienne Dolet*, 1542. In-16 de
350 pp. et 1 f. non chiffré. Ensemble 2 parties en un vol.
in-16, fig. sur bois, mar. rouge, comp. de filets, tr. dor.
(*Rel. anc.*)

> La marque de Dolet est accompagnée de sa devise : « *Préserve-moi, O
> Seigneur, des calumnies des hommes* » ; elle se trouve au verso du dernier
> feuillet de la première et de la seconde partie.

1010. La plaisante et joyeuse histoyre du grand Géant
Gargantua, prochainement revue et de beaucoup augmentée
par l'Autheur mesme. *A Valence, chez Claude La Ville*,
1547. — A la fin : — *C'est œuvre fut imprimé lan de grace
mil cinq cent quarante et sept. A Valance, Chez Claude
la ville, demeurant pour lors en la grant Rue tirant à la
place des Clercs auprès l'enseigne du Dauphin.* — Second
livre du Pãtagruel, Roy des Dipsodes, Restitué à son naturel,
avec ses faicts et prouesses espouventables : composés par
M. Franç. Rabelais, Docteur en médecine et Calloier des
Isles Hières. Plus les merveilleuses navigations du disciple
de Pantagruel, dict Panurge. *A Valence, chez Claude La
Ville*, 1547. — Tiers livre Des Faicts et Dicts Heroiques du
Noble Pantagruel, composés par M. Franç. Rabelais, Docteur
en Médecine et Calloier des Iles Hières. Nouvellement
imprimé, reveu et corrigé et de nouveau Istorié. *A Valence,
par Claude La Ville*, 1547. Ensemble trois parties en un
vol. in-16, fig. sur bois, mar. rouge, compart. de filets,
tr. dor. (*Rel. anc.*)

> Coll. 1ʳᵉ partie : 245 pp. chiffr. et 1 f. blanc ; 2ᵉ partie : 303 pp. chiffr. ;
> 3ᵉ partie : 272 pp. chiffrées.
> Cette édition de Valence, qu'il ne faut pas confondre avec la contrefaçon,
> est l'une des plus rares de la collection des éditions de Rabelais.

1011. Le Tiers Livre des Faictz et dictz Heroiqves dv noble
Pantagrvel, côposez par M. Franc. Rabelais, Docteur en
Medecine, et Calloier des Isles Hieres. Reueu et corrige
diligemment depuis les autres impressions. *Auec priuileige
du Roy pour six ans. A Lyon L'an* M. D. XLVII ⌊1547⌋.
In-16 de 295 pp. et 4 ff., dont 1 blanc, pour la fin de la table
et le privilège, mar. rouge, milieux de feuillages, dorure à
petits fers, dent. int., tr. dor. (*Trautz-Bauzonnet.*)

> Édition imprimée par Pierre de Tours.
> Signature A à T par 8. 152 ff. La pagination est incorrecte.
> Le Privilège est du 19 septembre 1545.
> Exemplaire grand de marges. Témoins.

1012. Le Qvart Livre des faictz et dictz Heroiqves dv noble
Pantagrvel. Composé par M. François Rabelais docteur

en Medecine, & Calloier des Isles Hieres. *A Lyon, L'an mil cinq cens quarante et huict* [1548]. In-16 de 54 ff. non chiffrés, et 2 ff. blancs, fig. sur bois, mar. rouge, milieux dorés, dos orné, dent. int., tr. dor. (*Trautz-Bauzonnet.*)

Ce volume, qui sort des presses de Pierre de Tours à Lyon, est une des trois premières éditions du Quart livre données sous la même date. M. de Lignerolles dans une note au crayon écrite sur la garde du volume, a indiqué qu'il le considérait comme étant de la première édition. Nous inclinons à son avis par la raison que l'édition en 48 pages qui passe pour être la première aux yeux de quelques bibliographes nous offre la caractéristique de toutes les réimpressions de livres anciens, un moins grand nombre de pages que les devancières.

Cette édition nous donne la première rédaction du Quart livre de Pantagruel. Elle ne se compose encore que d'un prologue et onze chapitres.

Exemplaire de M. de Lignerolles.

1013. Le Tiers Livre des faicts et dicts Héroiques du bon Pantagruel : composé par Frauç. Rabelais, docteur en Medecine. Reveu, et corrigé par l'Autheur sur la censure antique, l'Autheur susdict supplie les lecteurs bénévoles, soi réserver à rire au soixante et dixhuytième Livre. *A Paris, de l'Imprimerie de Michel Fezandat au Mont S. Hilaire à l'hostel d'Albret,* 1552. *Avec privilège du Roy,* — Le Quart Livre des faicts et dicts Heroiques du bon Pantagruel. Composé par Franç. Rabelais, docteur en Médecine. *A Paris, de l'Imprimerie de Michel Fezandat, au Mont S. Hilaire à l'hostel d'Albret,* 1552. *Avec privilège du Roy.* — A la fin de la Table : — *Achevé d'imprimer le XXVIII de Janvier M.D. L. II* [1553. n. s.]. Deux parties en 1 vol. in-8, mar. citron, dos orné tr. dor. (*Trautz-Bauzonnet.*)

Coll. Tiers livre. Sign. A.-V. par 8 ff., 160 ff. incorrectement chiffrés, 4 ff. non chiffrés dont 1 f. blanc. Les ff. 2 et 3 sont occupés par le privilège en date du 6 août 1550.

Quart livre. Sign. A-X par 8 ff. Les 19 premiers feuillets sont occupés par le titre, la dédicace au cardinal de Chatillon, le Privilège du 6 août 1550, et le prologue qui finit au recto du f. cm. Le numérotage commence au verso de ce f. A la fin, 4 ff. pour la table et un f. blanc.

On trouve dans quelques exemplaires 9 ff. ajoutés après coup, qui contiennent une *Briesve déclaration d'aucunes dictions plus obscures contenues au Quatriesme livre des faicts et dicts héroiques de Pantagruel,* mais le volume est complet sans cette addition.

Ces éditions du Tiers livre en 52 chapitres et du Quart livre en 67 chapitres, donnent pour la première fois le texte complet de Rabelais.

Sur le titre du Tiers livre on trouve la signature de Johanneau, éditeur du Rabelais de Dalibon.

Exemplaire de Coppinger et du baron de Lacarelle.

1014. L'isle sonante, par M. Francoys Rabelays, qui n'a point encore esté imprimée ni mise en lumière : en la quelle est continuée la navigation faicte par Pantagruel, Panurge et autres des officiers, imprimé nouvellement M. D. LXII. [1562]. Petit in-8, mar. rouge, fil., dos orné. (*Rel. anc.*)

Collation. 32 ff. non chiffr. sign. A-H. par 4 ff.

L'Isle sonnante est l'édition originale du cinquiesme livre. Ce premier fragment ne contient que 16 chapitres.

Le 16ᵐᵉ chapitre « *Comment Panurge arriva en l'Isle des Apedeftes à longs doigts et mains crochues* » est une violente satire contre la Chambre des Comptes. Il a été supprimé dans les deux éditions complètes du cinquième livre données en 1564 et 1565.

Exemplaire de la Bibliothèque SUNDERLAND.

1015. LE CINQUIESME ET DERNIER LIVRE DES FAICTS ET DICTS HÉROIQUES DU BON PANTAGRUEL composé par M. François Rabelais, Docteur en Médecine, auquel est contenu la visitation de l'oracle de la Dive Bacbuc, et le mot de la Bouteille pour lequel avoir, est entrepris tout ce long voyage, nouvellement mis en lumière. M.D.LXIIII [1564]. In-16, mar. rouge jans., tr. dor. *(Chambolle-Duru)*.

Coll. 113 ff. chiffr. y compris le titre pour le texte du cinquième livre. 5 ff. non chiffr. pour la table et l'Epigramme : Rabelais est-il mort ? Sign. A-M. par 8 ff. N par 6.

En réalité le vol. ne contient que 102 ff. chiffr. comme l'indique la signature. La pagination est inexacte et saute de 16 à 33.

Ce volume est la première édition complète du cinquième livre. Il contient 47 chapitres ; au verso du dernier feuillet se trouve un épigramme signé *Nature Quite*, anagramme de Jean Turquet.

Jean Turquet était un ami de Rabelais. Quoique son épigramme nous présente Rabelais revivant dans son livre,

     « *Qui le rend entre tous immortel et fait vivre* »

on a prétendu que ce cinquième livre n'était qu'un pastiche écrit par Turquet lui-même.

L'attribution à Rabelais était contestée déjà à l'époque où Le Duchat donna son édition ; après avoir longuement discuté la question il conclut en faveur de Rabelais.

Dans cette édition les éditeurs ont supprimé le 16ᵐᵉ chapitre qui terminait l'Isle sonnante, parue en 1562 et qui leur avait sans doute paru dangereux.

Le Duchat n'a pas connu cette rarissime édition de 1564, il n'a vu que celle de 1565.

Exemplaire de TASCHEREAU, SELLIÈRE et H. BORDES.

1016. LES ŒVVRES DE M. FRANÇOIS RABELAIS, Docteur en Medecine, contenans la vie, faictz & dicts Heroïques de Gargantua & de son fils Pantagruel. Auec la Prognostication Pantagrueline. M.D.LVI [1556]. *S. l.*, in-16, mar. citron, fil., mosaïque de mar. bleu, doublé de mar. bleu, comp. de feuillages, dorure au pointillé, tr. dor. *(Cuzin.)*

Coll. 740 pp. chiffr. et 14 ff. non chiffr. pour la table et la Brière déclaration.

Deuxième édition collective des Œuvres de Rabelais avec une pagination suivie. Elle est imprimée en très petits caractères ronds.

L'exemplaire est dans une reliure à compartiments de mosaïque, très bien exécutée par Cuzin.

Exemplaire de la vente DELBERGUE-CORMONT.

1017. LES ŒUVRES DE M. FRANÇOIS RABELAIS, Docteur en Medecine. Dont le contenu se voit à la page suivante. Augmentées de la vie de l'Auteur et de quelques

Remarques sur sa vie & sur l'histoire. Avec l'explication de tous les mots difficiles. M. DCLXIII. [1663]. *S. l.* (*Amsterdam, Louis et Daniel Elzevier*). 2 vol. pet. in-12, mar. vert, dent. sur les plats, doublé de tabis. (*Derome.*)

> Exemplaire de M. Renouard qui a écrit sur la garde un numéro d'ordre. Haut. 182mm.

1018. ŒUVRES DE MAÎTRE FRANÇOIS RABELAIS publiées sous le titre de Faits et Dits du Géant Gargantua et de son fils Pantagruel, avec la Prognostication Pantagrueline, l'Epître du Limosin, la Crême Philosophale et deux Epîtres à deux Vieilles de mœurs et d'humeurs differentes. Nouvelle Edition. Où l'on ajoute des remarques Historiques & Critiques sur tout l'Ouvrage : le vrai Portrait de Rabelais; la Carte du Chinonnois ; le dessein de la Cave peinte ; & les differentes vues de la Devinière, Metairie de l'Auteur. *Amsterdam, H. Bordesius*, 1711. 6 tomes en 5 vol. in-8, front. gravé et fig., mar. bleu, fil., dos ornés, doublés de mar. citron, dent., tr. dor. (*Thibaron-Joly.*)

> Exemplaire tiré sur GRAND PAPIER.
> Édition donnée par Le Duchat. Elle contient les remarques de La Monnoye.
> La reliure de Thibaron est excellente. Thibaron était un ancien ouvrier de l'atelier de Bauzonnet-Trautz et il en avait conservé les bonnes traditions.

1019. LES SONGES DROLATIQVES DE PANTAGRVEL, ou sont contenues, plusieurs figures de l'inuention de maistre François Rabelais; & derniere œuure d'iceluy, pour la recreation des bons esprits. *A Paris, Par Richard Breton...* M. D. LXV [1565]. In-8 de 4 ff. lim., dont un blanc, et 60 ff. non chiffrés, fig. sur bois, mar. rouge, fil., dos orné, tr. dor. (*Rel. anc.*)

> Ce livre singulier et des plus rares se compose de 120 figures grotesques qui, si elles ne sont pas de Rabelais, comme le dit le titre, ont été au moins inspirées par ses œuvres.
> La reliure paraît avoir été faite par Bozérian, qui a adapté sur les plats extérieurs la couverture d'une reliure du XVIIe siècle, richement dorée à petits fers, dans le style de Le Gascon.
> Exemplaire du marquis de GANAY.

1020. LES EPISTRES DE MAISTRE FRANÇOIS RABELAIS, docteur en médecine, escrites pendant son voyage d'Italie, nouvellement mises en lumière avec des observations historiques (par MM. do Sainte-Marthe), et l'abrégé de la vie de l'autheur. *Paris, Charles de Sercy*, 1651. In-8, vélin.

Romans français du XVIIe siècle.

1021. L'ASTRÉE DE MESSIRE HONORÉ D'URFÉ,.. où par plusieurs histoires, et sous personnes de Bergers et d'autres, sont

.deduits les divers effects de l'honneste Amitié, 1re partie. *Paris, Remy Dallin,* MDCXVIII [1618], 2e et 3e parties. *Lyon Simon Rigaud,* MDCXXXI [1631]. 4e partie, *Paris, Anthoine de Sommaville,* MDCXXXII [1632]. 5e partie, *Paris, François Pomeray,* MDCXXX [1630]. 5 vol. in-8, titres, frontispices gravés par Léonard Gaultier, mar. rouge, compart., tr. dor., chiffre sur mar. bleu, incrusté au centre des compart. (*Le Gascon.*)

> Au chiffre de Henri-Louis HABERT DE MONTMOR, membre de l'Académie française, mort en 1679.
> Exemplaire de YEMENIZ.

1022. HISTOIRE DES AMOURS DE HENRY IV. Avec diverses Lettres escrites à ses maistresses, et autres Pièces curieuses. *A Leyde, Chez Jean Sambix,* 1664. 2 parties en un vol. pet. in-12, mar. bleu jans., coins et dos fleurdelisés, dent. int., tr. dor. (*Trautz-Bauzonnet.*)

> Haut. 131 millim.

1023. LES AVANTURES DU BARON DE FÆNESTE, troisième partie. Ensemble les première et seconde, revues, corrigées et augmentées par l'autheur de plusieurs contes. *A Maillé, par I. M. (Jean Moussat), imprimeur ordinaire de l'autheur,* 1619. In-8, mar. rouge jans., tr. dor. (*Cuzin.*)

> Première édition de la troisième partie. L'ouvrage n'est pas encore divisé par chapitres comme dans l'édition de 1630 où paraissent les quatre parties réunies.
> Dans cet exemplaire, à la page 158, une main du temps a ajouté un quatrain fort irréligioux qui n'a paru que dans l'édition de 1630.
> Les deux premières parties avaient été publiées en 1617.

1024. LES AVANTURES DU BARON DE FÆSNESTE. Comprinses en quatre parties. Les trois premieres reveues, augmentees & distinguees par Chapitres. Ensemble la Quatriesme Partie nouvellement mise en lumiere. Le tout par le mesme Autheur (Th. Agrippa d'Aubigné). *Au Dezert, Imprimé aux despens de l'Autheur.* M.DC.XXX [1630]. In-8 de 6 ff. lim. et 308 pp., mar. citron, fil., dos orné, doublé de mar. rouge, dent., tr. dor. (*Cuzin.*)

> Première édition complète des quatre parties réunies.
> Imprimé à Genève par *Pierre Aubert.*

1025. LES AVANTURES DU BARON DE FÆNESTE par Théodòre Agrippa d'Aubigné, nouvelle édition augmentée de Remarques historiques (par Le Duchat), de l'Histoire secrète de l'auteur écrite par lui-même, etc. *Amsterdam,* 1731. 2 vol. in-12, frontispice gravé, veau fauve.

> Exemplaire du PRINCE DE SOUBISE.

1026. Histoire de Jeanne Lambert d'Herbigny, marquise de Fouquesolle (*sic*). *Sans indication de lieu ni de date.* Pet. in-8, mar. bleu jans., doublé de mar. rouge, dent. int., tr. dor. (*Cuzin.*)

Exemplaire du marquis de Coislin, provenant de la vente de M. M. faite en avril 1846.

Nous reproduisons la note du catalogue de cette vente.

« Ce livre paraît avoir échappé jusqu'ici à l'attention de tous les » bibliographes ; et cela est d'autant plus remarquable, que mademoiselle de » Montpensier en parle deux ou trois fois dans ses Mémoires. Il a pour » auteurs Mademoiselle, la comtesse de Frontenac et le comte de Fiesque. » C'est un recueil de pièces satiriques, en prose et en vers, composées à » l'occasion de la rupture entre madame de Fouquerolles et Mademoiselle. » Il complète, à quelques égards, les *Mémoires* de cette princesse. Écrit de » 1650 à 1653, il a été imprimé à Saint-Fargeau pendant le cours de cette » dernière année. Mademoiselle était exilée alors. « Je fis venir, dit-elle, un » imprimeur d'Auxerre, pour imprimer la Vie de madame de Fouquerolles, » une Lettre du royaume de la lune et quelques vers de madame de » Frontenac. C'était un grand secret, il n'y avait que madame de Frontenac, » Préfontaines, son commis et moi qui voyions l'imprimeur... » *L'histoire de* » *Jeanne Lambert* réunit toutes les conditions qui font rechercher un livre : » une origine illustre, l'originalité, la rareté, l'intérêt historique. »

Nous ajouterons, pour expliquer la rareté de ce livre et le silence gardé à son égard par les écrivains du temps, qu'il ne dut être tiré qu'à un petit nombre d'exemplaires, et que, sans doute, Mlle de Montpensier en fit détruire la plus grande partie. Au moment de rentrer en faveur à la cour, elle devait craindre que ce livre tombât sous les yeux de la reine mère, qui n'eût pas été charmée de la manière dont il y était parlé *du Mazarin.* Un des griefs de Mademoiselle contre Mme de Fouquerolles était que cette dernière servait d'espion au cardinal près de la princesse.

L'exemplaire que nous décrivons est celui de la vente Coislin amélioré notablement au moyen d'un autre exemplaire incomplet qu'avait trouvé le libraire Claudin. Il m'a vendu les deux exemplaires et j'ai, sans regret, fait le sacrifice de la *riche reliure en mar. vert de Koehler* qui recouvrait celui de la vente Coislin. Il n'y a de cette curiosité littéraire que deux exemplaires connus : celui-ci et celui qui appartient au comte de Boisgelin, le propriétaire du château de Saint-Fargeau.

Coll. 221 pp. chiffrées y compris le titre.

1027. Les Nouvelles Françoises, ou les Agréables Divertissemens de la princesse Aurélie (par Segrais). *Paris, Ant. de Sommaville*, 1656. 2 vol. pet. in-8, front. gravé, mar. rouge, fil., dos orné, tr. dor. (*Cuzin.*)

Édition originale. Segrais n'a été que le rédacteur de ces nouvelles, qui furent racontées par diverses personnes à la cour de Mlle de Montpensier, à Saint-Fargeau. Mademoiselle est ici désignée sous le nom de la princesse Aurélie.

T. Ier. Frontispice indépendant. 6 ff. lim. pour le titre, la dédicace à la duchesse d'Epernon, le privilège, 493 pp. chiffr. pour les deux premières nouvelles, 224 pp. chiffr. pour la troisième nouvelle.

T. II. Titre spécial indépendant. Suite des divertissemens de la princesse Aurélie. 1 f. qui se replie, pour la Clef des Nouvelles françaises. 256 pp. chiffr. pour la quatriesme nouvelle. 290 pour la cinquiesme, 154 pour la sixième. 2 ff. pour le privilège, 1 f. blanc.

1028. La Relation de l'Isle imaginaire et l'histoire de la

Princesse de Paphlagonie. *S. l.* 1659. In-8, veau brun. (*Rel. anc.*)

Coll. 1 f. blanc. 1 f. de titre. 4 ff. pour une épître à la présidente de Pontac. 2 ff. pour une épitre, au sieur de Bussillet, chevalier d'honneur au parlement de Dombes, et 166 pp.

La Relation de l'isle imaginaire est de Mlle de Montpensier. Le Segraisiana nous apprend qu'elle fut imprimée à Bordeaux par les soins de Segrais et tirée seulement à 100 exemplaires pour être distribuée en cadeaux. La Présidente de Pontac à qui le livre est dédié était la sœur de l'infortuné de Thou exécuté comme complice de Cinq-Mars.

A la fin, et d'une écriture du temps, se trouve une clef. L'exemplaire a appartenu à Duvivier et porte sa signature sur le titre.

1029. Divers Portraits. *Imprimé en l'année* 1659. In-4, front. gravé, veau fauve, dos fleurdelisé, armoiries sur les plats. (*Rel. anc.*)

Coll. 8 ff. préliminaires (y compris le frontispice gravé représentant une Renommée), un titre imprimé sur lequel sont gravées les armes de la Grande Mademoiselle, 342 ff. pour le texte et 3 ff. pour la table et l'errata. 59 portraits, dont 16 sont de la Princesse.

Ce volume est de la plus grande rareté. Voy. le *Segraisiana*. Paris, 1721, in-12, pag. 154 et 155.

« J'ai aussi fait imprimer (pour Mademoiselle), avec M.***, un autre ouvrage qui est un recueil de portraits de différents personnages; on n'en a tiré que 30 exemplaires, et, afin qu'on n'en tirât pas davantage, nous étions présents lorsque l'on tirait chaque feuille, et, à la 30e, nous faisions rompre la planche, de sorte qu'il n'a pas été possible à l'imprimeur d'en tirer un plus grand nombre... »

C'est par erreur que l'on a fait des trois recueils de portraits édités par de Sercy, des éditions successives du recueil de Mademoiselle de Montpensier. Le recueil publié par de Sercy est un autre livre qui n'a de commun avec celui-ci que le sujet. (Voir *Bulletin du Bibliophile*, année 1889, *page* 447).

Mlle de Montpensier possédait deux exemplaires de son livre, l'un en maroquin rouge et l'autre en veau. Ils étaient tout deux à la Bibliothèque nationale. Le second exemplaire en est sorti par échange, c'est celui que nous décrivons ici.

Aux armes de Mademoiselle de Montpensier.

1030. Recueil des Portraits et Éloges en vers et en prose. Dédié à son Altesse Royalle Mademoiselle. *A Paris, chez Ch. de Sercy et Cl. Barbin*, 1659. In-8 de 912 pages, relié en 2 volumes, mar. citron, dos orné, fil., tr. dor. (*Trautz-Bauzonnet.*)

Portrait de Mademoiselle ajouté.

Le premier volume est orné d'un frontispice portant ces mots : *La Galerie des peintures, ou recueil des portraits, en vers et en prose.*

A la fin de chaque volume de cet exemplaire se trouve une table manuscrite d'une écriture du temps.

Première partie. 16 ff. préliminaires : le frontispice gravé par Chauveau, le titre, la dédicace à Mademoiselle, la préface, les libraires aux lecteurs et l'extrait du privilège daté du 12 octobre 1659, le texte 454 pp.

Deuxième partie : 1 titre, suite du texte de la page 455 à la page 912.

Cette édition est la première du recueil édité par Sercy et Barbin. Elle diffère notablement du recueil imprimé par les soins de Segrais à Caen, qui n'a eu qu'une édition.

Le volume de Sercy et Barbin a paru en même temps que l'in-4 de Caen. Il se ressent de la précipitation avec laquelle il a été composé. Les libraires se sont hâtés de paraître pour profiter du mouvement de curiosité provoqué par ce qui se disait du volume de Mademoiselle tiré pour un petit nombre de privilégiés. Quelques-uns des portraits du recueil de Caen se trouvent dans celui de Sercy. Ils circulaient dans les ruelles ; mais, dit M. Cousin (*Madame de Sablé*, page 48), « ils sont en quelque sorte noyés dans une foule de portraits de personnages vulgaires. »

Sercy et Barbin ont donné deux autres éditions de leur recueil en 1660 et en 1663.

1031. RECUEIL DES PORTRAITS ET ÉLOGES EN VERS et en prose, dédié à S. A. R. Mademoiselle. *Paris, Ch. de Sercy et Cl. Barbin,* 1660. 2 tomes en 1 vol. in-8, mar. rouge, tr. dor. (*Cuzin.*)

Deuxième édition du recueil de Sercy en deux parties, avec pagination distincte.

Première partie : 325 pp. chiffr. et un f. blanc.

Deuxième partie : 309 pp. chiffr. et un f. blanc.

Cet exemplaire présente une particularité difficile à expliquer. Le titre de la première partie porte la date de 1660, et le titre de la seconde partie porte la date de 1659, et cependant en le comparant avec le titre de la seconde partie de l'éd. première on reconnaît que ce n'est pas le même titre, mais un titre composé et tiré à nouveau.

1032. LA GALERIE DES PEINTURES ou Recueil des portraits et éloges en vers et en prose contenant les portraits du Roy, de la Reyne, des Princes, Princesses, Duchesses, Marquises, Comtesses et autres seigneurs et dames les plus illustres de France ; la plus part composés par Eux mêmes, dediée à Son Altesse Royale Mademoiselle. *A Paris, chez Ch. de Sercy,* 1663. 2 vol. in-12, mar. rouge jans., dent. intér., tr. dor. (*Cuzin.*)

Ce nouveau recueil est divisé en deux parties avec pagination suivie de 1 à 779.

Le premier volume a 14 ff. liminaires y compris le front. de Chauveau, représentant la Galerie des Peintures, qui a déjà servi pour le recueil de Sercy daté de 1659, et 336 pp. pour le texte.

Le deuxième vol. a 4 ff. lim. pour le titre et la table et 443 pp. pour le texte.

Ce recueil contient le même nombre de portraits que les précédents publiés par Sercy et Barbin, mais leur classement est différent et plusieurs ont été remplacés par d'autres.

Le plus intéressant parmi les nouveaux portraits est celui du Duc de la Rochefoucauld.

Le privilège est le même que pour le recueil paru en 1659.

1033. LE ROMANT COMIQUE. [Par Scarron]. *A Paris, Chez Toussainct Quinet et Guillaume de Luyne,* 1651-1657. 2 vol. in-8, front., mar. citron, dos orné, tr. dor. (*Mercier.*)

Édition originale.

Le premier volume est à la date de 1651. Le supplément au Brunet, T. II, col. 609, signale cette première édition du Roman comique comme étant d'une excessive rareté.

Le second volume à la date de 1657 est aussi en édition originale.

1034. LE ROMAN BOURGEOIS. Ouvrage comique. [Par Furetière]. *A Paris, Chez Théodore Girard,* 1666. In-8, front. gravé, mar. bleu, dent. int., tr. dor. (*Trautz-Bauzonnet.*)

> Édition originale.
> Coll. 7 ff. liminaires, 1 frontispice gravé tiré sur un f. séparé, 1 titre, 5 ff. avis au lecteur et extrait du privilège, 700 pp. chiffrées pour le texte.

1035. HISTOIRE AMOUREUSE DES GAULES. [Par Bussy Rabutin]. *S. l. n. d.* [*Bruxelles, Fr. Foppens,* 1666]. Pet. in-12 de 1 f. pour le front. gravé et 246 pages, mar. rouge, dos orné, dent. int., tr. dor. (*Duru.*)

> Le cantique se trouve après la page 246 sur un f. non chiffré. A la suite, 6 ff. non chiffrés pour la copie d'une lettre écrite au Duc de Saint-Aignan par le comte de Bussy le 12 novembre 1665.
> Coll. 1 f. pour le frontispice à la Renommée, 246 pp., 7 ff. non chiffrés pour le cantique et la lettre.
> Haut. 128 millim.
> Exemplaire du BARON PICHON.

1036. LES POURTRAICTS DE LA COUR pour le présent. C'est a dire du Roy, des Princes et de Ministres d'Estat et autres. *Cologne (Hollande),* 1667. In-12, mar. citron, fil., dos orné, tr. dor. (*Trautz-Bauzonnet.*)

1037. LA VRAYE HISTOIRE COMIQUE DE FRANCION. Composée par Nicolas de Moulinet, Sieur du Parc, Gentilhomme Lorrain. Soigneusement reveue et corrigée par Nathanaël Duëz. *A Leyde et Rotterdam, Chez les Hackes,* 1668. 2 vol. pet. in-12, front. et fig., mar. rouge, fil., dos ornés, dent. int., tr. dor. (*Bauzonnet-Trautz.*)

> Haut. 132 millim.
> Exemplaire de la bibliothèque DE FRESNE.

1038. LETTRES PORTUGAISES traduites en François. *A Paris, Chez Claude Barbin,* 1669. Pet. in-12, mar. rouge, fil., tr. dor.

> Édition originale.
> 3 ff. liminaires, 1 titre, 2 ff. au lecteur, 182 pp. chiffrées, 1 f. pour le privilège.
> Ce petit volume se compose de cinq lettres attribuées à une religieuse portugaise nommée MARIANNE ALCAFORADA. Ces cinq lettres passent pour avoir été traduites et publiées par l'avocat SUBLIGNY. On suppose également qu'elles avaient été adressées à un gentilhomme français qui servait en Portugal, M. de Chamilly, mort maréchal de France en 1715.
> *En édition originale on ne connaît point de petit classique plus rare.* (Cat. Nodier. n° 788.)

1039. LETTRES PORTUGAISES traduites en françois. Seconde édition. *A Paris, chez Claude Barbin,* 1669. In-12, mar. bleu, dos orné, fil., dent. int., tr. dor. (*Duru.*)

> Cette édition a paru sous la même date que la première, mais ce n'est

point la même impression avec un titre nouveau, comme le croyait Nodier.
(*Cat. Nodier, n° 788*). C'est bien une réimpression plus correcte.

1040. LETTRES PORTUGAISES. *Paris, Delance*, 1796. 2 vol. in-12,
fig., mar. rouge, fil., tr. dor., doublé de tabis. (*Bozérian.*)

> Exemplaire imprimé sur VÉLIN.

1041. LA PRINCESSE DE MONTPENSIER (par Madame de La Fayette).
A Paris, Chez Charles de Sercy, 1662. In-12, mar. bleu,
fil., dent. int., tr. dor. (*Trautz-Bauzonnet.*)

> Édition originale.
> 4 ff. liminaires. Titre. Avis au lecteur. Privilège. 142 pp. pour le texte.

1042. ZAYDE, HISTOIRE ESPAGNOLE, par M. de Segrais (par
Madame de La Fayette), avec un Traitté de l'Origine des
romans, par M. Huet. *Paris, Cl. Barbin*, 1670-1671. 2 vol.
pet. in-8, réglés. mar. rouge jans., doublé de mar. rouge,
dent., tr. dor. (*Boyet.*)

> Édition originale.
> Exemplaire du BARON PICHON.

1043. ZAYDE, HISTOIRE ESPAGNOLE, par M. de Segrais (Mme de
La Fayette), avec un traité de l'Origine des romans, par
M. Huet. *Suivant la copie imprimée à Paris (Amsterdam,
Abr. Wolfgang, au Quærenlo)*, 1671. 2 tom. en 1 vol. pet.
in-8, front., mar. rouge jans., dent. int., tr. dor. (*Duru.*)

> Coll. T. Ier. Frontispice gravé par Romain de Hooghe, titre. 32 ff.
> chiffrés pour la lettre de Huet à Ségrais, 154 pp. chiffrées pour le texte,
> 1 f. blanc au cohier K.
> T. II. 1 titre et 164 pp. chiffr.
> Cette édition parut en Hollande en même temps que celle de Barbin.

1044. LA PRINCESSE DE CLÈVES (par Mme de la Fayette). *Paris,
Cl. Barbin*, 1678. 4 tomes en 2 vol. in-12, mar. bleu, fil., dos
orné, tr. dor. (*Trautz-Bauzonnet.*)

> Cet exemplaire a appartenu à Madame de SÉVIGNÉ. Il porte sur le feuillet
> de garde son nom signé au-dessous des mots : du CABINET DES ROCHERS.
> Cet exemplaire avait été cédé à M. DE MONTALIVET par le marquis de Flers,
> grand amateur d'autographes.

1045. MÉMOIRES DU COMTE DE GRAMMONT, par le comte
Antoine Hamilton, nouvelle édition augmentée de notes,
par M. Horace Walpole. *Strawberry-Hill*, 1772. In-4, portr.,
mar. rouge, fil., tr. dor.

> Sur la garde, d'une écriture ancienne, on lit la note suivante : « Cette
> édition est plus belle et plus correcte que celle de 1763 imprimée également
> à Strawberry-Hill. Elle est fort rare parce que le peu d'exemplaires qu'on
> en a tirés ont été donnés en présent. Vendue 181 fr. à l'hôtel de Bullion
> en 1786.»
> Exemplaire de FIRMIN-DIDOT. (Vente de 1811.)

1046. RECUEIL DE PIÉCES CURIEUSES ET NOUVELLES, tant en prose qu'en vers. *A La Haye, chez Adrien Moetjens, marchand libraire, près la cour à la librairie Française.* 1694-1701. 5 vol. in-12, veau. (*Rel. anc.*)

> Ces cinq volumes contiennent chacun six parties. Chacune de ces six parties a un titre sous des dates différentes et une table spéciale. Elles ont été publiées de 1694 à 1701.
>
> On trouve dans cette publication périodique plusieurs pièces de Perrault. C'est là qu'ont paru ses contes en prose, dans le T. V., deuxième et quatrième parties, 1696, 1697. Quelques bibliographes considèrent ce recueil comme donnant la véritable édition originale des contes de Perrault. Ceci n'est pas douteux pour le conte de la Belle au bois dormant qui est daté de 1696. On ne peut être aussi affirmatif pour les autres contes qui portent la même date que l'édition de Paris, 1697. Il est possible cependant que Perrault en ait donné la primeur au recueil de Moetjens et qu'ils aient paru avant l'édition de Paris dans la même année.

1047. HISTOIRES OU CONTES DU TEMPS PASSÉ. Avec des Moralitez. *A Paris, Chez Claude Barbin, sur le second peron de la Sainte-Chapelle au palais. Avec Privilege de sa Majesté.* 1697. In-12, mar. bleu, fil., dos orné, tr. dor. (*Bauzonnet.*)

> Édition originale.
> Coll. 1 front. gravé par Clouzier. 4 ff. non chiffr. pour le titre et la dédicace à Mademoiselle. 229 pp. chiffr. pour le texte des Contes. 3 pp. non chiffr. pour la Table et le Privilège.
> Le Privilège est du 28 octobre 1696.
> En tête de chaque Conte se trouve une vignette gravée.
> Cet exemplaire n'a pas le feuillet d'errata ajouté après coup à quelques exemplaires et qui ne se rattache pas au dernier cahier. On a relevé des différences de texte sans importance entre les exemplaires qui n'ont pas l'errata et ceux où il a été placé.
> Exemplaire de CH. NODIER.

1048. HISTOIRES OU CONTES DU TEMPS PASSÉ. Avec des Moralitez. Par le Fils de Monsieur Perreault de l'Académie françoise. *Suivant la copie, A Paris (Amsterdam),* 1697. Pet. in-12, mar. bleu, fil., doublé de mar. citron, dent., tr. dor. (*Trautz-Bauzonnet.*)

> Collation. 4 ff. préliminaires pour le frontispice, le titre, l'épître à Mademoiselle. 176 pp. pour le texte et la table.
> Le frontispice et les 8 vignettes sont les copies réduites des figures de l'édition de Paris.

1049. HISTOIRES OU CONTES DU TEMPS PASSÉ. Avec des Moralitez. *A Trévoux, De l'Imprimerie de S. A. Seren. Mons. Prince Souverain de Dombe,* 1697. In-12, mar. rouge, dos orné, dent. int., tr. dor. (*Trautz-Bauzonnet.*)

> Collation. 4 ff. liminaires pour le titre et l'épître à Mademoiselle. 180 pp. chiffrées pour le texte. 1 f. pour la table, 1 f. blanc complément du cahier H.
> Cette édition est faite sur celle de Paris avec errata. Elle reproduit l'orthographe de Pentoufle au lieu de Pantoufle dans Cendrillon.
> Les vignettes placées en tête des Contes sont étrangères au sujet. Ce sont des bois qui avaient servi pour un calendrier.

Cette édition est rarissime. Je n'en connais pas d'autre exemplaire. M. de Lignerolles l'avait achetée au libraire Troos et fait relier.

Le dos est orné d'un fer spécial gravé pour les diverses éditions des Contes de Perrault qui se trouvaient dans sa collection.

Exemplaire de M. DE LIGNEROLLES.

1050. CONTES DE MONSIEUR PERRAULT. Avec des Moralitez. *A Paris, Chez la veuve Barbin*, 1707. In-12, front. et fig. à mi-page de Clouzier, mar. rouge, dos orné, dent. int., tr. dor. (*Trautz-Bauzonnet*).

Réimpression, page pour page, de l'édition originale de 1697, avec le même frontispice et les mêmes vignettes.

Reliure au Chat botté.

Exemplaire de M. DE LIGNEROLLES.

1051. CONTES DES FÉES, Par Ch. Perrault, de l'Académie Françoise. Nouvelle édition, dédiée à S. A. S. Mgr. le Duc de Montpensier. *A Paris, Chez Lamy, libraire, quai des Augustins*, 1781. In-12. — Griselidis, Peau d'Ane et les Souhaits ridicules. *A Paris, Chez Lamy*, 1781. In-12. — Ensemble 2 vol. in-12, mar. vert, large dent., dos orné, doublés de tabis, tr. dor. (*Rel. anc.*)

Exemplaire tiré sur PAPIER DE HOLLANDE, orné d'une très élégante reliure de DEROME.

Coll. Première partie. 16 ff. préliminaires pour le frontispice, le titre, la dédicace, le précis de la vie de Perrault et l'analyse des contes.

279 pp. chiffrées pour le texte.

Deuxième partie. Faux-titre, titre, texte, privilège. En tout 149 pp. chiffr.

Les vignettes de la première partie sont celles qui avaient déjà été placées dans l'édition de 1742.

Celles de la seconde partie sont nouvelles et signées *Martinet*.

1052. LA MARQUISE DE SALUSSES ou la Patience de Griselidis. Nouvelle. *A Paris, De l'imprimerie de J.-B. Coignard, imprimeur du Roy et de l'Académie française, rue St-Jacques, à la Bible d'or. Avec privilège*, 1691. In-12, mar. bleu, tr. dor. (*Mercier.*)

Édition originale.

Coll. 1 f. blanc, le titre, 58 pp. chiffr.

1053. SUITE DU QUATRIÈME LIVRE de l'Odyssée d'Homere, ou les Avantures de Telémaque, fils d'Ulysse. *A Paris, chez la veuve de Claude Barbin*, 1699. *Avec Privilège du Roy*. In-12, mar. brun jans., tr. dor. (*Capé.*)

Coll. 4 ff. lim. 208 pp. Le Privilège est du 6 avril 1699.

Ce volume renferme le premier essai de publication des Aventures de Télémaque. L'impression du roman fut suspendue alors que 208 pp. seulement étaient composées ; ce fragment fut publié tel quel par la veuve de *Claude Barbin*. Deux éditions différentes, portant toutes deux le nom de la veuve Barbin, avec le même nombre de pages, furent publiées en cette année 1699 ; laquelle des deux est la première ? on paraît opter, pour celle dont le titre courant porte *Odicée* jusqu'à la p. 120, *Odissé* jusqu'à la p. 169 et *Odyssée* jusqu'à la fin. C'est celle que nous venons de décrire.

1054. Suite du Quatrième livre de l'Odyssée d'Homère, ou les Avantures de Télémaque, fils d'Ulysse. *Paris, veuve de Claude Barbin*, 1699. 208 pages. — Seconde partie des Avantures de Télémaque, *S. l.*, 1699. 230 pages. — Troisieme partie, *S. l.*, 1699. 204 pages. — Quatrieme partie, *S. l.*, 1699. 215 pages. — Cinquième partie, *S. l.*, 1699. 208 pages. 5 vol. in-12, mar. brun jans., tr. dor.(*Mercier*).

> Édition originale.
> La première partie de ce recueil est d'une édition différente de celle que nous venons de décrire au n° précédent. Elle se reconnaît au fleuron du titre qui représente un terme accoté de rinceaux et de guirlandes.
> Aucune des quatre dernières parties n'a de nom de lieu. Elles ont été imprimées clandestinement en France.
> La réunion de ces cinq parties, qui constitue l'édition originale du Télémaque, est fort rare.

1055. Les Avantures de Télémaque, fils d'Ulysse, par Fr. de Salignac de la Motte-Fénelon. Première édition conforme au manuscrit original. *A Paris, chez Florentin Delaulne*, 1717. 2 vol. in-12, portr. et fig., mar. rouge, fil., dos orné, tr. dor. (*Capé.*)

> Première édition à pagination suivie.
> Coll. T. Ier. Frontispice avec le portrait de Fénelon par *Duflos*, titre, 58 pp. chiffr. pour l'épître au Roi, l'avertissement et le discours sur la poésie épique, 7 ff. non chiffrés pour l'approbation et les sommaires des chapitres, 492 pp. chiffr. pour le texte. 12 gravures par *Bonnart*.
> T. II. 8 ff. liminaires non chiffrés pour le frontispice, le titre et les sommaires des chapitres, 472 pp. chiffr. pour le texte, 1 carte des voyages de Télémaque, 4 ff. pour l'ode et le privilège. 12 gravures par *Bonnart*.
> Cette édition a été donnée par le Marquis de Fénelon, ambassadeur en Hollande et neveu de l'archevêque de Cambrai, d'après les manuscrits de son oncle.
> C'est au Marquis de Fénelon que le privilège en date du 6 avril 1717 a été accordé.
> On a ajouté à l'exemplaire un billet autographe de Fénelon à son neveu, daté de 1704.
> Exemplaire du duc de Valentinois qui a signé son nom au bas du titre.

1056. Six lettres écrites à un ami, sur le sujet des nouvelles Avantures de Télémaque. *S. l. n. d.* (1700). Pet. in-12, demi-rel. veau.

1057. Critique générale des Avantures de Télémaque (par Gueudeville). *Cologne, les héritiers de P. Marteau*, 1700-1701. 2 vol. pet. in-12, fig., mar. bleu, fil., tr. dor. (*Rel. anc.*)

> Aux armes de Machault d'Arnouville.

1058. La Télémacomanie, ou la censure et critique du roman intitulé les Avantures de Télémaque (par Faydit). *Eleutero-pole*, 1700. In-8, veau granit.

1059. Maximes morales et politiques tirées de Télémaque, imprimées par Louis-Auguste, Dauphin. *Versailles, de l'imprimerie de M. le Dauphin, dirigée par A. M. Lottin*, 1766. Pet. in-8, veau brun, tr. dor. (*Rel. anc.*)

On prétend que ce livre, imprimé par Louis XVI, n'a été tiré qu'à 25 exemplaires.

Romans français du XVIIIᵉ siècle.

1060. Le Diable boiteux. (Par Le Sage.) *A Paris, Chez la Veuve Barbin*, 1707. In-12, front., mar. vert, fil., dos orné, dent. int., tr. dor. (*Motte.*)

Édition originale.
1 frontispice, 4 ff. préliminaires, 314 pp. chiffrés pour le texte, 4 ff. non chiffrés.
H. 162ᵐᵐ.

1061. Histoire de Gil Blas de Santillane par Monsieur Le Sage. Enrichie de figures. *Paris, P. Ribou*, 1715. 2 vol. in-12. — Histoire de Gil Blas de Santillane par M. Le Sage Tome III. Edition nouvelle. *Paris, veuve Pierre Ribou*, 1724. In-12. — Histoire de Gil-Blas de Santillane. Par M. Le Sage. Tome IV. *Paris, P.-J. Ribou*, 1735. In-12. Ens. 4 vol. in-12, fig., mar. rouge, dos orné, fil., tr. dor. (*Cuzin.*)

Véritable édition originale du roman de Le Sage, parue en trois fois et à des intervalles éloignés. La réunion de ces divers volumes est rare.
Les figures sont au nombre de 35. Elles sont de Dubercelle qui n'a signé que celles du Tome 4.
Collation T. 1ᵉʳ, 6 ff. liminaires dont 1 f. blanc avant le titre, 394 pp. chiffr. pour le texte, 1 f. pour l'errata. 9 figures.
T. II. 4 ff. liminaires, 385 pp. chiffr., 10 figures.
T. III. 4 ff. liminaires, 362 pp. chiffr., 1 f. d'errata, 8 figures.
T. IV. 4 ff. liminaires, 347 pp. chiffr. 2 ff. non chiffrés dont le dernier blanc. 8 figures.
Exemplaire très grand de marges. Nombreux témoins. Haut. 162ᵐ.

1062. Histoire de Gil Blas de Santillane, par M. Le Sage. Dernière Edition revue et corrigée. *A Paris, Par les Libraires associés*, 1747. 4 vol. in-12, fig., mar. rouge, fil., dos ornés, dent. int., tr. dor. (*Trautz-Bauzonnet.*)

Dernière édition publiée du vivant de Le Sage.

1063. Le Temple de Gnide (par Montesquieu). *A Paris, chez*

Simart, 1725. In-12 de 6 ff. prélim. et 82 pp., veau fauve, fil., tr. dor. (*Rel. anc.*)

Edition originale.
Exemplaire du duc de NIVERNOIS, avec son nom doré sur les plats.

1064. LETTRES PERSANES. Nouvelle édition augmentée par l'auteur de plusieurs lettres et d'une table des matières. *A Amsterdam et à Leipsick, chez Arkstée et Merkus, libraires*, 1761. 2 tomes en 1 vol. in-12, mar. rouge, fil., tabis, tr. dor. (*Rel. anc.*)

1065. HISTOIRE DE Mme LA COMTESSE DES BARRES. (Par l'abbé de Choisy). A Mme la marquise de Lambert. *A Bruxelles, chez François Foppens, MDCC.XXXVI*[1736]. In-12, mar. rouge, fil., tr. dor. (*Rel. anc.*)

1066. TANZAÏ ET NÉADARNÉ. Histoire japonoise (par Crébillon fils). *A Pékin (Paris), chez Lou-Chou-Chu-La*, 1740. 2 vol. pet. in-12, pap. de Hollande, fig., mar. rouge, fil., dos ornés, tr. dor. (*Rel. anc.*)

Satire écrite contre le cardinal de Rohan et la duchesse du Maine.
T. Ier Frontispice, 1 figure page 31, 1 fig. p. 105.
T. II. 1 fig. page 134, 1 fig. p. 168.
Exemplaire de PIXERÉCOURT.

1067. ANGOLA, HISTOIRE INDIENNE (par le chevalier de La Morlière). *A Agra (Paris)*, 1749. 2 vol. in-12, mar. rouge, dos ornés, fil., tr. dor. (*Rel. anc.*)

Roman galant tiré, dit-on, des papiers du duc de la Trémouille.

1068. LA VIE DE MARIANNE ou les Aventures de Mme la comtesse de ***, par Marivaux. *Amsterdam, D.-J. Changuion*, 1778. 2 vol. in-12, figures de Schley et de Fokke, mar. bleu, fil., dos ornés, tr. dor. (*Capé.*)

Édition recherchée pour les figures.

1069. CANDIDE, OU L'OPTIMISME (par M. de Voltaire), traduit de l'allemand de M. le docteur Ralph. *S. l.* 1759. 2 tomes en 1 vol. in-12, mar. rouge, dos orné, tr. dor. (*Rel. anc.*)

Édition originale.

1070. LES SOUVENIRS DE Mme DE CAYLUS. *Amsterdam, chez Marc-Michel Rey (Genève)*, 1770. Pet. in-8, texte encadré, mar. rouge, dos orné, fil., dent. int., tr. dor.

Édition originale publiée par les soins de Voltaire, avec une préface et des notes.

1071. Mémoires et Avantures d'un homme de qualité qui s'est retiré du Monde. *A Amsterdam, aux dépens de la compagnie*, 1731. Tome septième. In-12, mar. bleu, doublé de mar. orange, dent. int., tr. dor. (*Cuzin*.)

C'est l'édition originale de Manon Lescaut. (Harrisse, *Bibliogr. de Manon Lescaut*, 2ᵉ édition, p. 10.)
Les 2 ff. lim. contiennent le faux-titre et le titre. 344 pp. chiffr. pour le texte.

1072. Suite des Mémoires et Avantures d'un homme de qualité qui s'est retiré du monde. *A Amsterdam (Paris), Aux dépens de la Compagnie*, 1733. In-12, mar. orange, dos orné, fil., doublé de mar. bleu, dent. int., tr. dor. (*Trautz-Bauzonnet*.)

Cette édition avait passé pour être l'édition originale jusqu'au jour où un bibliographe a découvert que la véritable édition originale était de 1731 et se trouvait au tome VII du recueil publié à Amsterdam sous le titre de *Mémoires du marquis de* ***
Voir H. Harrisse, Bibliographie de Manon Lescaut, Paris, 1877.

1073. Aventures du chevalier des Grieux, et de Manon Lescaut, par M. D..., auteur des Mémoires d'un homme de qualité. *A Londres, chez les frères Constant*, 1734. Pet. in-12, front., mar. bleu, fil., dos orné, tr. dor. (*Trautz-Bauzonnet*).

6 ff. préliminaires, 309 pp. pour le texte, 1 f. blanc.

1074. Histoire du chevalier des Grieux et de Manon Lescaut. *A Amsterdam (Paris), Aux dépens de la Compagnie*, 1753. 2 vol. in-12, fig., mar. citron, fil., dos ornés, doublé de mar. bleu, large dent., dorure à petits fers, tr. dor. (*Cuzin*.)

Exemplaire relié sur brochure.
Le libraire Potier mit un jour la main sur un lot de quatre exemplaires brochés de cette édition de 1753. L'un alla chez le marquis de Ganay, l'autre chez M. de Lignerolles, le troisième chez mon collègue M. Scheffer qui me l'a très aimablement cédé. Le quatrième est dans la bibliothèque du baron James de Rothschild.
C'est la plus agréable de toutes les éditions de Manon Lescaut. Les gravures sont au nombre de huit, quatre par volume. 6 ont été dessinées et gravées par Pasquier; deux autres ont été dessinées par Gravelot et gravées par Lebas.
Pasquier est aussi l'auteur des deux vignettes placées en tête de chaque volume.

1075. Lettres de deux Amans, habitans d'une petite ville au pied des Alpes, recueillies et publiées par J.-J. Rousseau. *A Amsterdam, Chez Marc-Michel Rey*, 1761. 6 vol. in-12, fig. de Gravelot, mar. rouge, dent., tr. dor. (*Rel. anc.*)

Édition originale de la *Nouvelle Héloïse*.
Cet exemplaire qui vient de la vente des livres de Lord Orford faite à Londres en juillet 1895, est celui qui a appartenu à J.-J. Rousseau. Sa

devise, *Vitam impendere Vero*, entourée d'une couronne mi-partie chêne et olivier, est poussée au milieu des plats, qui sont eux-mêmes encadrés par une dentelle de feuillage dans le genre de la renaissance. Cette reliure, dont je ne connais pas la pareille parmi toutes celles du XVIIIᵉ siècle que j'ai pu voir, a été voulue par celui qui a fait relier les volumes et leur donne un caractère personnel.

Une note au crayon sur la garde du 1ᵉʳ volume constate la provenance et nous donne les noms des derniers possesseurs du livre. Ce sont MM. TRI-PHOOK, le duc de MALBOROUGH, et RICHARD HEBER.

1076. ADONIS. *A Londres et se trouve à Paris, chez Musier fils, libraire,* 1775, fig. d'Eisen. Pet. in-4, cart.

> Cette imitation en prose du chant VIII de l'Adonis du cavalier Marin est due à la collaboration de Fréron et du duc d'Estouteville.
> On y a ajouté le tirage du frontispice AVANT LA LETTRE.

1077. ROMANS ET CONTES de M. l'abbé de Voisenon. Nouvelle édition considérablement augmentée. *A Paris, chez Bleuet,* 1798. 2 tomes en un vol. in-12, mar. orange, dos orné, fil., tr. dor. (*Trautz-Bauzonnet.*)

> PAPIER VÉLIN. Portrait par Vigée et 4 figures par Queverdo. Cet ouvrage fait partie de la collection dite de Bleuet.

1078. POINT DE LENDEMAIN (par Vivant-Denon). *Paris, Didot,* 1812. In-18 de 52 pp., mar. rouge jans., tr. dor. (*Duru.*)

> Frontispice dessiné par Laffite.
> Première édition de cette nouvelle, publiée séparément. Elle a été tirée à très petit nombre.

Romans étrangers.

1079. LES AMOURS D'ISMÈNE et d'Isménias (trad. du grec d'Eustathe, par de Beauchamps). *La Haye (Paris, Couste-lier),* 1743. — LES AFFECTIONS DE DIVERS AMANS, faictes et rassemblées par Parthénius de Nicée,... mises en françoys (par J. Fornier). *S. l. (Paris, Coustelier),* 1743. 2 tomes en 1 vol. pet. in-8, papier de Hollande, mar. citron, fil., tr. dor. (*Rel. anc.*)

> Aux armes du ministre AMELOT.
> Exemplaire de BRUNET.

1080. LES NOUVELLES DE MIGUEL DE CERVANTES SAAVEDRA, où sont contenues plusieurs rares advantures, et mémorables exemples d'amour, de fidélité, de force de sang, de jalousie, de mauvaises habitudes, de charmes, et d'autres accidens non moins estranges que véritables ; traduictes d'espagnol en françois, les six premiers, par F. de Rosset, et les autres six par le S. d'Audiguier. *A Paris, chez Jean Richer,* 1618.

2 vol. in-8, mar. bleu, dent., dos et plats fleurdelisés, tr. dor. (*Rel. anc.*)

Première traduction française des nouvelles de Cervantes. L'exemplaire est dans la reliure des livres du Cabinet du Roi.

Aux armes du Roi Louis XIV.

1081. Histoire de l'admirable Don Quichotte de la Manche, traduite de l'espagnol de Michel de Cervantes (par Filleau de Saint-Martin), et enrichie de belles figures, dessinées par Coypel, et gravées par Folkéma. *Amsterdam et Leipsick, Arkstée et Merkus*, 1768. 6 vol. — Nouvelles de Michel de Cervantes, traduites de l'espagnol, enrichies de fig. en taille-douce. *Amsterdam*, 1768. 2 vol. Ens. 8 vol. in-12, mar. rouge, fil., dos ornés, tr. dor. (*Derome le jeune.*)

Les figures sont de Folkéma.

Il y a sur la garde du 1er volume un ex-libris de Choffard, daté de 1759, au nom de M. de Buissy.

1082. La Vie et les Avantures surprenantes de Robinson Crusoé (par D. De Foë)... trad. de l'anglois (par Th. de Saint-Hiacynthe et Van Effen). *Amsterdam, E. Van Harrevelt*, 1770. 3 vol. in-12, fig. de B. Picart, mar. rouge, fil., tr. dor. (*Derome.*)

1083. Histoire de Tom Jones, ou l'Enfant trouvé, traduction de l'anglois de Fielding (par La Place). *Amsterdam, aux dépens de la Compagnie*, 1750. 4 vol. in-12, fig. de Gravelot, mar. rouge, dos ornés, tr. dor. (*Rel. anc.*)

1084. Werther, traduction de l'allemand de Goete (sic) par C. Aubry. Nouvelle édition, revue et corrigée par le traducteur avec figures en taille-douce. *A Paris, de l'Imprimerie de Didot jeune*, 1797. 2 vol. in-12, fig. de Berthon, mar. citron, fil., tr. dor. (*Simier.*)

Exemplaire sur papier vélin, figures avant la lettre.

Facéties.

1085. Propos rvstiqves de Maistre Leon Ladulfi (Noël Du Fail), Champenois. *A Lyon, par Jean de Tournes*, 1549. In-16, mar. citron, fil., tr. dor. (*Rel. anc.*)

187 pp., 2 ff. blancs.

De la bibliothèque Beckford.

1086. Discours d'aucuns propos rustiques, facecieux et de singuliere recreation : ou les ruses et finesse de Ragot, capitaine des gueux, etc... Par Léon Ladulfi (Noël du Fail), 1732. In-12, mar. rouge, fil., dos orné, tr. dor. (*Derome.*)

1087. Baliverneries, ou Contes nouveaux d'Eutrapel, autrement dit Léon Ladulfi. *A Paris, par Estienne Groulleau,* 1548. In-18, mar. bleu, tr. dor. (*Thouvenin.*)

> Réimpression faite en 1815 à Chiswick sur les bords de la Tamise par les soins de trois bibliophiles anglais, et tirée seulement à cent exemplaires.

1088. Les Contes et Discours d'Eutrapel. Par le feu Seigneur de la Herissaye (Noël Du Fail); Gentil-homme Breton. *A Rennes, Pour Noël Glamet de Quinpercorentin,* 1585. In-8 de 2 ff. lim., 223 ff. chiffrés et 1 f. blanc, mar. rouge jans., dent. intér., tr. dor. (*Trautz-Bauzonnet.*)

> Première édition.

1089. Le Moyen de Parvenir. (Par Beroalde de Verville.) Nouvelle Edition. 100070057. S. l. (*Paris, Grangé,* 1757). 2 vol. pet. in-12, front. gravé, mar. bleu, fil., dos ornés, tr. dor. (*Trautz-Bauzonnet.*)

> Édition augmentée d'une *Dissertation sur ce livre,* par Bern. de La Monnoye, et des *Imitations du Moyen de parvenir qui ont été faites en vers latins ou français par différents auteurs.*
> Exemplaire tiré sur papier de Hollande.

1090. Les Bigarrures du seigneur des Accords. Reveuës et augmentées de nouveau par l'autheur. *A Paris, chez Jean Richer,* 1584. In-16, portr. et fig., mar. bleu, tr. dor. (*Rel. anc.*)

> Seconde édition. 12 ff. préliminaires, 258 ff. chiffrs, 1 f. pour la marque « à tous accords », 1 f. blanc.
> Il y a deux tableaux pliés et placés l'un à la page 187 et l'autre à la page 218.
> Exemplaire parfaitement conservé. Témoins.

1091. Les Touches du seigneur des Accords (Est. Tabourot). Premier livre dédié à Pontus de Tyard (2° livre à E. Pasquier, 3° livre à Simon Nicolas). *A Paris, chez Jean Richer,* 1585, 124 ff. chiffr. — Les Bigarrures du seigneur des Accords. Quatrième livre. *A Paris, chez Jean Richer,* 1585, 118 ff. chiffr. — Ens. 2 ouvrages en 1 vol. pet. in-12, mar. rouge, dos orné, fil., dent. int., tr. dor. (*Trautz-Bauzonnet.*)

> Les *Touches* de 1585 sont tout à fait différentes de celles qui se trouvent à la suite des *Bigarrures* dans les éditions collectives de cet auteur; c'est un volume extrêmement rare dont on ne connaît jusqu'ici que 3 ou 4 exemplaires.
> Les *Bigarrures* sont ici suivies des *Apophtegmes du Seigneur Gaulard.*
> Exemplaire de la vente Chartener.

1092. LES TOUCHES DU SEIGNEUR DES ACCORDS. Cinquiesme livre. Dédié à l'illustre seigneur Joseph de la Scale. *A Paris, chez Jean Richer, rue St Jean de Latran à l'arbre Verdoyant*, 1588. *Avec privilège du Roy*. In-12, mar. bleu jans. (*Cuzin*.)

> 75 ff. chiffrés.
> Ce volume est le complément du numéro précédent.

1093. PROCEZ ET AMPLES EXAMINATIONS SUR LA VIE DE CARESME-PRENANT, dans lesquels sont amplement descrites toutes les tromperies, astuces, caprices, bisarreries, brouillemens, inventions, subtilitez, folies et débordemens qu'il a commis et fait pratiquer en la présente année. *El se vend rue Saint-Jacques*.... 1609, fig. en bois, pet. in-8 de 16 pp., mar. rouge, fil., tr. dor. (*Derome*.)

> Seconde édition. La première est datée de 1605.
> Exemplaire de GIRARDOT DE PRÉFOND, avec son écusson (2e vente). Il a aussi appartenu à MAC-CARTHY et au prince d'ESSLING.
> Exemplaire de BRUNET.

1094. LES DELICES DE VERBOQUET LE GENEREUX, Livre très-utile & necessaire pour resiouyr les esprits melancoliques. *Ce vendent au logis de l'Autheur*, [1623]. S. l. [*Rouen*]. Pet. in-12, mar. rouge, tr. dor. (*Padeloup*.)

> Première édition.
> 350 pp. chiffrées, 4 ff. pour la table, 1 f. pour l'achevé d'imprimer 24 octobre 1623, par Julian Courant.
> Ce recueil, l'un des plus rares de la classe des conteurs, contient neuf pièces empruntées à Bonaventure Des Périers.
> Exemplaire aux armes du comte d'HOYM.

1095. LES SUBTILES ET FACECIEUSES RENCONTRES de I. B. Disciple du genereux Verboquet, par luy pratiquées pendant son voyage, tant par mer que par terre. Le tout au contentement des plus melancoliques. *A Paris, De l'Imprimerie de I. Martin et de Iean de Bordeaux*, 1630. Pet. in-12, mar. citron fil., dos orné, dent. int., tr. dor. (*Trautz-Bauzonnet*.)

> 71 pp. Sign. A à C par 12.
> Fait suite aux *Délices* de Verboquet.

1096. INVENTAIRE UNIVERSEL des Œuvres de Tabarin. Contenant ses Fantaisies, Dialogues, Paradoxes, Gaillardises, Rencontres, Farces & Conceptions. Oeuvre excellent, ou parmy les subtilitez Tabaraniques, on voit l'eloquente doctrine du sieur de Mondor. Le tout curieusement recherché & recueilly, & mis en bon ordre. *A Paris, Chez Pierre Rocollet et Anthoine Estoc*, M.DC.XXII [1622]. In-12 de 12 ff. lim. et 206 pages, front. gravé, mar. rouge, fil., dos orné, tr. dor. (*Rel. anc.*)

> Première édition de ce recueil de facéties, tout différent du *Recueil general*

qui parut quelques mois plus tard. L'*Inventaire* est, du reste, beaucoup plus rare, parce qu'il n'en existe que trois éditions : deux publiées en 1622 et une en 1623.

Outre le titre imprimé, il existe un charmant titre gravé représentant Tabarin et Mondor sur leur théâtre, avec deux musiciens et la boîte où se trouvent les remèdes de Mondor ; le public, composé de gens de tous les états, se presse au bas du théâtre; on y voit un homme à cheval.

Exemplaire de M. DE LIGNEROLLES.

1097. INVENTAIRE UNIVERSEL des Œuvres de Tabarin, conte nant ses fantaisies, dialogues, paradoxes, gaillardises, rencontres, farces et conceptions. *Sur l'imprimé à Paris, chez Pierre Rocolet et Anthoine Estoc, au palais, en la galerie des prisonniers,* 1622. — LES RENCONTRES, FANTASIES et coq a l'asne facetieux du Baron de Grattelard, tenant sa classe ordinaire au bout du pont-neuf. Ses gaillardises admirables, ses conceptions inouies et ses farces joviales. *A Paris, de l'Imprimerie de Julien Trostolle vis a vis du Cheval de Bronze et se vendent en la galerie du pont neuf.* S. d. 2 parties en 1 vol. pet. in-12, mar. rouge, fil., tr. dor. (*Trautz-Bauzonnet.*)

18 ff. préliminaires. 206 pp. pour l'*Inventaire*.

72 pp. pour les *Rencontres*.

Le frontispice est une copie diminuée de l'édition de Paris. Nous pensons que cette édition est une contrefaçon sous la même date. Cet exemplaire est celui de VEINANT.

M. Brunet cite l'adjudication de ce volume sans observation. Il est probable qu'il ne l'avait pas vu. Ce qui a pu le tromper, c'est que la contrefaçon a exactement le même nombre de ff. limin. et le même nombre de pages de texte que la véritable édition originale qui n'est jamais accompagnée des *Rencontres*.

Les *Rencontres* paraissent pour la première fois dans l'édition que nous venons de décrire.

1098. RECUEIL GÉNÉRAL des œuvres et fantaisies de Tabarin, avec les rencontres et fantaisies du baron de Gratelard. *Rouen, Louys du Mesnil,* 1664. Pet. in-12, mar. rouge, comp. de fil., tr. dor. (*Thouvenin.*)

Jolie édition qui se joint à la collection des Elzevier. Quoique les *Rencontres* du baron de Gratelard soit annoncées sur le titre, elles ne font pas partie du volume; on trouve, à la place, les *Aventures du capitaine Rodomont.* (Voir le *Man. du libr.)*

Exemplaire du comte de LA BÉDOYÈRE.

1099. PROLOGUES TANT SERIEUX que facecieux avec plusieurs galimatias, par le Sr D. L. (Deslauriers). *Paris, J. Millot et J. de Bordeaux,* (1610). In-12, front., veau.

Cette édition est la première des Prologues publiée par l'auteur qui, dans la Préface, désavoue l'édition de Rouen, 1610, et celle antérieure de Paris, 1609. Elle contient 33 prologues dont 10 seulement avaient été publiés dans les *Prologues superlifiques.*

1100. LES FANTAISIES DE BRUSCAMBILLE, contenant plusieurs discours, paradoxes, harangues et prologues facétieux, faits par le sieur des Lauriers, comédien. *A Paris, chez Jean de Bordeaux, imprimeur et libraire tenant sa boutique sur la montée de la grande salle du Palais*, 1612. *Avec privilege du roy.* In-12, front., veau fauve. (*Rel. anc.*)

4 ff. lim. pour le frontispice gravé, le titre, l'imprimeur au lecteur, le privilège. 326 pp. chiffr., 1 f. blanc.
Le frontispice représente le *Théâtre de Bruscambille.*
Le privilège est accordé à Millot à la date du 16 juillet 1612.
C'est la première édition des œuvres de des Lauriers, sous le titre *Fantaisies* et portant son nom : elle contient 41 prologues et 13 paradoxes.
Exemplaire de BECKFORD, acheté 8 livres à la vente STANLEY, 1813.

1101. LES NOUVELLES ET PLAISANTES IMAGINATIONS de Bruscambile, en suite de ses fantaisies. A Monseigneur le prince par Le S. D. L. Champ. *A Bergerac, chez Martin la Babille*, 1615. — FACÉTIEUSES PARADOXES de Bruscambille et autres discours comiques le tout nouvellement tiré de l'escarcelle de ses imaginations. *A Rouen, chez Thomas Maillard demeurant en la cour du palais.* 1615. Deux parties en 1 vol. in-12, mar. vert, tr. dor. (*Rel. anc.*)

Ces deux ouvrages, *Les Imaginations* et *Les Facétieuses paradoxes*, sont ici en éditions originales. Avec l'édition des *Fantaisies, Paris, Jean de Bordeaux,* 1612, elles nous donnent l'ensemble des Œuvres de Deslauriers, et renferment un assez grand nombre de pièces qui n'ont pas été reproduites dans les éditions postérieures, même la plus complète, celle de *Jean Caillouë, Rouen, 1622.*

1102. LES PLAISANTES IDÉES DU SIEUR MISTANGUET, docteur à la moderne, parent de Bruscambille, ensemble la Généalogie de Mistanguet et de Bruscambille. *Paris, J. Millot*, 1615. In-8, veau.

Exemplaire de Ch. NODIER.

1103. RECUEIL DES CAQUETS DE L'ACCOUCHÉE. In-8, mar. rouge, doublé de mar. rouge, dent., tr. dor. (*Mercier*).

Ce recueil se compose des éditions originales des huit pièces qui en 1623 ont été réimprimées sous le titre de Recueil général des caquets de l'accouchée et de 9 autres pièces du même temps sur le même sujet ou sur des sujets analogues. Nous en donnons le détail :
1° Le caquet de l'accouchée, 1622. S. l. 24 pp.
2° La seconde après-dinée du caquet de l'accouchée, 1622. S. l. 32 pp.
3° La troisième après-dinée du caquet de l'accouchée. 1622. S. l. 32 pp.
4° La réponse aux trois caquets de l'accouchée. 1622. S. l. 16 pp.
5° La dernière et certaine journée du caquet de l'accouchée. 1622. S. l. 24 pp.
6° Le passe-partout du caquet des caquets de la nouvelle accouchée. 1623. S. l. 32 pp.
7° La dernière après-dinée du caquet de l'accouchée. 1622. S. l. 32 pp.
8° Le relèvement de l'accouchée. Paris. 1622. 16 pp.
9° L'anticaquet de l'accouchée. 1622. S. l. 22 pp.
10° Les commentaires de César. S. l. 1622. 14 pp. Réimpression de l'anticaquet sous un titre différent.

11° La réponse des dames et bourgeoises de Paris au caquet de l'accouchée par mademoiselle E.D.M. A Paris, chez l'imprimeur de la ville à l'enseigne des trois pucelles, 1622. 16 pp.

Cette pièce est la même que la pièce qui porte le n° 4, sous un titre different.

12° Les dernières paroles ou le dernier adieu de l'accouchée ensemble ce qui s'est passé en la dernière visite et quatrième après-dinée des dames et bourgeoises de Paris. A Paris de l'imprimerie de Lucas Joffre, comédien ordinaire de l'île du Palais. 1622.

Cette pièce est la même que celle qui porte le n° 7.

13° La neufvième journée du caquet de l'accouchée où se voient les plaintes des maîtresses envers leurs servantes. S. d. 16 pp.

14° Les caquets des femmes du fauxbourg Montmartre, avec la réponse des filles du fauxbourg St-Marceau revcu et augmenté. A Paris chez Guillaume Grattelard, rue des Pourceaux, vis à vis de la citrouille, à l'enseigne des Trois navets. 1622. 15 pp.

15° Les essais de Mathurine. S. d. 16 pp.

16° Les actions du temps. S. l. 1622. 16 pp.

17° Les grands jours tenus à Paris par M. Muet, lieutenant du petit criminel S. l. 1622.

Les recueils de ces pièces étaient rares et fort recherchés des amateurs d'autrefois. On citait parmi les plus complets celui du duc de La Vallière avec 15 pièces et celui de Mac-Carthy avec 18. Cet exemplaire est maintenant à Chantilly.

Dissertations singulières sur divers sujets.

1104. LES DECLAMATIONS, Procedeures et Arrestz d'amours, nouuellement donnez en la court et parquet de Cupido, à cause d'aucuns differens entenduz sur cette police. *Nouuellement imprimes à Paris. On les vend à Paris au palays en la gallerie par ou on va en la chancelerie, par Vincent Sertenas,* 1545. In-8 de 128 ff., fig. sur bois, mar. citron, fil. et compart., dos orné, dent. int., tr. dor. (*Trautz-Bauzonnet.*)

Par Martial d'Auvergne.
A la fin du volume se trouvent les *Ordonnances sur le faict des masques.*

1105. PARADOXES, ce sont Propos contre la commune opinion : debatuz, en forme de Declamations foreses : pour exerciter les ieunes esprits, en causes difficiles. Reueuz, et corrigez pour la seconde fois. Pet. in-8 de 158 pp. chiffr. et 1 f. blanc. — Paradoxe que le plaider est chose tres-utile et necessaire a la vie des hommes. *A Paris, Par Charles Estienne, Imprimeur du Roy.* 1554 Pet. in-8 de 32 pp. non chiffrées. Ensemble 2 parties en 1 vol. pet. in-8, mar. bleu, dos orné, dent. int., tr. dor. (*Trautz-Bauzonnet.*)

1106. DE LA BEAVTÉ, Discours diuers, Pris sur deux fort belles façons de parler, desquelles l'Hebrieu & le Grec uset... Auec la Paule-Graphie, ou description des beautez d'une dame Tholosaine, nommée la Belle Paule, Par Gabriel de Minut,

Cheualier, baron de Castera, Seneschal de Rouergüe. *A Lyon, Par Barthelemi Honorat, Au vaze d'or*, 1587. In-8, mar. bleu, fil., doublé de mar. citron, dent., tr. dor. (*Cuzin.*)

Coll. 282 pp., 3 ff. blancs complémentaires au cahier S.

Livre aussi singulier que rare. La première partie contient de précieux détails sur les usages et les modes de nos aïeux; la seconde est consacrée à l'éloge de Paule de Viguier, dame de Toulouse. L'auteur y donne une description minutieuse et complète de toutes les beautés corporelles dont son héroïne était douée. Brantôme, dans les *Vies des Dames galantes*, parle de la belle Paule, qui, dit-il, avait conservé sa beauté dans un âge avancé.

1107. DISPUTATIO PERJUCUNDA, Qua Anonymus probare nititur mulieres Homines non esse : (per Val. Acidalium), cui opposita est Simonis Gedicci Sacros. Theologiæ Doctoris Defensio sexus muliebris. Qua singula Anonymi argumenta distinctis Thesibus proposita viriliter enervantur. Editio secunda. *Hagæ-Comitis, Excudebat I. Burchornius*, clɔ lɔ cxxxviii, (1638). Pet. in-8, mar. rouge, fil., dos ornés, dent. int., tr. dor. (*Padeloup.*)

Étiquette de Padeloup collée sur le titre.
Aux armes du comte d'HOYM.

1108. PREMIER LIVRE DES NARRATIONS FABULEUSES avec les discours de la vérité et histoires d'icelles, Traduit par Guillaume Guéroult. Au quel avons ajouté aucunes œuvres poétiques du même traducteur. *A Lyon, de l'imprimerie de Robert Granjon*, 1558. In-8, mar. vert. (*Bauzonnet-Trautz*).

Coll. 4 ff. limin., 110 ff. pour le texte. Le dernier feuillet est coté 109 au lieu de 110. Il y a 2 ff. chiffrés 109.

Sur les plats, le chiffre d'un amateur inconnu.

Cette traduction est imprimée en caractères de civilité et dédiée à Monseigneur de Guadagne.

1109. DISCOURS NON PLUS MELANCOLIQUES que divers, de choses mesmement, qui appartiennent a notre France : & a la fin Le maniere de bien & iustement entoucher les Lucs & Guiternes. *A Poitiers, De l'imprimerie d'Enguilbert de Marnef*, 1556. In-8 de 3 ff. lim. et 112 pp., mar. vert, fil., dos ornés, tr. dor. (*Bisiaux, rue du foin St Jacques, 32.*)

Le f. coté 9 est une planche qui se deploie.
Nodier attribue ces discours à Bonaventure Despériers.
Exemplaire de la vente NOAILLES.

Emblèmes.

1110. ACHILLIS BOCCHII BONON. Symbolicarum quæstionum de Universo Genere quas serio ludebat libri quinque. *Bononiæ, in œdib. novæ Academiæ*, 1555. In-8, fig., mar rouge, jans., tr. rouge.

Première édition de ce recueil d'emblèmes orné de 151 estampes gravées en taille-douce par Bonasone.

1111. Le Sententiose imprese et dialogo del Simeone con la verificatione del sito di Gergovie, la geographia d'Overnia la figura et templo d'Apolline en Velay : et il suo hieroglifico monumento, nativita vita et Epitaffio. *In Lyone, appresso Gulielmo Roviglio,* 1560. In-4, figures sur bois, veau marbré. (*Rel. anc.*)

> Ce volume est divisé en deux parties avec des titres différents et une pagination distincte.
> Première partie 8 ff. lim., 134 pp. d'emblèmes et 1 f. blanc.
> Deuxième partie 280 pp., 1 f. blanc, 7 ff. pour le titre, 1 pour l'errata.
> Exemplaire de la bibliothèque de Lord Sunderland.

1112. Alciati Emblemata denuo ab autore recognita, ac quæ desiderabantur imaginibus locupletata. *Lugduni, apud Guill. Rovillium,* 1566. In-8, fig., encadrements à chaque page, mar. rouge, compart., tr. dor. (*Rel. anc.*)

> Avec la signature de Jean Ballesdens sur le titre.
> Reliure ancienne à compartiments dans le goût des plus beaux Grolier.
> La conservation en est parfaite.
> Exemplaire de M. Brunet.

1113. Hadriani Junii medici Emblemata, ad D. Arnoldum Cobelium. Ejusdem ænigmatum libellus, ad D. Arnoldum Rosembergum. *Antverpiæ, Christ. Plantinus,* 1566, fig. sur bois. — Historiarum memorabilium e Genesi descriptio, per Gul. Paradinum. *Lugd. J. Tornœsius,* 1558. In-8, fig. sur bois, vélin, réglé, fil., tr. dor.

> Autour des armoiries qui sont sur les plats, on lit ce nom : *Jacobus Malinfantius.*
> Exemplaire de la Bibliothèque De Bure.

1114. Emblemata et aliquot nummi antiqui operis Ioan. Sambuci Tirnaviensis Pannonii, quarta editio cum emendatione et auctario copioso ipsius auctoris. *Antverpiæ, apud Christophorum Plantinum,* 1576. In-16, gravures sur bois. — Hadriani Iunii medici Emblemata, eiusdem Ænigmatum libellus. *Antverpiæ, apud Christophorum Plantinum,* 1585. In-16, figures sur bois. 2 parties en 1 vol., vélin, tr. dor. (*Rel. anc.*)

> Avec la signature de Ballesdens sur le titre.

Epistolaires.

1115. M. T. Ciceronis ad Titum Pomponium Atticum et ad Quintum fratrem epistolarum libri XX. *Parisiis, apud Simonem Colinæum,* 1532. In-8, réglé, mar. bleu, fil., doublé de mar. citron, larges dentelles, tr. dor. (*Rel. signée de Padeloup.*)

> Exemplaire aux armes du comte d'Hoym avec l'aigle couronnée de Pologne, sur le dos. Il provient de la bibliothèque de A.-A. Renouard. Il a appartenu à Payne, le libraire anglais qui a mis son nom sur la garde.

1116. C. Plinii Secundi Epistolarum libri X, cum notis variorum, curante Johan. Veenhusio. *Lugduni Batav., Hackius,* 1669. In-8, mar. rouge, riches compart., tr. dor. (*Rel. anc.*)

Exemplaire aux armes et aux chiffres de Du Fresnoy. (Voir le catal. De Bure, 1853, n° 545).
De la bibliothèque de Brunet.

1117. Petri Bembi Epistolarvm Leonis Decimi Pont. Max. nomine scriptarum Libri xvi..... Eiusdem autoris epistolæ aliquot... Videlicet ad Longolium iii. ad Budæum ii. ad Erasmum i. *Lugduni, apud Theobaldum, Paganum* 1540, (*excudebat Theobaldus Paganus*). In-8, mar. citron, compartiments, tr. dor. (*Rel. lyonnaise du XVIᵉ siècle.*)

On lit sur un des plats : *Apollonii Philareti.* Sur l'autre plat le relieur a estampé un médaillon, dans le genre de celui employé par Cunevarius, représentant un aigle qui plane sur la mer : en exergue la devise *Este procul.*
Ces reliures sont rares : je n'en ai rencontré qu'une pareille sur une Cosmographie de Ptolémée à la vente Libri à Londres en 1859.
On ne connaît pas le nom du personnage pour qui ces reliures étaient faites, pas plus que celui d'un autre amateur qui mettait sur ses reliures, également très rares, la devise « *Fortuna nulli plus quam consilium valet.* »

1118. Epistole Gasparini — In fine : — Epistole Gasparini pergamensis expliciunt. *Impresse Parisiis in campo Gaillardo a magistro Guidone Mercatore, anno Domini* 1498, *die* 16 *februarii*. In-4, mar. bleu, tr. dor. (*Rel. anc.*)

Coll. A par 8 ff., B par 6 ff., D par 6 ff., E. par 6 ff., F. par 8 ff. 42 ff.
Le titre porte la grande marque de Guyot Marchand et au verso se trouve un très beau bois dans le style de la Danse macabre. Ce même bois se trouve dans le Calendrier des Bergers.

1119. Epistres françoises des personnages illustres et doctes à Jos. Juste de la Scala (Scaliger), mises en lumière par Jacq. Reves. *Hardewyck, vefue de Th. Henry,* 1624. Pet. in-8, mar. rouge, fil., tr. dor. (*Rel. anc.*)

Recueil curieux et rare.
Une clef de ces epistres, par Colomiès, se trouve dans les opuscules de ce savant. *Paris, Impr. roy.*, 1668, pet. in-12.
Exemplaire de Ch. Nodier portant sa signature et une longue et intéressante note de sa main.

1120. Relations, lettres et discours de M. de Sorbière sur diverses matières curieuses. *A Paris, chez Robert de Ninville; rue de la Boucherie, au bout du Pont St Michel à l'écu de France et de Navarre,* 1660. *Avec Privilège du Roy.* In-8, mar. rouge, dos orné, tr. dor. (*Rel. anc.*)

Aux armes du Cardinal Mazarin.

1121. Recueil de lettres (CXX) qui peuvent servir à l'histoire (écrites de 1631 à 1656), et diverses poésies.

N.º 1116

Rouen, aux dépens de l'auteur, par L. Maurry, 1657. In-8 de 4 ff. prél. et 302 pp. mar. vert, tr. dor. (*Duru*.)

Ce livre est de la plus grande rareté, n'ayant été tiré qu'à un très petit nombre d'exemplaires. L'auteur est Alexandre de Campion, frère de Henri de Campion, dont on a des mémoires. Il avait été attaché, en qualité de gentilhomme, au comte de Soissons, tué à la bataille de la Marfée, et ensuite à M. le duc de Longueville. Comme il s'est trouvé mêlé à toutes les affaires du temps (de 1631 à 1656), ses lettres sont d'un grand intérêt. Elles sont adressées à de Thou (il refuse de se jeter dans la conspiration de Cinq-Mars), aux ducs de Vendôme, de Bouillon, de la Valette, de Retz; à MM. de Harlay, de Saint-Ybalt, aux duchesses de Chevreuse, de Montbazon, de Longueville, etc.

Il dit, dans la dédicace à Mme L. C. D. F. (la comtesse de Fiesque), « qu'il aurait voulu qu'on ne découvrit pas son nom; mais que cela était impossible, ses lettres parlant d'affaires dans lesquelles il a été employé. » (*Note du Catalogue d'Auffay, n° 377*).

Les poésies qui sont à la suite des lettres occupent les pages 217 à 302. On y remarque deux pièces adressées à Madame de Longueville et une à la louange de Corneille.

L'exemplaire est complet, il a le f. 263-264 qui a été supprimé dans quelques exemplaires.

Exemplaire de M. d'AUFFAY, et de M. ODIOT.

1122. LETTRES DE MARIE DE RABUTIN-CHANTAL, MARQUISE DE SÉVIGNÉ, à Madame la Comtesse de Grignan sa fille. *S. l. ni nom d'imprimeur*, (*Rouen*), 1726. 2 tomes en un vol., in-12, mar. bleu, dos orné, fil., tr. dor. (*Trautz-Bauzonnet*.)

2 tomes en 1 vol. in-12 de 1 f. pour le titre, qui est imprimé en rouge et en noir, et 271 pp. chiffr. pour le tome 1er; 1 f. de titre et 220 pp. chiffr. pour le tome II.

Cette édition des lettres de Madame de Sévigné à sa fille, est une des trois sous la même date, publiées par Thiriot, l'ami et le correspondant de Voltaire, d'après un manuscrit appartenant à l'abbé d'Amfréville.

1123. LETTRES DE MADAME RABUTIN-CHANTAL, marquise de Sévigné, à Madame la comtesse de Grignan, sa fille. *A La Haye, chez P. Gosse, J. Neaulme et Cie*, 1726. 2 tomes en un vol. in-12, mar. rouge, fil., dos ornés, dent. int., tr. dor. (*Trautz-Bauzonnet*.)

Édition rare contenant 177 lettres, soit 39 de plus que le recueil de Thiriot. Tome Ier. Coll. titre, 10 ff. lim. pour l'avertissement et la préface de M. de Rabutin, 344 pp. pour le texte, 1 f. d'errata et 1 f. blanc.

Tome II. 1 f. blanc, titre, 298 pp. chiffrées, 7 ff. pour l'errata et la table; de la page 254 à la page 298, le libraire a intercalé le catalogue des livres en nombre dans son magasin.

M. Walckenaer nous apprend que la publication a été faite par un Sieur Gendebien qui est l'auteur de l'avertissement et des explications.

1124. LETTRES DE MADAME DE S*** (Sévigné) à Monsieur de Pomponne. *Amsterdam* (*Paris*), 1756. In-12 de 2 ff. prélim. et 73 pages, veau brun.

Édition originale de ces curieuses lettres, toutes relatives au procès de Fouquet. Madame de Sévigné était liée d'amitié avec le surintendant et sa famille, et ces lettres, au nombre de onze, datées du 17 novembre 1664 à janvier 1665, sont pleines de sympathie pour le malheureux ministre.

Polygraphes, Dialogues, Mélanges de littérature et d'histoire.

1125. LUCIEN, de la traduction de N. Perrot, S^r d'Ablancourt. Avec des remarques sur la Traduction. Nouvelle édition revuë et corrigée. *A Amsterdam, chez Pierre Mortier*, 1709. 2 vol. in-12, fig., mar. rouge, dos orné, dent., tr. dor. (*Derome.*)

1126. OLYMPIÆ FULVIÆ Moratæ fœminæ doctissimæ ac plane divinæ Opera omnia, cum eruditorum testimoniis. *Basilœ, ex offic. Pet. Pernœ*, 1560. In-8, vélin, tr. dor. (*Rel. anc.*)

> Aux armes de Jac.-Aug. DE THOU.
> Exemplaire de Ch. NODIER.

1127. DES. ERASMI ROTERODAMI COLLOQUIA, cum notis selectis variorum, Addito Indice novo, Accurante Corn. Schrevelio. *Lugd. Batav. et Roterod. ex offic. Hackiana*, 1664. In-8, réglé, mar. rouge, fil., dos orné, doublé de mar. rouge, dent., tr. dor. (*Du Seuil.*)

> Exemplaire de la vente NOAILLES (1835).

1128. DIX PLAISANS DIALOGUES du S. Nicolo Franco contenant : Les Harangues d'un pédant en enfer. — La Condamnation des âmes des Poètes en Enfer. — Le Débat du Philosophe et du Poète. — Le Poète qui se préfère au Prince, etc., traduits d'italien en françois. *A Lyon, par Jean Beraud*, 1579. In-16, mar. vert, fil., dos orné, tr. dor. (*Padeloup*).

> Exemplaire de PIXERÉCOURT.

1129. LES DIVERS PROPOS memorables des nobles et illustres hommes de la Chrestienté. Par Gilles Corrozet. *A Paris, on les vend en la grand' salle du Palais, en la boutique dudict Gilles Corrozet*, 1556. Pet. in-8, réglé, mar. vert, milieux dorés à petits fers, dos orné, dent. int., tr. dor. (*Trautz-Bauzonnet.*)

1130. NOUVEAUX DIALOGUES DES MORTS (par Fontenelle). *Paris, Blageart*, 1683. In-12, mar. vert, tr. dor. (*Duru.*)

> Edition originale.

1131. RECUEIL DE DIVERS OUVRAGES en prose et en vers. *A Paris, chez Jean-Baptiste Coignard, rue Saint-Jacques, à la Bible d'or*, 1674. *Avec privilège.* In-4, mar. citron, fil., tr. dor. (*Rel. anc.*)

> Coll. 6 ff. prél. non chiffr. pour le titre et la dédicace au Prince de Conti.
> 316 pp. chiffr. pour le texte.
> Ce volume est composé de pièces en prose et en vers écrites par Ch.

Perrault. Il a été édité par Le Laboureur d'après le manuscrit original offert au Roy et placé dans la bibliothèque du château de Versailles.

Ce manuscrit qui est orné d'un frontispice peint par Lebrun et de dessins par Sébastien Leclerc a figuré en 1862 dans le cat. La Bédoyère sous le n° 1830.

Armes et chiffres sur les plats.

1132. LES ŒUVRES D'ESTIENNE PASQUIER, conseiller et advocat général du Roy en la Chambre des Comptes de Paris. *A Amsterdam, aux dépens de la Compagnie des libraires associés*, 1723. 2 vol. in-fol., mar rouge, tr. dor. (*Niédrée.*)

Exemplaire en grand papier.
Cet exemplaire est celui d'Armand BERTIN et du Président Louis PASQUIER, neveu du Chancelier et descendant d'Estienne Pasquier.

1133. MÉLANGES D'HISTOIRE ET DE LITTÉRATURE, par de Vigneul-Marville (Bonaventure d'Argonne). *Paris, Cl. Prudhomme*, 1725. 3 vol. in-12, veau fauve. (*Bradel-Derome*).

Exemplaire de la vente BRUNET.

1134: RELATION CONTENANT L'HISTOIRE DE L'ACADÉMIE FRANÇOISE, par M. P. *Iouxte la copie imprimée à Paris, chez Augustin Courbé (Amsterdam, Blaeu)*, 1671. Pet. in-12, veau fauve, fil., tr. dor. (*Derome.*)

Par M. PELLISSON.
H. auteur 181ᵐᵐ.

1135. RECUEIL D'OPUSCULES LITTÉRAIRES, avec un discours de Louis XIV au Dauphin (par Pellisson), tirés d'un cabinet d'Orléans, et publiés par un anonyme (l'abbé d'Olivet). *Amsterdam*, 1767. In-12, mar. vert, fil., tr. dor. (*Derome.*)

Exemplaire de PIXERÉCOURT.

1136. MÉLANGES DE LITTÉRATURE. *A Philosopolis*, 1783. 2 tom. en 1 vol. in-12, mar. vert, tr. dor. (*David.*)

Par le Prince de Ligne. De l'imprimerie du Château de Belœil.

HISTOIRE

Géographie et Voyages.

1137. LA GUIDE DES CHEMINS DE FRANCE, reveue et augmentee pour la troisiesme fois. Les fleuves du royaume de France, aussi augmentez. *A Paris, chez Charles Estienne*, M.D. LIII. [1553] Pet. in-8, mar. bleu jans., dent. int., tr. dor. (*Trautz-Bauzonnet.*)

Par Charles Estienne.

1138. LE CATALOGVE DES ANTIQVES érections des villes et cités, fleuues et fontaines, assises ès troys Gaules cest assauoir Celticque, Belgicque et Aquitaine contenant deulx liures. Le premier faict et composé par Gilles Corrozet, Parisien, le second par Claude Champier, Lyonnois, auec ung petit Traicté des fleuues et fontaines admirables estans esdictes Gaules, histoire tres utile et delectable nouuellement mise en lumière. *On les vend à Lyon, chez Françoys Juste, s. d.* Pet. in-16, caract. goth., fig. sur bois, mar. rouge jans., dent. int., tr. dor. (*Cuzin.*)

1139. HISTOIRE D'VN VOYAGE EN LA TERRE DV BRÉSIL, autrement dite Amerique, Contenant la nauigation, & choses remarquables, veües sur mer par l'aucteur : Le comportement de Villegagnon, en ce païs là. Les mœurs & façons de viure estranges des Sauuages Ameriquains : auec un colloque de leur langage. Ensemble la description de plusieurs animaux, arbres, herbes, & autres choses singulieres, & du tout inconnues par deça, non encore mis en lumiere pour les causes contenues en la Préface. Le tout recueilli sur les lieux par Iean de Lery, natif de la Margelle, terre de sainct Sene au Duché de Bourgogne. *S. l. (Genève), Pour Antoine Chuppin.* M.D.LXXVIII. [1578] In-8, fig. sur bois, mar. rouge jans.,dent. int., tr. dor. (*Trautz-Bauzonnet.*)

Première édition.
Coll. 24 ff. prélim., 424 pp., 6 ff. de table et 7 d'errata, 1 f. blanc.
Il y a six figures dans le texte.
Jean de Léry fut envoyé par Calvin à Villegagnon avec une mission évangélique. Villegagnon ayant renvoyé les ministres de la religion réformée, J. de Léry revint en France. Il était ministre à la Charité-sur-Loire en 1572.

1140. Cours des principaux fleuves et rivières de l'Europe, composé et imprimé par Louis XV, roy de France, en 1718. *A Paris, dans l'imprimerie du cabinet de S. M., dirigé par J. Collombat, 1718.* Pet. in-4, demi-rel.

Portrait de Louis XV enfant, gravé par Audran.

1141. Voyages en France, (par Chapelle et Bachaumont, Le Franc de Pompignan, Fléchier, Bérenger, le Chevalier Bertin, Piron, Gaucher, etc.), ornés de gravures, avec des notes par La Mésangère. *A Paris, imprimerie de Chaignieau aîné, l'an IV-l'an VI* (1795-1798). 4 vol. in-12, portr. et fig., mar. grenat, dos ornés, compart. de fil., dentelle dor. et à froid, sur les plats, tr. dor. (*Simier.*)

Bel exemplaire en papier vélin, avec les figures AVANT LA LETTRE, portrait gravés par Gaucher, dont celui de cet artiste par lui-même.

1142. Antiquitates Romæ veteris, nova opera Joh. Cunradi Dieterichii prof. Marpurgensis collecta. Francofurti prodierunt e Kempferriana anno 1643. — Antiquitates Romanæ ecclesiasticæ, civiles, militares et economicæ ex variis autoribus conquesta et in quatuor libros perspicua brevitate congestæ opera et studio Philippi Caroli neoburgi palatini. *Francofurti,* 1668. En un vol. in-12, mar. rouge, dos orné. (*Rel. anc.*)

Aux armes de Colbert.

1143. Promenade en Amérique, Etats-Unis, Cuba, Mexique, par J.-J. Ampère. *Paris, Michel Lévy frères,* 1855. 2 vol. in-8, mar. rouge jans., tr. dor. (*Trautz-Bauzonnet.*)

Le voyage de M. Ampère coïncida avec mon séjour à la Légation de Washington dont M. de Sartiges était le chef et à laquelle j'étais attaché.

M. Ampère étant passé par Washington en se dirigeant vers le Sud au moment où je venais de donner ma démission après le coup d'état du 2 décembre, je revins en France avec lui par la Nouvelle-Orléans, Cuba et le Mexique. Le second volume de la promenade est le récit de notre voyage. Le comte Henri de Béarn, beau-frère du Prince Albert de Broglie et mon collègue à la légation, était venu avec nous jusqu'à la Nouvelle-Orléans.

Histoire ancienne.

1144. Appian Alexandrin historien grec, des guerres des Romains, livres XI... le tout traduict en françois par feu M. Claude de Seyssel. *A Lyon, pour Anthoine Constantin,* 1544. In-fol., mar. brun. (*Rel. anc.*)

Exemplaire ayant appartenu au connétable Anne de Montmorency dont les armoiries : d'or à la croix de gueules, cantonnée de seize alérions d'azur, sont peintes sur les plats. Il est d'une parfaite conservation.
Il porte la devise du connétable ΑΓΛΑΝΩΣ.

1145. Dictys Cretensis de bello Troiano et Dares phrygius de excidio Troiae, cum notis ad Dictym. *Amstelodami*, **apud** *Joannem Janssonium*, 1631. In-16, mar. rouge, fil., comp., tr. dor. (*Le Gascon.*)

Aux armes du Cardinal de Richelieu.

1146. Paulo Orosio tradotto di latino in volgare per Giovanni Guerini da Lanciza novamente stampato. (*Venetia*), *p. Alex. Pag. Benacenses, s. d..* (*vers* 1520), in-8, mar. rouge, comp. sur les plats, tr. dor. (*Rel. anc.*)

Exemplaire portant sur les plats l'emblème du bibliophile italien D. Canevarii. Cet emblème représente Apollon, sur son char, gravissant le Parnasse.
Il est entouré d'une devise grecque.

1147. Commentarii di Caio Giulio Cesare, tradotti di latino in volgar lingua per Agostino Ortica de la Porta Genovese. *In Venetia*, 1546 (A la fin :) *Nelle case de figliuoli di Aldo*. In-8, mar. rouge, compart., tr. dor. (*Rel. aldine.*)

Exemplaire du Cardinal de Granvelle, dont les armoiries, sont imprimées en noir au verso du titre.

1148. Les Commentaires de la Guerre Gallique reproduits en fac-simile d'après le manuscrit original par les soins de la Société des Bibliophiles François. *Paris*, 1894. 3 vol. in-8, mar. noir, *non rognés*. (*Mercier.*)

C'est Mgr. le Duc d'Aumale qui a eu la première idée de cette publication. Il a pensé qu'il serait intéressant de réunir par la reproduction ces trois volumes à jamais séparés, dont l'un est à Londres, l'autre à Paris et le troisième à Chantilly.
On a commencé par photographier toutes les miniatures pour les reporter sur la planche de cuivre. Ensuite on a fait copier les trois manuscrits, texte et miniatures pour donner des modèles aux typographes, aux imprimeurs en taille douce et aux miniaturistes chargés de décorer les planches après le tirage. On a dû envoyer un artiste en Angleterre pour prendre les photographies et la copie du manuscrit conservé au British Museum.
Le texte a été composé, ligne pour ligne, d'après la copie des manuscrits, et imprimé avec les caractères de la Société des Bibliophiles sur un papier spécial fabriqué par les papeteries du Marais.
La Société a fait don au cabinet des estampes de la collection des modèles.
M. Duplessis a composé un recueil intéressant en y ajoutant l'épreuve de la planche avant la décoration.

1149. Alesia. Etude sur la septième campagne de César en Gaule. *Paris, Claye, rue St-Benoit*, 1858. In-8, mar. rouge, dos et coins ornés du monogramme H., tr. dor. (*Cape.*)

Par Mgr. le duc d'Aumale (Extrait de la *Revue des Deux Mondes.*)

1150. C. Sallustii Crispi Opera quæ extant omnia, cum selectissimis variorum observationibus et accurata recensione

PAVLO
OROSIO

N° 1146

Ant. Thysii. *Lugd. Batavorum, apud Fr. Hackium*, 1649.
In-8, mar. rouge, fil., doublé de mar. rouge, dent. intér.,
dos orné, tr. dor. (*Du Seuil.*)

1151. Cornelii Taciti Opera quæ extant, ex recensione et
cum animadversionibus Theod. Ryckii. *Lugduni Batav.,
Hackius*, 1687. 2 vol. in-8, réglés, mar. rouge, doublé de
mar. rouge, dent., tr. dor. (*Rel. anc.*)

> Exemplaire en grand papier, relié par Boyet.
> De la bibliothèque de M. de La Bédoyère (1837) et de Brunet.

1152. Nouvelle traduction de deux ouvrages de Corneille
Tacite. *Lyon*, 1706. In-8, cartes, mar. rouge, tr. dor. (*Rel.
anc.*)

> Cette traduction est due au duc d'Anjou, depuis roi d'Espagne sous le
> nom de Philippe V.
> Sur le feuillet de garde, on lit la note suivante de la main de M. de
> Cangé : « *Cette traduction a été faite par Philippe cinq, roi d'Espagne. Il me
> l'a donnée lui-même à Madrid lorsque j'eus l'honneur d'y accompagner Mgr.
> le duc d'Orléans, étant son premier valet de Chambre.* »
> Aux armes de Philippe V.

1153. Justini historiarum ex Pompeio trogo libri 44. Ex museo
Joh. H. Isaaci Pontani. *Amstelodami, apud Johannem
Jansonium* 1628. In-16, mar. rouge, fil., tr. dor. (*Le Gascon.*)

> Exemplaire aux armes du Cardinal de Richelieu.

1154. Le premier livre de Flavius Josephus de la guerre et
captivité des juifs : mis en français par le seigneur des
Essarts Nicolas de Herberay, commissaire ordinaire de
l'artillerie du Roy. *A Paris, par Estienne Groulleau*, 1550.
Pet. in-4 de 9 ff. limin., 108 ff. chiffrés, 1 f. pour la table, 1 f.
pour la marque du libraire, fig. sur bois, veau fauve, compartiments. (*Reliure du XVIᵉ siècle.*)

1155. Considérations sur les causes de la grandeur des
Romains et de leur décadence (par Montesquieu). *A Amsterdam, chez Jacques Desbordes*, 1734. In-12, mar. brun jans.,
tr. dor. (*Cuzin.*)

> 2 ff. préliminaires, 277 pp. chiffrées, 1 f. d'errata.
> Edition originale.

Histoire des Pays étrangers.

1156. Commentarii di M. Galeazzo Capella delle cose fatte
per la restitutione di Francesco Sforza, secondo duca di
Milano. Tradotte di latino in lingua toscana per M. Francesco

10

Philipopoli fiorentino. *Venetiis, apud Joannem Giolitum de Ferrariis*, M.D.XXXIX [1539]. In-4, réglé, mar. rouge, compart., tr. dor. ornée. (*Rel. anc.*)

> Reliure italienne du XVIe siècle, à riches et élégants compartiments, noir et or. Sur les plats, un écusson aux armes accolées des Orsini et des Médicis avec cette légende : *Paul Jordan. Ors. D. Aragon.*
>
> Ces armes sont celles de la duchesse de Bracciano, Isabelle de Médicis, femme de Jordano Orsini, qui fut étranglée par son mari à Cerreto.
>
> Exemplaire du marquis de GANAY.

1157. EFFIGIES, NOMINA, ET COGNOMINA S. D. N. Alexandri papa VII et R. R. D. D. S. R. E. cardd. nunc viventium. Ædit. a J. Jacobo de Rubeis. *Romæ ad templum pacis.* 1688. *Cum privilegio S. Pont.* Front., 69 portraits. — ILLmo D. D. ROGERIO DUPLESSEIS dño. de Liancourt, marchioni de Monfort, comiti de La Rocheguyon etc. utriusque ordinis Christianissimæ majestatis equiti, Regiis a cubiculis primario. Heroi virtutum et magnarum artium eximio cultore avorum pace bello que prestantium et ævi melioris decora referenti Segmenta nobilium Signorum et statuarum, quæ temporis dentem invidium evasere urbis eternæ ruinis erepta, typis æneis ab se commissa perpetua venerationis monumentum *Franciscus Perrier*, D.D.D. 1638. 1 titre, 100 figures, dont deux doubles, signées Franciscus Perrier Burgundus, 2 ff. d'index. Deux ouvrages en 1 vol. in-fol., mar. rouge, fil., tr. dor. (*Rel. anc.*)

> Aux armes de la GRANDE MADEMOISELLE.

1158. LA CONJURATION DU COMTE JEAN-LOUIS DE FIESQUE (par le cardinal de Retz). *A Cologne* (*Amsterdam, Daniel Elzevier*), 1665. Pet. in-12, mar. rouge jans., dent. int., tr. dor. (*Trautz-Bauzonnet.*)

> Haut. · 130 millim.
> Cachet de la bibliothèque de LAMOIGNON.

1159. LES CHRONIQUES ET ANNALES DE POLOIGNE. La description du royaume de Poloigne et pays adiacens avec les constitutions, mœurs... d'iceux, par Blaise de Vigenere. *A Paris, chez Jean Richer,* 1573, 2 parties en un vol. in-4, réglé, mar. bleu, compart. fleurdelisés, marguerites, coins et milieux, dorure à petits fers, dos orné, tr. dor. (*Le Gascon.*)

> Très bel exemplaire recouvert d'une reliure à riches compartiments, dans le genre de celles exécutées pour le roi Louis XIII et la reine Anne d'Autriche.
>
> Exemplaire de J.-J. DE BURE, et de M. le baron DE LACARELLE

1160. TYRANNIES ET CRUAUTEZ DES ESPAGNOLS, perpétrées ès Indes occidentales, qu'on dit le Nouveau Monde, brievement descrittes en langue castillane par l'évesque don frere Barthelemy de las Casas ou Casaos, Espagnol, de l'ordre de S. Dominique ; fidèlement traduictes par J. de Niggrode pour servir d'exemple et d'avertissement aux 17 provinces des Pays-Bas. Heureux celui qui devient sage en voyant d'autrui le dommage, *Anvers, chez François de Ravelenghien, joignant le portail septentrional de l'église Notre-Dame*, 1579, Pet. in-8, vélin doré, tr. dor. (*Rel. anc.*)

8 ff. prélim., 134 pp. pour le texte.
Aux armes de J.-A. de Thou.

1161. Histoire de la Réunion du Royaume de Portugal à la Couronne de Castille. Traduite de l'Italien de Jerosme Conestage, Gentilhomme Genois. *A Paris, chez Claude Barbin et Louis Billaine*, 1680. 2 vol. in-12, réglés, mar. bleu, fil. à froid, doublés de mar. rouge, dent. int., tr. dor. (*Rel. anc.*)

Aux armes et au chiffre de Madame de Chamillart.
Exemplaire de J.-J. de Bure.

1162. Martyre de la Royne d'Escosse, douairière de France contenant le vray discours des Trahisons à elle faictes à la suscitation d'Elisabeth, Angloise, par lequel les calomnies et fausses accusations dressées contre cette vertueuse princesse sont eclaircies et son innocence avérée (par Adam Blackwood). *Edimbourg, Jean Nafeild,* 1588. Pet. in-8, mar. brun, tr. dor. (*Trautz-Bauzonnet.*)

On a ajouté à l'exemplaire deux portraits d'Elisabeth et de Marie Stuart, par Rabel. Ces deux portraits sont rares.
Seconde édition, augmentée de l'oraison funèbre de Marie Stuart, prononcée en l'église Notre-Dame, à Paris.
Exemplaire de la vente Veinant.

1163. L'Innocence de la très illustre, très chaste et débonnaire princesse, Madame Marie, Royne d'Escosse, où sont amplement refutées les calomnies faulces, et impositions iniques, publiées par un livre secrettement divulgué en France, l'an 1572, touchant tant la mort du seigneur d'Arley son espoux que autres crimes, dont elle est faulcement accusée... (par Belleforest). *S. l. (Paris), Imprimé l'an* 1572. In-8, mar. La Vallière jans., dent. int., tr. dor. (*Trautz-Bauzonnet.*)

Ce livre est une réfutation du libelle intitulé : *Histoire de Marie, royne d'Ecosse*, de Buchanan.
Exemplaire de la vente Chartener.

1164. Joannis Leslæi Scoti, episcopi Rossen. Libri duo : quorum uno præ afflicti animi consolationes divinaque remedia : altero animi tranquilli munimentum et conservatio continentur. Ad Serenissimam Principem D. Mariam Scotorum Reginam. His adjecimus ejusdem principis epistolam ad Rossensem Episcopum et versus item Gallicos

latino carmine translatos pias etiam aliquot preces. *Parisiis,*
ex officina Petri l'Huillier, 1574. In-8, réglé, vélin à
recouv., fil. et milieux dorés, tr. dor. (*Rel. anc.*)

Coll. huit ff. préliminaires dont un blanc non chiffr. 128 ff. chiffr. pour les
tables 13 ff. non chiffr. sign. A. R. par huit ff.

L'intérêt de ce précieux volume est tout entier dans les feuillets 38, 39
40 qui contiennent des vers français composés par la reine Marie Stuart.
Ce sont les seuls qu'on puisse lui attribuer d'une façon certaine.

Leslie a donné de son livre, en 1593, une traduction française qui est
également un livre fort rare.

Exemplaire du baron PICHON.

Histoire de France.

1165. HISTOIRE DE FRANCE AVANT CLOVIS, par le Sr de Mezeray.
Amsterdam, Abr. Wolfgang, 1688. Pet. in-8. — Abrégé
chronologique de l'Histoire de France. *Amsterdam, Abr.*
Wolfgang, 1673-1674. 6 vol. pet. in-8, front. et portraits. —
Abrégé chronologique de l'Histoire de France, sous les règnes
de Louis XIII et Louis XIV (par Limiers). *Amsterdam,*
David Mortier, 1720. 2 vol. pet. in-8, portraits.—Mémoires
historiques et critiques sur divers points de l'Histoire de
France, par F. E. de Mézeray. *Amsterdam, J. F. Bernard,*
1732. 2 tomes en 1 vol. pet. in-8. Ensemble 11 vol. pet. in-8,
mar. bleu, dentelle, dos orné, doublé de tabis, tr. dor.
(*Derome*).

Exemplaire provenant de la bibliothèque d'Ant.-Aug. RENOUARD.

1166. EFFIGIES REGUM FRANCORUM omnium a Pharamundo ad
Henricum usque tertium, ad vivum, quantum fieri potuit,
expressæ, cælatoribus Virgilio Solis Noriber : & Iusto
Ammam Tigurino. Accessit Epitome Chronicon, eorum vitas
et gesta breviter complectens. *Noribergæ,* 1576. (A la fin :)
Noribergæ, in officina typographica Katharinæ Theodori
Gerlachij relictæ Viduæ et Hæredum Iohannis Montani.
In-4, front. et 262 portr., mar. rouge, tr. dor. (*Duru.*)

Ces portraits sont des copies de ceux attribués à Claude Corneille qui
avaient paru à Lyon, en 1546, dans un livre intitulé *Epitome des Roys de*
France; mais leur exécution est supérieure et ils sont encadrés dans des
bordures dont l'ornement est très intéressant.

Vingt de ces portraits, qui sont à l'eau-forte et au burin, sont signés de
Virgile Solis. Les autres sont de Jost Amman.

1167. NOTES ET DOCUMENTS RELATIFS A JEAN, roi de France, et
à sa captivité en Angleterre (extr. des archives de la maison
de Condé, avec une introduction par Mgr. le duc d'Aumale).
S. l. n. d. In-8, pap. de Holl., mar. rouge, dos et plats

fleurdelisés, compart., doublé de mar. bleu, riche dent., tr.
dor. dans un étui.

Reliure de Duru et dorure de Marius Michel.
On a joint à l'exemplaire une intéressante lettre d'envoi écrite par Mgr. le
duc d'Aumale à M. le comte de Montalivet.
Aux armes de Mgr. le duc d'AUMALE.

1168. NOTES ET DOCUMENTS relatifs à Jean, roi de France, et à
sa captivité en Angleterre (par le duc d'Aumale). *S. l. n. d.*
(*Londres, imprim. de Whittingham et Wilkins*), 1856.
Pet. in-4, mar. bleu, tr. dor. (*Cuzin.*)

Cet exemplaire contient la très rare plaquette en 24 pages des « *Nouveaux
documents* » et le portrait du Roi Jehan.

1169. HISTOIRE DE LA VIE, faicts heroïques et voyages de
tresvalleureux Prince, Louis III, duc de Bourbon, arrière fils
de Robert, comte de Clermont en Beauvoisis, baron de
Bourbon, fils de Sainct Louys. En laquelle est comprins le
discours des guerres des Francois contre les Anglois,
Flamans, Affricains & autres nations, sous la conduite dudict
Duc, pendant les regnes de Jean, Charles cinquiesme &
Charles sixiesme Roys de France. Imprimée sur le ms.
trouvé en la bibliothèque de M. Papirius Masson, foresien.
Paris, François Huby, 1612. In-8, mar. rouge, fil., tr. dor.
(*Rel. anc.*)

Aux armes de J.-A. DE THOU.

1170. HISTOIRE DE Mᵉ JEAN DE BOUCICAUT, maréchal de France
escripte du vivant du mareschal et nouvellement mise en
lumière par Theodore Godefroy, avocat au Parlement de
Paris. *A Paris, chez Abraham Pacard, rue St-Jacques,
au Sacrifice d'Abraham*, 1620. *Avec privilège du Roy*.
In-4, veau. (*Rel. anc.*)

Exemplaire en grand papier.
Il a appartenu à PÀRIS qui a mis une annotation sur la garde.

1171. HISTOIRE DU MARÉCHAL DE BOUCICAUT (par de Pilham).
*Suivant la copie de Paris, La Haye, Louis et Henri van
Dole*, 1699. Pet. in-8, portr., mar. rouge, dos orné, fil., tr.
dor. (*Capé.*)

1172. NOTICE SUR UN MANUSCRIT DU XIVᵉ SIÈCLE, les Heures
du Maréchal de Boucicaut (par G. de Villeneuve). *A Paris,
pour la Société des Bibliophiles François*, 1889. Pet. in-fol.,
mar. rouge jans., tr. dor. (*Cuzin.*)

Cet exemplaire contient :
La couverture imprimée.
Les figures reproduites en quatre états : la photographie, la photogravure
tirée en noir, la même tirée en couleur, la même retouchée par Guerrier.
Cette suite permet de saisir toutes les phases de la reproduction.

La photographie de la miniature dite Notre-Dame des Sept Joies, est accompagnée d'une épreuve sur papier salé qui fait mieux ressortir les armoiries d'Antoinette de Turenne sous la surcharge de Poitiers. La figure retouchée est double : à celle de l'édition j'ai joint l'épreuve d'essai tirée avant que la planche héliographique fût nettoyée.

J'ai placé dans l'exemplaire une facture de l'imprimeur qui donne le coût de la publication, et un article de M. Delisle inséré dans la *Bibliothèque de l'école des Chartes* à propos des Heures de Boucicaut. (*1890, T. LI, p. 145*).

J'ai fait incruster dans le carton de la reliure la petite médaille frappée par l'ordre de la Société des Bibliophiles pour conserver le souvenir de la séance qu'elle alla tenir à Bruxelles en 1888, chez Mgr. le duc d'Aumale, alors exilé pour la seconde fois par les Républicains. C'est à cette séance que j'avais donné lecture de la Notice sur les Heures de Boucicaut.

1173. NOTICE SUR UN MANUSCRIT DU XIVᵉ SIÈCLE, les Heures du Maréchal de Boucicaut. *Paris*, 1889. Pet. in-fol., mar. brun, doublé de mar. rouge, tr. dor. (*Cuzin.*)

> Cet exemplaire exceptionnel est tiré sur papier du Japon. J'ai été autorisé à le faire imprimer pour placer les copies des miniatures que j'avais fait exécuter à mes frais par Guerrier afin de servir de modèle aux imprimeurs en taille douce et à l'artiste chargé de la retouche des planches, ne voulant pas laisser mon manuscrit entre leurs mains.
> C'est donc un exemplaire unique.

1174. L'HISTOIRE ET DISCOURS AU VRAY DU SIÉGE qui fut mis devant la ville d'Orléans, par les Anglois, le mardy XII jour d'octobre MCCCCXXVIII, régnant alors Charles VII de ce nom Roy de France, avec la venue de Jeanne la Pucelle, et comment par grâce divine elle feict lever le siège de devant aux Anglois ; prise de mot à mot d'un vieil exemplaire escript à la main en parchemin, et trouvé en la maison de la dicte ville d'Orléans. Plus un écho contenant les singularités de la dicte ville par Léon Trippault. *A Orléans, par Saturnin Hotot*, 1576. In-4 de 6 et 50 ff., mar. bleu, dos fleurdelisé, tr. dor. (*Trautz-Bauzonnet.*)

> Première édition d'un des plus anciens et des plus précieux documents qui existent sur Jeanne d'Arc et le siège d'Orléans.
> Exemplaire du Baron de LACARELLE.

1175. HEROINÆ NOBILISSIMÆ IOANNÆ DARC Lotharingæ vulgo Aurelianensis Puellæ Historia, Ex variis grauissimæ atque incorruptissimæ fidei scriptoribus excerpta . Eiusdem Mauortiæ Virginis Innocentia a calumniis vindicata. Authore Ioanne Hordal Serenissimi Ducis Lotharingiæ Consiliario, Et I. V. Doctore ac professore publico in alma uniuersitate Ponti-Mussana. *Ponti Mussi, Apud Melchiorem Bernardum Eiusdem Ser. Ducis Typographum*, MDCXII [1612]. In-4, vélin blanc, fil., milieux dorés, tr. dor. (*Rel. anc.*)

> 8 ff. limin. pour le titre placé dans un encadrement de Léonard Gaultier, le portrait équestre de Jeanne d'Arc par Léonard Gaultier, la dédicace au prince François de Lorraine, différentes pièces de vers adressées à Hordal, et le portrait de Jeanne d'Arc par L. Gaultier en pied dans un ovale. 251 pp. chiffrées, 1 f. pour le privilège.

Jean Hordal qui a écrit cette histoire de la Pucelle descendait du troisième frère de Jeanne d'Arc par les femmes.

Cet exemplaire faisait partie de la bibliothèque du Noviciat des Jésuites de Nancy.

Aux armes du DUC de LORRAINE.

1176. RECUEIL DE PLUSIEURS INSCRIPTIONS proposées pour remplir les tables d'attente estans sous les statues du Roy Charles VII et de la Pucelle d'Orléans, qui sont élevées egalement armées, et à genoux, aux deux côtés d'une Croix et de l'image de la Vierge Marie estant au pied d'icelle sur le pont de la ville d'Orléans dès l'an 1458 et de diverses poésies faites à la louange de la même Pucelle et de ses frères et leur postérité : dont la table sera en la huitième page suivante. Traité sommaire tant du nom et des armes que de la naissance et parenté de la Pucelle d'Orléans et de ses frères fait en Octobre 1612 et reveu en 1628. *Paris,* 1628. Deux parties en un vol. in-4, vélin doré, dos fleurdelisé, tr. dor. (*Rel. anc.*)

Coll. 4 ff. limin. pour le titre, frontispice, deux portraits de la Pucelle gravés par Léonard Gaultier. 124 pp. pour la 1re partie. Sign. A-P par 4, Q par 2. A la page 98 se trouve placée une grande planche gravée par Poinsart : « *Pourtrait d'une tapisserie faite il y a deux cens ans ou est represente le Roy Charles VII allant faire son entrée en la ville de Rheims pour y être sacré à la conduite de la Pucelle d'Orléans, 1429* ».

Dans tous les exemplaires connus il manque entre la page 98 et la page 105, les trois derniers ff. du cahier N.

2e partie, 52 pages.

Les deux portraits de la Pucelle par L. Gaultier avaient déjà été placés dans l'Histoire d'Hordal en 1612.

On a ajouté une seconde épreuve du frontispice avant la légende en haut de la planche et avec des différences dans le texte au verso.

Ce recueil composé par Ch. du Lys est fort rare surtout quand on y trouve la grande figure de Poinsart. Cet exemplaire a appartenu à Sainte-Marthe qui a signé son nom sur le titre, et ajouté cette mention : « *ex bibliotheca Sammarthanorum fratrum* ».

De la bibliothèque de W. BECKFORD.

1177. LES MÉMOIRES de Messire Philippe de Commines Sr d'Argenton. Dernière Edition. *A Leide, Chez les Elzeviers,* 1648. Pet. in-12, mar. rouge jans., dent. int., tr. dor. (*Trautz-Bauzonnet.*)

Haut. 134mm.

1178. LE CABINET DU ROY LOUIS XI contenant plusieurs fragments, lettres missives, et secrètes intrigues du règne de ce monarque et autres pièces très curieuses et non encore veues, recueillies de diverses archives et trésors. *A Paris, chez Gabriel Quinet, au Palais dans la galerie des prisonniers, à l'Ange Gabriel,* 1661. *Avec Privilège.* In-12, front. gravé, mar. rouge, armoiries sur plats, tr. dor. (*Du Seuil.*)

Aux armes de Mlle de MONTPENSIER.

1179. RECUEIL DE DIVERSES PIÈCES servant à l'histoire de

Henri III, roy de France et de Pologne, dont les tiltres se trouvent en la page suivante. Nouvelle édition, beaucoup augmentée et corrigée. *A Cologne, chez Pierre du Marteau (Hollande)*, 1666. 4 parties en 1 vol. pet. in-12, mar. rouge jans., dent. int., tr. dor. (*Trautz-Bauzonnet.*)

Haut. 132ᵐᵐ.

1180. LE CABINET DU ROY DE FRANCE, dans lequel il y a trois perles précieuses d'inestimable valeur, par le moyen desquelles sa Majesté s'en va le premier monarque du monde et ses sujets du tout soulagez. *S. l.*, 1581. Pet. in-8, mar. bleu, dos orné, fil., tr. dor. (*Padeloup*).

Les perles précieuses sont la parole de Dieu, la Noblesse et le Tiers-État. L'auteur donne une statistique des revenus de la France au XVIᵉ siècle ; il signale les abus commis dans leur perception et le moyen de les prévenir.
Ce traité a été attribué à Froumenteau et surtout à Nicolas Barnaud.
Provient des bibliothèques de BONNEMET et de LA VALLIÈRE.
Cette reliure est faite de ce maroquin bleu céleste tout spécial aux livres de Bonnemet.
De la bibliothèque de BECKFORD.

1181. HISTOIRE DES GUERRES CIVILES DE FRANCE, contenant tout ce qui s'est passé de plus mémorable soubs le règne de François II, Charles IX, Henry III, Henry IV, escrite en italien par Davila et mise en françois par J. Baudoin. *Jouxte la copie à Paris*, 1657, 2 vol. pet. in-fol., mar. rouge, fil., tr. dor. (*Du Seuil.*)

Exemplaire en grand papier.
Au titre, cachet de la bibliothèque du RÉGENT.
Aux armes de MARIE-ANNE-LOUISE D'ORLÉANS, duchesse de MONTPENSIER, dite la grande Mademoiselle.

1182. INFORMATION CONTRE ISABELLE DE LIMEUIL (mai-août 1564), publiée, d'après les papiers originaux, par H. d'Orléans, duc d'Aumale. *S. l. n. d.* Pet. in-4, mar. bleu, fil., tr. dor. (*Cuzin.*)

Sur le dos et sur les plats les derniers fers gravés pour M. le duc d'Aumale.

1183. BRIEF DISCOURS sur la mort de la Reyne de Navarre, advenue à Paris le IXᵉ jour de juin 1572. In-8, mar. bleu jans., tr. dor. (*Mercier.*)

1184. LE CATHOLICON D'ESPAGNE et la tenue des Etats à Paris, par Messieurs de la S. Union, avec le testament d'icelle, le tout revu et augmenté. *A Turin, par T. Carabiaco*, 1594, Pet. in-8, mar. brun, plats et dos ornés, tr. dor. (*Capé.*)

Cette édition est une des premières bien datées ; on sait, par une note de Dupuy et la concordance des événements, que ce célèbre Pamphlet n'a paru qu'en 1594. Elle est citée dans Lelong et Fontette. Le lieu de l'impression et le nom de l'imprimeur cachent sa véritable origine ; elle est de Tours, comme l'édition en 255 pages et l'édition en 371 pages qui ont paru les premières, et dont elle reproduit le texte avec quelques pièces ajoutées.

Exemplaire de LUZARCHE avec la devise : *Paulatim* sur le plat de la reliure.

1185. SATYRE MENIPPÉE de la vertu du catholicon d'Espagne et de la tenue des Estatz de Paris. *S. l.*, 1593. Pet. in-12, mar. bleu, fleurs de lis sur le dos et aux angles des plats, tr. dor. (*Trautz-Bauzonnet.*)

Edition en 371 pages; elle n'est signalée dans aucun catalogue. Des éditions que l'on connaît sous la date de 1593, celle-ci paraît être la première. On lit aux pages 338 et suivantes, que l'auteur, se rendant à la salle des Etats, au Louvre, voit dans l'escalier qui y conduit plusieurs tableaux dont il donne la description. Le second, à la page 340, est entièrement différent de celui qui se trouve dans les autres éditions sous la même date. Dans ce tableau, N. de Neuville de Villeroy, secrétaire d'Etat, est représenté recevant sur la tête une petite pluie d'or, ce qui veut dire qu'il s'était laissé corrompre par les doublons de l'Espagne. Or c'est ce même tableau qui se voit dans les premières éditions et que Villeroy, s'étant rapproché du parti royal, avait eu le crédit de faire supprimer et remplacer par un autre : (voir : *Satyre Ménippée, Ratisbonne, Kerner*. 1664, pages 4 et 7 de l'*Avis au lecteur* et l'édition de *Charpentier*. Paris, 1869, page 236).

Ce serait donc une des plus anciennes éditions, sinon la plus ancienne de ce livre célèbre. C'est en tous cas la plus jolie.

1186 SATYRE MENIPPÉE de la vertu du catholicon d'Espagne et de la tenue des états de Paris ; augmentée de notes tirées des éditions de Dupuy et de Le Duchat, par Verger ; et d'un commentaire historique, littéraire et philosophique, par Ch. Nodier. *Paris, Dalibon (Imprimerie de J. Didot)*, 1824. 2 vol. in-8, fig. sur papier de Chine avant la lettre, mar. rouge, tr. dor. (*Niedrée.*)

Exemplaire en GRAND PAPIER.

1187. DISCOURS SUR LA MORT de Monsieur le Président Brisson. Ensemble les Arrestz donnez à l'encontre des assassinateurs *A Paris, Par Claude de Montrœil et Iean Richer*, 1595. In-8 de 52 pp., mar. rouge jans., dent. int., tr. dor. (*Trautz-Bauzonnet.*)

On a ajouté à l'exemplaire la planche représentant l'assassinat du président Brisson, tirée du recueil publié par Hogenberg.

1188. SUPPLIQUE AU ROI HENRI IV, pour la dissolution de son mariage avec Marguerite de Valois, et pour qu'il ait un héritier de ses sceptres et vertus. *S. l. n. d.* In-8, réglé, de 200 pp., vélin blanc, semis de fleurs de lis sur le dos et sur les plats, tr. dor.

Aux armes du roi HENRI IV.

Dans les armes poussées sur les reliures du Roi à cette époque, il y a sous le double écu de France et de Navarre un H couronné. Plus tard après la naissance de son fils qui sera Louis XIII, le Roi a fait remplacer l'H couronné par un Dauphin.

1189. MEMOIRES DE LA REYNE MARGUERITE. Nouvelle édition plus correcte. *Jouxte la copie a Paris* (*Bruxelles, Foppens*), 1658. Pet. in-12, mar. rouge, fil., dos orné, dent. int., tr. dor. (*Trautz-Bauzonnet.*)

> 2 ff. prélimim., titre et avis. 197 pp.
> Haut. 128mm.

1190. HISTOIRE DU ROY HENRY LE GRAND. Composée Par Messire Hardouin de Perefixe, Evesque de Rodez, cy-devant Precepteur du Roy. *A Amsterdam, chez Louys et Daniel Elzevier.* 1661. Pet. in-12, front. gravé, mar. vert, fil., dos orné, tr. dor. (*Derome.*)

> Haut. 132mm.
> Exemplaire du marquis de GANAY.

1191. SERMONS DE LA SIMVLÉE CONVERSION, et nullité de la pretendue absolution de Henry de Bourbon, Prince de Bearn à S. Denys en France, le Dimanche 25 Iuillet 1593. Sur le sujet de l'Euangile du mesme iour... Prononcez en l'Eglise S. Merry à Paris, depuis le premier iour d'Aoust prochainement suyuant iusques au neufiesme dudict mois : Par Mᵉ Iean Boucher, Docteur en Theologie. *A Paris, chez G. Chaudiere, R. Niuelle, et R. Thierry.* MDXCIIII. [1594]. In-8, mar. rouge, fil., dos orné, tr. dor. (*Capé.*)

> Première édition.

1192. APOLOGIE POUR JEHAN CHASTEL, Parisien, exécuté à mort et pour les pères et escholliers de la société bannis du royaume de France, contre l'arrest de Parlement donné contre eux à Paris, le 29 décembre 1594, par François de Verone (Jehan Boucher). *S. l.*, 1595. In-8, mar. vert jans., tr. dor. (*Duru.*)

1193. LES MÉMOIRES de feu Monsieur le Duc de Guise. (Rédigés par Ph. Goibault Dubois et publiés par M. de Saint-Yon). *A Cologne, Chez Pierre de la Place* (*La Haye, Steucker frères*), 1668. 2 vol. pet. in-12, mar. rouge jans., dent. int., tr. dor. (*Trautz-Bauzonnet.*)

> Haut. 134mm.

1194. RECUEIL DE PLUSIEURS PIÈCES servans à l'histoire moderne dont les titres se trouvent en la page suivante. *A Cologne* (*Holl.*), *chez Pierre du Marteau*, 1663. Pet. in-12, mar. rouge jans., dent. int., tr. dor. (*Trautz-Bauzonnet.*)

> Contient : *Discours d'une trahison tramée contre le roi Henri IV. — La Retraite de Monsieur en Flandres. — L'Emprisonnement de Puylaurens. — Mémoire de Monsieur de Fonterailles. — Instruction du procès et exécution de MM. Le Grand et de Thou,* etc., etc.
> Haut. 133mm.

1195. TESTAMENT POLITIQUE DE RICHELIEU. *Amsterd. J. Desbordes*, 1696. 2 vol. pet. in-12, mar. rouge, tr. dor. (*Duru.*)

> Ces deux volumes ont appartenu au Roi LOUIS-PHILIPPE qui a écrit de sa main sur les gardes des deux volumes la note suivante « *à moi légué par Madame de Vérac*, 1822 ».

1196. BENJAMINI PRIOLI ab excessu Ludovici XIII, De rebus Gallicis historiarum libri XII. *Carolopoli, et veneunt Parisiis, apud Fredericum Leonard,* 1665. In-4, portr. gravé par N. Pitau, d'après C. Le Fèvre, mar. rouge, fil. et comp. à la Du Seuil, tr. dor. (*Rel. anc.*)

> Exemplaire en grand papier.
> Aux armes du chancelier SÉGUIER.

1197. MÉMOIRES CONTENANT ce qui s'est passé en France de plus considérable depuis l'an 1608, jusqu'en l'année 1636. *A Paris, chez Claude Barbin,* 1685. In-12, mar. rouge jans., dent. int., tr. dor. (*Trautz-Bauzonnet.*)

> Ces mémoires sont ceux de Gaston, duc d'Orléans, rédigés par Et. Algay de Martignac. Voy. le P. Lelong, tome II, n° 21867.

1198. CODICILLES DE LOUYS XIII. *S. l.,* 1643. In-16, mar. rouge, dent., tr. dor. (*Padeloup.*)

1199. MÉMOIRES D'UN FAVORY de Son Altesse Royale Monsieur le duc d'Orléans. *A Leyde (Bruxelles), chez Jean Sambix le jeune,* 1668. Pet. in-12, mar. rouge, fil., dos orné, tr. dor. (*Boyet.*)

> Ces Mémoires sont l'œuvre de M. de Bois d'Annemetz ou d'Almay.

1200. MÉMOIRES de Madame de la Guette, escrits par Elle-mesme. *A La Haye, chez Adrian Moetjens,* 1681. In-12, veau brun.

> Catherine Meurdrac de la Guette naquit le 20 février 1613 et mourut en 1680. Ses mémoires s'arrêtent en 1665 à la suite de la mort de son fils arrivée au siège de Maestricht.

1201. RELATION DES CAMPAGNES de Rocroi et de Fribourg, en l'année 1643 et 1644. Dédiée à son Altesse Serenissime Monseigneur le duc d'Enguien (par Henri de Bessé de la Chapelle-Milon). *A Paris, chez Fr. Clousier et P. Auboin,* 1673. Pet. in-12, mar. rouge jans., dent. int., tr. dor. (*Trautz-Bauzonnet.*)

1202. MÉMOIRES DU CARDINAL DE RETZ, contenant ce qui s'est passé de remarquable en France pendant les premieres années du regne de Louis XIV. Nouvelle Edition, Revue

exactement, augmentée de plusieurs Eclaircissements historiques, & de quelques Pieces du Cardinal de Retz & autres
servant à l'Histoire de ce temps-là. *A Amsterdam, chez
J.-Frederic Bernard*, 1731. 4 vol. in-12, portrait gr. par
Thomassin. — Memoires de Gui Joly, conseiller au Chatelet
&c. contenant l'histoire de la Regence d'Anne d'Autriche
& des premieres années de la Majorité de Louis XIV.
jusqu'en 1666, les Intrigues du Cardinal de Retz à la Cour,
ses voyages en divers païs de l'Europe & la vie privée de
ce Cardinal jusqu'à sa mort &c. *A Amsterdam, chez
J.-Frédéric Bernard*, 1738, 2 vol. in-12. — Memoires
de Madame la Duchesse de Nemours contenant ce qui s'est
passé de plus particulier en France pendant la guerre de
Paris. *Amsterdam, chez J. Frederic Bernard*, 1738. In-12.
Ensemble 7 vol. in-12, mar. vert, fil., dos orné, tr. dor.
(*Derome le jeune.*)

> J'avais acheté les quatre premiers volumes chez Rouquette avec l'espoir
> d'y réunir les trois autres à la même reliure. Quelques années après
> Rouquette trouva à Rouen ces trois volumes. Cette bonne fortune est rare.
> M. Pichon a eu la même chance quand il a complété son fameux exemplaire
> des Lettres de S. Augustin aux armes de Mad. de Chamillart.

1203. MÉMOIRES DE LA COUR DE FRANCE, pour les années
1688 et 1689, par madame la comtesse de La Fayette.
Amsterdam, J.-F. Bernard, 1731. In-12, frontisp. gravé,
veau marbré, fil., dos orné, tr. dor. (*Rel. anc.*)

> Édition originale.
> Aux armes du duc d'AUMONT.

1204. INVENTAIRE de tous les meubles du cardinal Mazarin,
dressé en 1653 et publié d'après l'original conservé dans les
archives de Condé (par le duc d'Aumale). *Londres,
imprimerie de Whittingham et Wilkins*, 1861. Pet. in-4,
mar. bleu jans., dent. int., tr. dor. (*Trautz-Bauzonnet.*)

> Aux armes de Mgr. le duc d'AUMALE.

1205. ESTAT ET GOUVERNEMENT de la France comme il
est depuis la majorité du Roy Louis XIV a présent
regnant. Septième édition revue, corrigée et augmentée.
*A Amsterdam, chez Jean Ravenstein, marchand libraire
sur l'eau*, 1653. In-16, mar. rouge jans., tr. dor. (*Trautz-
Bauzonnet.*)

1206. LES SOUPIRS DE LA FRANCE ESCLAVE qui aspire après sa
liberté (divisé en quinze mémoires). *Amsterdam*, 1690.
In-4, mar. rouge, fil., tr. dor. (*Du Seuil.*)

> Cet ouvrage est attribué au théologien protestant Jurieu. Outre une critique
> très vive du gouvernement absolu de Louis XIV, on y trouve nettement
> établis les principes de la souveraineté du peuple. Devenu rare, ce livre fut
> réimprimé en 1788, sous le titre : *Vœux d'un patriote* (Mémoires I à XII).
> Ch. Nodier, qui en a fait l'objet d'un des articles de ses *Mélanges tirés d'une
> petite bibliothèque*, fait cette remarque singulière (page 360) : « C'est en 1689

que parut cet ouvrage, où reposait le germe d'une révolution qui devait éclore un siècle après et le premier des quinze mémoires est daté du 10 août. »

Exemplaire du duc de La Rochefoucauld-Liancourt.

1207. Histoire du Fanatisme de nostre temps et le dessein que l'on avoit de soulever en France les mécontens des calvinistes, par M. de Brueys, de Montpellier. *A Paris, chez François Muguet*, MDCXCII (1692). In-12, front., mar. rouge, tr. dor. (*Duru.*)

Sur le titre la signature de Madame de Sévigné.

1208. Vie privée de Louis XV, ou Principaux Evénements, particularités et anecdotes de son règne (par Moufle d'Angerville). *Londres, John Peter Lyton*, 1781, 4 vol. in-12, portraits, veau fauve, fil., tr. dor. (*Bradel-Derome.*)

1209. Anecdotes sur Mme la Comtesse du Barry (par Pidansat de Mairobert). *A Londres (Paris)*, 1776. Pet. in-8, veau fauve, fil., tr. dor.

1210. Etat des troupes et des Etats majors des Places. *S. l.*, 1760. In-12, mar. bleu, tabis, fermoirs en or. (*Rel. anc.*)

Le titre est remplacé par un élégant dessin à l'aquarelle peint par Eisen. Aux armes du Dauphin.

1211. Etat des Troupes et des Etats-Majors des Places. *S. l.*, 1762. In-8, mar. vert, tr. dor. (*Rel. anc.*)

Le titre gravé a été remplacé par un dessin lavé à l'aquarelle par Eisen, représentant l'écusson de la Marquise de Pompadour soutenu par les Grâces et les Amours.
Aux armes de la marquise de Pompadour.

1212. Procès-Verbal de l'assemblée des Notables tenue à Versailles en l'année 1787. *A Paris, de l'Imprimerie Royale*, 1788. In-4, mar. rouge, fil., tr. dor. (*Rel. anc.*)

Aux armes du Comte d'Artois.

1213. Almanach de Versailles, année 1782. *A Versailles, chez Blaizot, libraire du Roy et de la Reine rue Satory*. Pet. in-12, mar. rouge, tr. dor. (*Rel. anc.*)

Aux armes de la reine Marie-Antoinette.

1214. Musée de la Caricature ou recueil des caricatures les plus remarquables publiées en France depuis le XIVe siècle jusqu'à nos jours, par E. Jaime. *Paris, chez Delloye,*

libraire éditeur, rue des Filles S. Thomas, 13, 1838.
2 vol. in-4, demi-reliure, *non rognés*.

Exemplaire avec un envoi de Jaime à M. Dutacq, directeur du journal
Le Siècle.

1215. Jeux de Cartes-Tarots et Cartes numérales du
quatorzième au dix-huitième siècle, représentés en cent
planches, d'après les originaux. Avec un Précis historique
et explicatif, publiés par la Société des Bibliophiles François.
A Paris, de l'Imprimerie Crapelet, 1844. Gr. in-4.

1216. Mémoires du duc de Montpensier (Antoine-Philippe
d'Orléans), prince du sang. *Paris, Impr. royale*, 1837.
In-4, mar. bleu foncé, fil. et ornements sur les plats, dent.
int., tr. dor. (*Simier*).

Aux chiffres du roi Louis-Philippe.

1217. Extrait de mon Journal du mois de mai 1815. *A
Twickenham, de l'imprimerie de G. White*, 1816. In-8,
mar. bleu, dentelles sur les plats, mors de maroquin, tabis.
(*Simier.*)

Par Louis-Philippe d'Orléans.

1218. Journal de l'Expédition des portes de fer, rédigé par
Charles Nodier. *Paris, Impr. Royale*, 1844, gr. in-8, fig.,
cart., *non rogné*.

Le Journal de l'Expédition des portes de fer tenu par le Prince Royal a
servi à Charles Nodier pour rédiger le récit de ce fait d'armes, célèbre dans
les campagnes d'Afrique. Le Prince Royal ramena glorieusement l'armée de
l'aventure téméraire où le maréchal Valée l'avait engagée.
Le livre a été illustré par Raffet, Decamps et Dauzats.
Nous trouvons dans leurs dessins les portraits fort ressemblants de
plusieurs Africains illustres: Yousouf, Lamoricière, Duvivier, Changarnier, le
Maréchal Valée, et des officiers de l'état major du Prince, Marbot, Baudrau,
Chabot-Latour, Montguyon, d'Elchingen.
L'exécution typographique est excellente. C'est le plus beau livre à
figures sur bois du XIXe siècle. Il n'a été tiré qu'à un petit nombre d'exem-
plaires qui ont été distribués en présents.

1219. San Juan de Uloa ou relation de l'expédition française
au Mexique, sous les ordres du contre-amiral Baudin, par
P. Blanchard et A. Dauzats. *Paris, Gide*, 1839. Gr. in-8,
fig., demi-rel. mar. bleu.

Ouvrage publié par ordre du Roi Louis-Philippe, et illustré de figures et
de vignettes sur bois.
Ce volume m'a été légué par M. Vivien, mon parent qui, était Ministre
des travaux publics quand le livre a paru, et qui l'avait reçu à ce titre. Il
est rare, n'ayant pas été mis dans le commerce et ayant été tiré à petit
nombre d'exemplaires pour être distribués en présents. Il a été fait sur les
notes et les dessins de Mgr. le prince de Joinville qui avait pris une part
glorieuse à l'expédition.

1220. Note sur l'état des Forces navales de la France. *A Paris, chez Garnier frères, libraires au Palais royal,* 1844. In-12, mar. rouge.

Par Mgr. le prince de Joinville.
On a ajouté à l'exemplaire une photographie du Prince prise en 1871 à son retour en France.

1221. Campagnes de l'armée d'Afrique, 1835-1839, par le Duc d'Orléans, publié par ses fils, avec un portrait de l'auteur et une carte de l'Algérie. *Paris, Michel Lévy,* 1870. In-8, mar. bleu, jans. (*Thibaron-Joly.*)

Le portrait du Prince Royal est gravé d'après un crayon d'Horace Vernet.
Sur la garde du volume se trouve un envoi autographe de Mgr. le Comte de Paris, et de Mgr. le Duc de Chartres.
J'ai ajouté à l'exemplaire deux grandes lettres, signées et entièrement de la main du Prince Royal, adressées au général Sébastiani commandant la 3ᵉ division militaire à Marseille.
Exemplaire sur papier de Hollande.

1222. De la situation des ouvriers en Angleterre. Mémoire présenté à la commission d'enquête sur les conditions du travail par M. le Comte de Paris. *Paris, Michel Lévy frères.* 1873. In-8, mar. bleu jans., tr. dor. (*Thibaron-Joly.*)

Avec un envoi autographe de M. le Comte de Paris.
Exemplaire sur papier de Hollande.

1223. Les Zouaves et les Chasseurs a pied. Esquisses historiques (par Mgr. le duc d'Aumale). *Paris, Michel Levy,* 1855. Pet. in-8, pap. de Hollande, mar. rouge, dos fleurdelisé, doublé de mar. bleu, dent., tr. dor. (*Capé.*)

La doublure est dorée par Marius Michel. Elle a été faite avec des fers spéciaux ; elle est très riche et très élégante ; elle n'a été exécutée que sur un très petit nombre d'exemplaires.
Aux armes de Mgr. le duc d'Aumale.

1224. Lettre sur l'Histoire de France (par Mgr. le duc d'Aumale). *Paris, H. Dumineray, éditeur,* 1861. In-8, mar. bleu jans., tr. dor. (*Trautz-Bauzonnet.*)

Edition originale.
Achetée chez Dumineray au moment de la mise en vente. Quelques heures après, elle était saisie par la police ; mais déjà tout Paris la lisait.
Aux armes de Mgr. le duc d'Aumale.

1225. Les Institutions militaires de la France, par M. le duc d'Aumale. *Paris,* 1867. In-8, mar. bleu, tr. dor. (*Trautz-Bauzonnet.*)

Aux armes de Mgr. le duc d'Aumale.

Histoire de Paris.

1226. LA FLEUR DES ANTIQUITÉS, singularités, et excellences de la noble et triomphante ville et cité de Paris, capitale du royaulme de France, adjoutées outre la première impression plusieurs singularités estans en la dicte ville, avec la généalogie du roy François premier de ce nom (par Gilles Corrozet). *On les vend en la rue Neuve Notre-Dame, à l'enseigne Saint-Nicolas*, 1534. — A la fin : — *Imprime nouvellement à Paris par Denys Janot, pour Pierre Sergent et Jehan Longis, libraires.* In-16, mar. brun, tr. dor. (*Trautz-Bauzonnet*).

> 67 ff. numérotés, titre imprimé en rouge et en noir; au verso du dernier f. marque de Denys Janot, signée des initiales F. I.
> Exemplaire très grand de marges.
> La première édition fut publiée en 1532.

1227. LES ANTIQUITEZ, Histoires et Singularitez de Paris, ville capitale du Royaume de France (par Gilles Corrozet.) *A Paris, Au Palais, en la boutique de Gilles Corrozet*, 1550 Pet. in-8, mar. rouge jans., dent. int., tr. dor. (*Trautz-Bauzonnet.*)

> Première édition sous le titre d'*Antiquités.*
> 16 ff. préliminaires, 200 ff. chiffrés, 2 ff. d'errata.
> Intéressante liste des rues de Paris.

1228. LES ANTIQUITEZ, Chroniques, et Singularitez de Paris, ville capitale du Royaume de France, avec les fondations & bastimens des lieux : les sepulchres & epitaphes des Princes, Princesses et autres personnes illustres. Corrigées & augmentees, pour la seconde édition. Par G. Corrozet Parisien. *A Paris, en la grand Salle du Palais, en la boutique dudict Gilles Corrozet*, 1561. Pet. in-8, mar. rouge jans., dent. int., tr. dor. (*Duru.*)

> Edition la plus complète et la dernière qui ait été donnée par Corrozet, qui mourut en 1568.

1229. LES ANTIQUITEZ Croniques et Singularitez de Paris, Ville Capitalle du Royaume de France. Avec les fondations & bastimens des lieux : les Sepulchres & Epitaphes des Princes, Princesses, & autres personnes illustres. Par Gilles Corrozet, Parisien, & depuis augmentees, par N. B. (Nicolas Bonfons) Parisien. *A Paris, par Nicolas Bonfons*, 1586. In-8. — Les Antiquitez de Paris. Livre second. De la Sépulture des Roys & Roynes de France, Princes,

Princesses & autres personnes illustres : Representez par figures ainsi qu'ils se voient encores a present es Eglises ou ils sont inhumez. Recueillis par Iean Rabel, M. peintre, *A Paris, Par Nicolas Bonfons*, 1588. In-8, fig. Ensemble ·2 tomes en un vol. in-8, mar. rouge jans., dent. int., tr. dor. (*Trautz-Bauzonnet.*)

> 1ʳᵉ partie, 16 ff. préliminaires, 212 ff. chiffrés pour le texte.
> 2ᵉ partie, titre spécial, privilège au verso, et 3 ff., 119 ff. chiffrés pour le texte, 3 ff. pour la table.
> Nombreuses figures sur bois.
> C'est la dernière édition avec le nom de Corrozet.

1230. LES CRIS DE PARIS, que lon crie journellement par les rues de ladicte ville, qui sont en nombre cent et sept. Avec ce, le contenu de la despence qui se faict par chacun iour en ladicte ville, calculé au plus pres du vray. Plus, y est adiousté de nouveau la despence que chacune personne doit faire par iour, selon le revenu qu'on peut avoir, nombré et calculé au vray. *A Paris, pour la vefve Jean Bonfons, rue neuve nostre Dame, à l'enseigne S. Nicolas, s. d.* In-32 de 24 ff. non chiffrés, mar. rouge jans., dent int., tr. dor. (*Masson-Debonnelle.*)

1231. LE THÉATRE DES ANTIQUITÉS de Paris ou est traicté de la fondation des églises et chapelles de la cité, université, ville et Diocèse de Paris. Comme aussi de l'institution du Parlement, fondation de l'Université et Collèges, et autres choses remarquables. Divisé en quatre livres. Par le R. P. F. Jacques du Broul, Parisien, religieux de sainct Germain des Prés. *A Paris, chez Pierre Chevalier, au Mont Sainct-Hilaire à la court d'Albret*, 1612. *Avec privilège.* In-4, fig., mar. vert, compart., tr. dor. (*Rel. anc.*)

> Aux armes de Jean-Baptiste d'AGUT, Consul d'Aix en 1740.

1232. LES ANTIQUITEZ DE LA VILLE DE PARIS, contenans la recherche nouvelle des Fondations et Establissemens des Eglises, chapelles, Monasteres, Hospitaux, Hostels, Maisons remarquables, etc. Le tout extraict de plusieurs titres et Archives, Cabinets et Registres publics et particuliers, &c. (Par Cl. Malingre). *A Paris, Chez Pierre Rocolet*, 1640. In-fol., mar. rouge, dos et coins fleurdelisés, tr. dor. (*Rel. anc.*)

> Aux armes de la ville de Paris.
> Exemplaire de BECKFORD.

1233. ABRÉGÉ DES ANTIQUITEZ de la ville de Paris, contenant les choses les plus remarquables tant anciennes que modernes (par Francois Colletet). *A Paris, chez Ch. de Sercy*, 1664. Pet. in-12, mar. rouge jans., dent. int., tr. dor. (*Trautz-Bauzonnet.*)

1234. DESCRIPTION DU SAINCT SEIOUR et demeure royal des Sept Œuvres de Miséricorde, non encore mis en lumière, dans lequel se recognoist le soulagement des Pauvres. (Par Pierre Cottart, Marchant Bourgeois de la Ville de Paris). *A Paris, de l'Imprimerie de Joseph Guerreau*, 1618. Pet. in-8 de 82 pp., vélin blanc, fil., dos orné, tr. dor. (*Rel. anc.*)

Rêveries humanitaires d'un précurseur de la philanthropie moderne.

1235. DESCRIPTION NOUVELLE de ce qu'il y a de plus remarquable dans la ville de Paris. Par M. B... (Germain Brice). *Au Palais, Chez la Veuve Audinet*, 1684. 2 tomes en un vol. pet. in-12, mar. rouge jans., dent. nt., tr. dor. (*Chambolle-Duru.*)

Edition originale.

1236. DESCRIPTION NOUVELLE de ce qu'il y a de plus remarquable dans la Ville de Paris, par M. B... (Brice). *A Paris, chez la veuve Audinet*, 1685. 2 tomes en un vol. in-12, mar. rouge, fil., dos orné, dent. int., tr. dor. (*Trautz-Bauzonnet*).

Première édition.
Entre l'exemplaire à la date de 1684, et celui à la date de 1685, il n'y a de différence que dans la date. Ces deux éditions peuvent donc être considérées l'une et l'autre comme étant originales.

1237. DESCRIPTION NOUVELLE de la ville de Paris ; cinquième édition, augmentée, par Germain Brice. *A Paris, chez Michel Brunet, dans la grand Salle du Palais, au mercure galant*, 1706. 2 vol. in-12, fig., mar. rouge, fil., tr. dor. (*Rel. anc.*)

Collation. T. 1er, 12 ff. liminaires, dédicace, avertissement et table par quartiers ; 492 pp. chiffrées, 10 ff. pour la table et les additions.
1 plan de Paris et 7 planches hors texte.
T. II, 6 ff. lim. table par quartiers ; 477 pp. chiffrées, 8 ff. pour table, additions, privilège et 1 f. blanc.
Aux armes de la comtesse de VERRUE.

1238. NOUVELLE DESCRIPTION de la Ville de Paris et de tout ce qu'elle contient de plus remarquable, par Germain Brice enrichie d'un nouveau plan et de nouvelles figures dessinées et gravées correctement. Huitième édition, revue et augmentée de nouveau. *Paris, Gandouin*, 1725. 4 vol. in-12, mar. rouge, dos orné, fil., tr. dor. (*Rel. anc.*)

Cette édition renferme un plan et 40 planches.
Exemplaire aux armes d'un évêque de la famille de NESMOND; il porte en outre l'*ex-libris* de Mgr. de Panat, évêque d'Evreux.
Il a appartenu à M. LE ROUX DE LINCY.

1239. SÉJOUR DE PARIS, c'est à dire Instructions fideles pour les Voiageurs de condition, comment ils se doivent conduire s'ils veulent faire un bon usage de leur tems et

argent durant leur séjour à Paris; comme aussi une
Description suffisante de la cour de France, du Parlement,
de l'Université, des Académies et Bibliothèques, avec une
liste des plus célèbres savans, artisans, et autres choses
remarquables qu'on trouve dans cette grande et fameuse
ville. Par le Sʳ J. C. Nemeitz..., Ouvrage très curieux...
divisé en deux tomes. *Leide*, 1727. 2 vol. in-12, carte et
fig., mar. olive, fil., dos orné, tr. dor.

1240. VOYAGE PITTORESQUE DE PARIS, ou indication de tout ce
qu'il y a de plus beau dans cette grande ville en peinture,
sculpture et architecture, par M. D... (Dezallier d'Argenville).
Paris, De Bure, 1757. In-12, front. et fig., mar. rouge, large
dent., tr. dor. (*Rel. anc.*)

> Frontispice gravé en couleur par Robert, 5 ff. préliminaires non chiffrés,
> 496 pp. chiffrées, 1 f. pour le privilège, 2 ff. d'errata, additions et corrections,
> Cinq figures gravées par Choffard et Saint-Aubin, parmi lesquelles la figure
> de la chapelle des Condé dans l'église des Jésuites de la rue Saint-Antoine.
> Les bronzes de Sarrasin qui décoraient cette chapelle sont maintenant placés
> dans celle de Chantilly.
> La reliure est de Dubuisson dont l'adresse se trouve placée sur un des
> feuillets de garde.
> Exemplaire aux armes de PHELYPEAUX, comte de Saint Florentin, duc de
> la Vrillière.

1241. VOYAGE PITTORESQUE DE PARIS ou indication de tout ce
qu'il y a de plus beau dans cette ville en peinture, sculpture
et architecture par M. D. (Dezallier d'Argenville). Sixième
édition. *A Paris, chez les frères de Bure, quai des
Augustins*, 1778. In-12, demi-rel. (*Simier*.)

> C'est dans cette édition que l'on trouve la gravure de Moreau représentant
> la place Louis XV. p. 72.

1242. VOYAGE PITTORESQUE DES ENVIRONS DE PARIS ou
description des maisons royales, châteaux et autres lieux de
plaisance situés à quinze lieues des environs de cette ville
par M. D. (Dezallier d'Argenville). Quatrième édition. *A
Paris, chez De Bure l'aîné, quai des Augustins*, 1779.
In-12, demi-rel. (*Simier*.)

1243. GUIDE DES AMATEURS et des étrangers voyageurs à Paris,
ou description raisonnée de cette ville, de sa banlieue et de
tout ce qu'elles contiennent de remarquable. Par M. Thiéry
enrichie de vues perspectives des principaux monuments
modernes. *A Paris, chez Hardoin et Gattey, libraires de
S. A. S. Madame la Duchesse d'Orléans, au Palais royal
sous les Arcades*, 1787. *Avec privilège.* 2 vol. in-12, veau
écaille.

1244. EDIT DU ROY sur l'élection d'un juge et quatre consuls
des marchans en la ville de Paris, lesquels cognoistront de

tous procès et différents qui seront ci-après meuz entre les dicts marchans pour faict de marchandise. *A Paris, par Robert Estienne, imprimeur du Roy*, 1563. *Avec privilège du dit seigneur.* In-12, mar. rouge jans.. tr. dor. (*Cuzin.*)

12 feuillets ; dans le dernier cahier, C. iii porte un très élégant fleuron et C. iiii est blanc.

Le tribunal des juges et consuls établi par Charles IX est devenu le Tribunal de Commerce après la révolution de 1789.

1245. RECUEIL contenant les édits et déclarations du Roy sur l'etablissement et confirmation de la jurisdiction des Consuls en la ville de Paris et autres : et les Ordonnances & Arrests donnés en faveur de cette justice. Divisé en deux parties. *Paris, de l'impr. de Denys Thierry*, 1705. In-4, mar. rouge, semé de fleurs de lis, tr. dor. (*Rel. du temps.*)

Aux armes de la VILLE DE PARIS.

1246. ORDRE CHRONOLOGIQUE des juges et consuls de la ville de Paris depuis leur établissement suivant l'édit du Roy Charles IX donné à Paris, au mois de novembre 1563. *Imprimé en l'année* 1755. In-4, veau brun. (*Rel. anc.*)

Cet ordre chronologique a été complété à la plume à partir de 1755 jusqu'en 1791, époque où l'institution a pris fin.

1247. L'HISTOIRE DE SAINCTE GENEVIEFVE, Patronne de Paris, prise et recherchee des vieux liures escris à la main, des histoires de France, & autres autheurs approuuez. Plus. Vn brief recueil & discours des choses antiques & signalees de la dicte maison. Ensemble. L'hystoire propre et office de ladicte Saincte. Par F. Pierre le Iuge, Parisien, Religieux en l'Abbaye de Saincte Geneuiefue. *A Paris, De l'Imprimerie de Henry Coypel*, 1586. Pet. in-8, mar. vert, fil., tr. dor. (*Koelher.*)

1248. DESCRIPTION HISTORIQUE des curiosités de l'Eglise de Paris par M. C. P. G. (l'abbé de Montjoye) ornée de figures. *A Paris, chez Gueffier Père, libraire, parvis Notre-Dame, à la Libéralité*, 1763. In-12, mar. rouge, fil., tr. dor. (*Rel. anc.*)

Aux armes du DAUPHIN.

1249. GOUVERNEURS, Capitaines, Lieutenants généraux, Prévosts des Marchands, Echevins, Procureurs du Roy, Greffiers, Receveurs, Conseillers, Quartiniers de la Ville de Paris, par Chevillard. *Paris*, 1736. In-fol., mar. rouge, dos orné, larges dent., tr. dor. (*Rel. anc.*)

Gouverneurs, 4 ff. avec 105 blasons coloriés.

Prévosts et Echevins, de 1268 à 1731, 35 ff. avec 679 blasons coloriés.

Procureurs, greffiers, receveurs, 2 ff. avec 57 blasons coloriés.

Conseillers de la Ville, 22 ff. avec 402 blasons coloriés.

Quartiniers, 14 ff. avec 275 blasons coloriés.
Chacune des parties a un titre manuscrit. Table manuscrite à la fin.
Sur la garde le Catalogue des cartes de blason des Srs Chevillard père et fils.
Aux armes de la VILLE DE PARIS.

1250. GOUVERNEURS, Lieutenants de Roy, Prévôts des marchands, Echevins, Procureurs, Avocats du Roy, Greffiers, Receveurs, Conseillers et Quartiniers de la ville de Paris, 117 planches gravées par Beaumont. (*Paris, vers* 1760). In-fol., mar. rouge, dentelle, dos fleurdelisé, tr. dor. (*Rel. anc.*)

> Armoiries des gouverneurs, prévôts, échevins de Paris, gravées en taille-douce.
> Le Recueil a été continué après la publication du volume et les armoiries du dernier prévôt des marchands sont celles de Le Peletier, élu prévôt en 1784.
> Aux armes de M. BAIZÉ, conseiller de la ville de Paris, avocat au Parlement, 1730-1770.

1251. MONUMENS érigés en France à la gloire de Louis XV, précédés d'un tableau du progrès des arts, etc., par M. Patte. *Paris, Desaint et Saillant,* 1765. In-fol., fig., mar. rouge, fil., tr. dor. (*Rel. anc.*)

> GRAND PAPIER.
> Aux armes du roi LOUIS XV.

1252. ETRENNES FRANÇOISES, dédiées à la Ville de Paris pour l'année jubilaire du règne de Louis le Bien Aimé, par l'abbé de Petity, prédicateur de la Reine. *Paris, Pierre-Guillaume Simon,* 1766. Pet. in-4, blasons du gouverneur de Paris, du prévôt des marchands et des échevins ; 5 médaillons gravés par Chenu d'après Saint-Aubin et Gravelot et un frontispice dessiné par Gravelot et gravé par Chenu, mar. rouge, fil., dos orné, tr. dor. (*Rel. anc.*)

> Exemplaire aux armes du Roi et de la VILLE DE PARIS.

1253. DESCRIPTION HISTORIQUE de l'hôtel royal des Invalides, par M. l'abbé Pérau. Avec les plans, coupes, élévations géométrales de cet édifice et les peintures et sculptures de l'église, dessinées et gravées par le sieur Cochin, graveur du Roy. *Paris, G. Desprez,* 1756. In-fol., pl., mar. rouge, dos et coins fleurdelisés, tr. dor. (*Rel. anc.*)

> Les planches sont au nombre de 108 non compris le frontispice, les en-têtes et les culs-de-lampe.
> Aux armes du comte d'ARTOIS.

1254. ESSAI HISTORIQUE sur la bibliothèque du Roy. *A Paris, chez Belin, rue S. Jacques,* 1782. In-12, veau fauve, dent. sur les plats, tr. dor. (*Chaumont.*)

> Par Le Prince l'Aîné.

1255. Premier [et second] tome des Chroniques et gestes admirables des Empereurs, avec les effigies d'iceux. Mis en françois par Guillaume Guéroult. *Lyon, Balthazar Arnoullet,* 1552. 2 tomes en un vol. in-4, portr., veau, fil. à froid. (*Rel. anc.*)

Ce volume est orné de 3 grandes planches qui se déplient, gravées sur bois, représentant Rome, Constantinople et Paris. Ce dernier plan est des plus importants, car il est le premier de cette ville qui ait été gravé. Il est au moins contemporain du plan de Truschet et Hoyau.

Ce plan porte, dans le bas à droite, non loin de l'hôtel de Nesle, les lettres S. A. qui ont été parfois considérées comme les initiales du graveur Sébastien Arnoullet.

1256. Plan de Paris de Georges Braun. In-fol., monté sur bristol.

Ce plan, dit « *aux trois personnages* », est de 1576. Il reproduit un plan bien plus ancien, peut-être le plan de Tapisserie ou celui de Munster, et nous donne le Paris de François Ier. Il a paru dans un livre de topographie intitulé *Civitates orbis terrarum*.

1257. Topographie françoise ou représentations de plusieurs villes, bourgs, chasteaux, maisons de plaisance, ruines et vestiges d'antiquitez du Royaume de France. Designez par deffunct Claude Chastillon. Et mise en lumiere par Jean Boisseau, enlumineur du Roy pour les cartes géographiques. *A Paris,* 1641. In-fol., mar. brun.

Recueil de la plus grande importance; les dessins paraissent avoir été faits par l'ingénieur Châlonnais, Claude Chastillon, pendant les guerres de la Ligue. Cet ouvrage, qui est ici en première édition, comprend:

1° Le titre gravé par Léonard Gaultier. Dans le bas, vue de Paris à vol d'oiseau.

2° Une table imprimée sur un feuillet.

3° 131 feuilles doubles contenant 536 vues de villes ou d'édifices.

4° 4 planches de machines militaires et pyrotechniques, comprenant chacune deux gravures.

Les planches dont plusieurs portent les noms de J. Briot et de Mérian comme graveurs, sont généralement tirées à plusieurs sur chaque feuille.

J'ai ajouté à cet exemplaire une pièce très rare, c'est le *Dessein du magnifique bastiment de l'Hostel de Ville de Paris... par Cl. Chastillon,* 1613 (avec la représentation du feu de la Saint-Jean), grande estampe en largeur gravée par M. Mérian. L'estampe est avec le texte qui est fort intéressant pour l'histoire de Paris.

Le nombre des numéros portés à la table est de 130 et chaque planche porte un n° écrit à l'encre qui correspond au n° de la table imprimée. Dans l'exemplaire que nous décrivons ici la planche de l'*Admirable dessein de la porte et place de France* figure à la fin du volume avant les planches de pyrotechnie avec le n° 131 écrit par la même main qui a numéroté tous les exemplaires que j'ai pu rencontrer.

Cependant cette planche n'ayant pas son n° correspondant à la table imprimée qui ne dépasse pas le n° 130, on ne peut affirmer qu'elle doive faire partie du recueil.

Sur les planches doubles il y a souvent plusieurs vues d'édifices ou de villes dont chacune est numérotée. La dernière vue de la planche 130 porte le n° 535 et la planche *Porte et place de France* le n° 536 également de la même écriture.

Dans l'exemplaire de la vente Destailleur, le seul exemplaire complet de la 1re édition que j'aie vu passer en vente, l'*Admirable dessein de la place et porte de France* est indiqué au catalogue comme pièce ajoutée.

Ce recueil est extrêmement rare.

1258. TOPOGRAPHIA GALLIÆ. *Francofurti, apud Gasparum Merianum*, 1655. Pet. in-fol., vélin.

118 vues ou cartes de Paris et de 'isle de France. Reproduction des planches de Châtillon, Silvestre et Perelle.

1259. VUES DES PLUS BEAUX LIEUX DE FRANCE et d'Italie, dessinées et gravées par Perelle. *A Paris, chez Nicolas Langlois, s. d.*, 3 vol. in-4 obl., veau jaspé. (*Rel. anc.*)

Tome premier, titre général comme ci-dessus. Ce tome contient :

1° Les places, portes, fontaines, églises et maisons de Paris   69 pl.
2° Vues des belles maisons des environs de Paris   41
3° Une vue cavalière de Paris, par Léonard Gaultier, 1622. . .   1
4° La même par Thomas de Leu   1
5° 19 vues tirées de la géométrie de Manesson-Mallet . . . . ·19
6° Les églises de Paris par Marot, avant les numéros   12
7° La tour de Nesle et le Louvre par Callot.   2
8° Une grande pièce de S. Leclerc donnant la vue d'une salle
de l'Hôtel de Ville   1
9° Pièce très rare donnant une vue de la cour de l'Hôtel de Ville avec la statue de Louis XIV terrassant la Fronde; cette statue est actuellement à Chantilly.   1
10° Le portail de la Sainte-Chapelle par Brebiette   1
Tome deuxième. Ce tome contient :
1° Vues de Versailles en 1682. . . . .   65 pl.
2° Diverses vues de Chantilly dédiées à M. le prince de Condé.   53
On a ajouté 14 vues tirées de la géométrie de Mallet.   14
Tome troisième. Ce tome contient :
1° Vues des belles maisons de France . . . .   73 pl.
2° Vues de Rome et des environs.   41

Toutes les planches de Perelle sont de 1er tirage, à l'adresse de Langlois. Plusieurs sont avant la lettre.

En somme l'exemplaire contient 342 planches par Perelle et 50 planches ajoutées de Marot, Mallet et autres ; soit 392, sur lesquelles 105 sont spéciales à la ville de Paris. Parmi les vues tirées de la géométrie de M. Mallet il y en a une particulièrement intéressante, c'est celle du petit Chatelet qui est la seule connue.

Aux armes de FRANCE.

1260. VUES DE PARIS, des environs, de France et d'Italie, dessinées et gravées par Israël Silvestre. *A Paris, chez Israël Henriet*, 1650-1652. 2 vol. in-4 oblong, mar. rouge, tr. jaspée.

Recueil composé des petites planches d'Israël Silvestre.

Tome premier. Vues de Paris et de ses environs :

1° Les lieux les plus remarquables de Paris et de ses environs, dédiés à Mgr. Louis de Buade avec 4 vers au bas de chaque pièce. . . . . .   12 pl.
2° Diverses vues à M. le comte de Vivonne. Petites vues des quais et des ponts   21
3° Diverses vues faictes sur le naturel. Hôtels et églises.   37
4° Environs de Paris avec un titre.   35
                                             ———
                                             105 pl.

Tome deuxième. Vues de France et d'Italie.

1° Bourgogne, avec un titre............................ 38 pl.
2° Lyon, avec un titre................................. 30
3° Italie avec quatre titres........................... 67
                                                        ———
                                                        135 pl.

En tout 240 pièces de premier tirage en belles épreuves, avant les numéros pour la plupart.

1261. VUES DE PARIS, des environs de Paris, de France et de l'Etranger, dessinées et gravées par Israël Silvestre, *Paris, Israël Henriet*, 1649-1656. In-4 obl., mar. rouge, dos orné, (*Rel. anc.*)

Recueil principalement composé des moyennes planches d'Israël Silvestre.
Paris.. 49 pl.
Environs de Paris.................................. 88
Provinces... 53
Italie.. 91
                                                   ———
                                                   281 pl.

Epreuves de premier tirage.

1262. SOIXANTE-DIX VUES D'HÔTELS, d'églises, de monuments et barrières de Paris, gravées par Gaitte. *A Paris, chez l'auteur, rue des Fossés Saint-Germain des Prés, maison de M. Procope*, 1790. In-fol. oblong, cartonné.

Dans le même exemplaire on trouve 3 planches donnent la vue du champ de Mars pendant les préparatifs de la fête de la fédération et pendant la cérémonie de la fédération et du service funèbre pour les patriotes morts à Nancy.
En outre trois planches donnant les plan, coupe et élévation de la nouvelle Comédie Française, gravées par Gaitte.

1263. JARDIN DE MONCEAU, près de Paris, appartenant à S.A.S. Mgr. le duc de Chartres. *Paris, Delafosse*, 1779. In-fol., pl., demi-rel.

Volume orné de 18 planches dessinées par Carmontelle, gravées par Bertault, Michault, Le Roy, Couché, etc.
On a ajouté cinq vues avant la lettre du château et du parc de Bagatelle.
La vue du château est une épreuve corrigée par l'architecte Bellanger qui a écrit à la plume ses observations.

1264. PLAN DE PARIS, par J. Gomboust, avec le texte, les vues et les ornements qui accompagnent quelques exemplaires, gravé en fac-similé par Lebel et publié par la Société des Bibliophiles François. 1858. Gr. in-fol., dans un étui.

Ce plan a été imprimé en 1652 ; on y trouve de curieuses indications sur les hôtels célèbres de Paris au XVIIᵐᵉ siècle. Il était devenu fort rare, et cette réimpression n'a été tirée qu'à deux cents exemplaires.
Le plan est collé sur toile.

1265. NOTICE SUR LE PLAN DE PARIS de Jacques Gomboust, publié pour la première fois en 1652, reproduit par la Société des Bibliophiles françois en 1858 (par Le Roux de Lincy).

Paris, Techener, 1858. In-8, pap. vergé, mar. rouge, tr. dor. (*Hardy.*)

1266. PLAN DE PARIS commencé l'année 1734. Dessiné et gravé sous les ordres de Messire Michel Étienne Turgot... Antoine Moriau..., J.-B. Julien Taitbout, achevé de graver en 1739, levé et dessiné par Louis Bretez, gravé par Claude Lucas, et écrit par Aubin. *Paris*, 1740. In-fol., pl. (21), veau marbr., dent., dos et coins fleurdelisés, tr. dor.

> Aux armes de la VILLE de PARIS.

1267. ATLAS des anciens plans de Paris. *Paris, imprimerie nationale*, 1880. In-fol., demi-rel. mar. rouge.

1268. DISTRIBUTION DE LA VILLE DE PARIS et de ses fauxbourgs, en seize quartiers, par ordonnance de M^{rs} les Prévôt des marchands et échevins du 24 février 1744. *Paris, impr. Le Mercier*, 1744. In-fol., veau.

> Le volume est accompagné d'un Plan de Paris divisé en 16 quartiers, levé par l'abbé Delagrive.

1269. LE PALAIS MAZARIN et les grandes habitations de ville et de campagne au dix-septième siècle, par le comte de Laborde. *Paris, A. Franck*, 1846. In-8, demi-rel. dos et coins de mar. rouge, tête dor., non rogné. (*Capé.*)

> Exemplaire avec les Notes tirées seulement à 150 exemplaires.

Histoire des Provinces.

1270. HISTOIRE DE BERRY, avec la description dudit pays, par Jean Chaumeau, seigneur de Lassay, avocat à Bourges. *Lyon, Antoine Gryphius*, 1566. In-fol., peau de truie, tr. dor. (*Petit.*)

> Cet ouvrage est divisé en six livres. Les quatre premiers livres contiennent l'histoire du Berry, depuis les temps les plus anciens jusqu'à François 1er. Le cinquième livre est consacré à l'histoire de la ville de Bourges. On y remarque les armes de Bourges, la liste de 79 maires de la ville, avec leurs armoiries. Le sixième livre renferme la description du duché de Berry ornée d'une carte de ce duché, d'un plan de Bourges en 1566, et d'une planche de monnaies. Les 85 dernières pages du volume sont occupées par une curieuse chronologie, depuis la fondation de Bourges, 134 ans après le déluge.
>
> Livre rare dédié à Marguerite de France, duchesse de Savoie et de Berry.

1271. HISTOIRE DE BERRY contenant tout ce qui regarde cette province et le diocèse de Bourges : la vie et les éloges des hommes illustres, et les généalogies des maisons nobles, tant de celles qui sont éteintes que de celles qui subsistent à

. présent. Par Gaspard Thaumas de la Thaumassière, escuyer, seigneur de Puy-Ferrand, avocat en Parlement. *Imprimé à Bourges et se vend à Paris, en la boutique de L. Billaine, chez Jacque Morel au second pilier de la grande salle du Palais, au grand César,* 1689. *Avec privilege.* In-fol., mar. rouge, dos et coins ornés. (*Trautz-Bauzonnet.*)

> Coll. 12 ff. prélim., 1156 pp. chiffr., 12 ff. à la fin pour l'inventaire des titres, chartes et manuscrits employés dans les preuves, la table et l'errata. Imprimé à Bourges par François Toubeau.
> Aux armes du Comte de MONTALIVET.

1272. LA VIE DE SAINCTE SOLANGE, Bergere du Berry, Vierge et Martyre. Dediée à Messieurs de Bourges. (Par Honorat Nicquet, de la Compagnie de Jésus.) Quatriesme Edition. *A Bourges, Chez la Veufve et Iean Toubeau,* 1655. In-24, mar. rouge, fil., dos orné, dent. int., tr. dor. (*Trautz-Bauzonnet.*)

> Coll. A par 8 ff.; B par 4 ff.; C par 8 ff.; D par 4 ff.; E par 8 ff.; F par 2 ff.; 68 pp. chiffrées.
> Exemplaire de M. de LIGNEROLLES qui a écrit sur la garde. « Rarissime. »

1273. HISTOIRE MÉMORABLE de la ville de Sancerre. Contenant les Entreprises, Siege, Approches, Bateries, Assaux & autres efforts des assiegeans : les resistances, faits magnanimes, la famine extreme & delivrance notable des assiegez. Le nombre des coups de Canons par iournées distinguées. Le catalogue des morts & blessez à la guerre, sont à la fin du Liure. Le tout fidelement recueilly sur le lieu, par Iean de Lery. *S. l.* M.D.LXXIIII [1574]. In-8 de 8 ff. lim. et 254 pp., mar. bleu, dent. int., tr. dor. (*Duru.*)

1274. LA PRISE DE LA VILLE et Chasteau de Sancerre, par Monseigneur le Prince de Condé, le samedi 29 mai 1621 avec les articles accordez par mon dit seigneur le Prince aux habitans de la dite ville. *Jouxte la copie imprimee a Paris. Bruxelles, chez Ferdinand de Hoyemaeker. imprimeur juré demeurant à l'enseigne des Trois Déesses.* Plaquette in-4 de 4 ff.

1275. ABRÉGÉ HISTORIQUE du prieuré et de la ville de la Charité (par Bernot de Charant). *A Bourges, chez la veuve Jean Jacques Cristo, imprimeur-libraire du collège,* 1709. *Avec permission.* In-8, mar. rouge jans., tr. dor. (*Trautz-Bauzonnet.*)

> Très rare.

1276. HISTOIRE DE LA VILLE DE SANCERRE par M. Poupard, curé de la même ville. *A Paris, chez Charles-Pierre Bertou, rue St-Victor,* 1777. In-12, mar. rouge, tr. dor. (*Rel. anc.*)

1277. Discours au Roy sur le rétablissement de la bibliothèque royale de Fontainebleau. Par Abel de Sainte-Marthe. *S. l.*, 1668. In-4, en-têtes et fleurons, veau, dos et angles des plats fleurdelisés. (*Rel. anc.*)

> Abel de Sainte-Marthe fut garde de la bibliothèque de Fontainebleau, de 1646 à 1706. Le volume est suivi des *Preuves de l'établissement de la bibliothèque royale de Fontainebleau.*
> Exemplaire Parison.

1278. La Description du plant du théâtre faict à Orléans, pour l'assemblée des trois Estatz, avec un brief discours de la seance des tenans et representans lesdicts Estatz. *Paris, V. Sertenas, G. Corrozet,* 1560. Pet. in-8 de 7 ff. et 1 plan plié, mar. rouge, double rangée de fil., tr. dor. (*Petit.*)

1279. Histoire de Melun, contenant plusieurs raretez notables et non descouvertes en l'histoire générale de France, plus la vie de Bouchard, comte de Melun, soubs le règne de Hugues Capet, ensemble la vie de messire Jacques Amyot, avec le catalogue des seigneurs et dames illustres de la maison de Melun, le tout recueilli par Sébastien Rouillard. *Paris,* 1628. In-4, vélin.

> Avec le portrait de l'auteur gravé par Léonard Gaultier.

Histoire de la Chevalerie. Blason.

1280. Le vrai Théatre d'Honneur et de Chevalerie ou le miroir héroïque de la noblesse, par Marc de Vulson, chevalier, sieur de la Colombière. *Paris, chez Augustin Courbé, dans la petite salle du Palais, à la Palme. Avec privilège.* 1648. 2 parties en 1 vol. in-fol., vélin. (*Rel. anc.*)

> 1re partie. Frontisp. gravé, 12 ff. limin., 393 pp. pour le texte, 6 ff. pour les additions et le Privilège, non chiffrés. 3 planches hors texte au fol. 47, au fol. 81 et au fol. 361, la grande planche gravée par Mérian représentant le Carrousel fait à la place Royale en 1612.
> 2me partie. 18 ff. limin. dont le titre et le frontispice dessiné par Chauveau gravé par Regnesson. 640 ff. pour le texte, une figure hors texte p. 415.
> Ces deux parties contiennent un grand nombre de documents fort intéressants.

1281. Origine des dignités et magistrats de France, recueillis par Claude Fauchet. Seconde édition. *A Paris, chez Adrian Perier, rue St-Jacques, au Compas,* 1606. — Origine des chevaliers armoiries et Heraux recueillies par Claude Fauchet. Seconde édition. *A Paris, chez Adrian Perier, rue St-Jacques,* 1606. 2 parties en 1 vol. in-8, vélin.

1282. Nouveau traité de la science pratique du Blason, avec l'explication des armoiries des princes, ducs et pairs,

Enrichies de Cartouches, supports et autres ornemens. Par
S. Trudon. *Paris, Nicolas le Gras*, 1689. In-12, front. et
pl. de blasons, mar. rouge, fil., dos orné, tr. dor. (*Capé.*)

Nombreuses planches d'armoiries gravées en taille-douce.

1283. Nouvelle Méthode raisonnée du blason, ou de l'art
héraldique du P. Menestrier, mise dans un meilleur ordre et
augmentée... par M. L... (Lemoine). *Lyon, Pierre Bruyset
Ponthus*, 1770. In-8, front. et nombr. pl. de blasons, veau
fauve, dos orné, tr. dor. (*Niedrée.*)

1284. Les Blasons des armes de la Royale maison de Bourbon
et de ses alliances, recherchées par le Sieur de la Rocque,
le tout gravé en taille douce, dédié au Roy. *Paris, Pierre
Firens*, (1626). Pet. in-fol., fig., vélin. (*Rel. anc.*)

Ce volume est orné, outre un titre gravé, d'une figure représentant le
couronnement de Louis XIII, de nombreuses planches d'armoiries et d'une
très intéressante série de culs-de-lampe formés de fleurs, fruits, oiseaux, très
finement gravés par P. Firens.

1285. Les Armes, blasons des chevaliers et commandeurs de
l'ordre du S. Esprit créez au chapitre tenu par le Roy
Louis XIII le dernier iour de l'an 1619. 82 ff. non chiffrés
dont un faux titre, un titre gravé, 1 f. de table et 79 blasons.
— Les noms, surnoms, qualitez, armes et blasons des
chevaliers et officiers de l'ordre du Saint-Esprit créez par
Louis le Juste XIIIᵉ du nom à Fontainebleau le 14 may
1633..... recueilly par d'Hozier. *Paris*, 1634, un titre, un
titre gravé, 10 ff. prél., 3 gr. planches, 59 ff. chiffr. et 2 ff.
pour la table et le privilège. Ens. 2 parties en 1 vol.
in-fol., vélin, fil., tr. dor. (*Rel. anc.*)

Exemplaire en GRAND PAPIER.
La seconde partie contient les 3 planches d'Abraham Bosse, représentant
les cérémonies et les costumes des chevaliers du Saint-Esprit.

1286. Catalogue des noms, surnoms, faits et vies, des
connestables, chanceliers, grands maîtres, admiraux et
mareschaux de France. Ensemble des prevost de Paris
depuis leur premier établissement jusques à tres haut, tres
puissant et tres chrestien Roy de France et de Navarre,
Henry IIII. Œuvre premierement composé et mis en
lumière par Jean le Feron et depuis revu, corrigé et
augmenté en cette présente édition. Avec la figure et
blason de leurs armoiries. *A Paris, par Féd. Morel,
imprimeur ordinaire du Roy, rue St-Jacques, à l'enseigne
de la Fontaine*, 1598. *Avec privilège de Sa Majesté*. Pet.
in-fol., vélin. (*Rel. anc.*)

1287. Armorial des principales Maisons et Familles du

Roïaume et particulièrement de celles de Paris et de l'Isle de France, contenant les Armes des Princes, Seigneurs, Grands Officiers de la Couronne et de la Maison du Roy, celles des Cours souveraines, etc., avec l'explication de tous les blasons, par M. Dubuisson. Ouvrage enrichi de près de 4000 écussons gravés en taille-douce. *A Paris, chez Guérin et Delatour*, 1757. 2 vol. in-12, mar. rouge, tr. dor. (*Trautz-Bauzonnet*.)

Entrées, Cérémonies, Fêtes publiques.

1288. C'EST L'ORDRE qui a esté tenu à la nouvelle et joyeuse entrée que très hault, très excellent et très puissant prince le Roy tres chrestien Henry deuxième de ce nom a faict en sa bonne ville et cité de Paris, capitale de son royaume, le sezième jour de Juin 1549. *On les vend à Paris, par Jean Dallier sur le pont St-Michel, à l'enseigne de la Rose blanche. Par privilège du Roy.* 2 parties en un vol. pet. in-fol., vélin. (*Rel. anc.*)

1re partie. Coll. sign. A. G. par 4, 28 ff. chiffr. et une planche hors texte.
2me partie. sign. A. D. par 4, 13 ff. chiffr. inexactement, une planche hors texte et 2 ff. blancs.
En tout 41 ff. chiffrés, 2 planches hors texte et 2 ff. blancs.
Le titre porte la petite marque de Roffet. Au verso du titre se trouve le privilège accordé à Roffet par provision en 1548, un an avant l'entrée du Roi.
Les exemplaires de cette entrée portent l'adresse de Jean Dallier ou celle de Jacque Roffet. Mais la marque du titre n'est pas toujours la même. Les uns ont la grande marque de Roffet, les autres la rose blanche de J. Dallier, d'autres, comme celui que nous décrivons, la petite marque de Roffet.
Les exemplaires avec la petite marque offrent une particularité. A partir de la ligne 18 du f. B 3, ils ont, de plus que les autres, un texte qui occupe trois feuillets et qui se répartit de la manière suivante : 14 lignes sur le f. B III verso, le f. B IIII tout entier, C I tout entier, le recto de C II, plus 11 lignes au verso de C II.
Dans ces trois feuillets nous trouvons les détails les plus curieux sur le dîner des dames de la suite de la Reine, sur le bal et la collation après le bal, la description des présents faits à la Reine et au Roi par le prévôt des marchands et les échevins, et le récit de la visite à l'hôtel de ville faite par le Roi huit jours après son entrée pour allumer le feu de Saint-Jean.
Il est probable que les exemplaires du 1er tirage sont ceux qui portent la grande marque de Roffet (*Voir le n° 292*).
Les figures au trait qui ornent ce volume portent la marque de G. Tory. On les joint à son œuvre, quoiqu'il fût mort depuis plusieurs années, et à juste titre, car elles ont été dessinées et gravées par les artistes qu'il avait formés dans son atelier.

1289. LA MAGNIFICENCE DES TRIUMPHES faicts à Rome, pour la nativité de monseigneur le duc d'Orléans, second fils du roy très chrestien Henri deuxième de ce nom, traduicte d'Italien en Français. *A Paris, on les vend en la rue de la Calendre à l'enseigne de la Boule, chez Jean André, et en la rue de la Vieille Draperie, près l'église Saincte-Croix, chez Gilles Corrozet. Avec privilège.* 1549. In-4, veau fauve.

> Plaquette de huit ff. Le dernier f. est occupé par la grande marque de Corrozet avec la devise : « *In corde prudentis revirescit sapientia proverbiorum.* » Chiffre du roi Louis-Philippe sur les plats.

1290. C'EST LA DEDVCTION DV SVMPTVEVX ORDRE plaisantz spectacles et magnifiques theatres dresses, et exhibes par les Citoiens de Rouen ville metropolitaine du pays de Normandie, a la sacrée Majeste du tres chrestien Roy de France, Henry second leur souuerain seigneur, et à tres illustre dame, ma Dame Katharine de Medicis, la Royne son espouse, lors de leur triumphant joyeulx et nouuel aduenement en icelle ville, qui fut es jours de mercredy et jeudi premier et second jours d'octobre 1550, et pour plus expresse intelligence de ce tant excellent triumphe, les figures et pourtraictz des principaulx aornementz d'iceluy y sont apposez chacun en son lieu comme l'on pourra veoir par le discours de l'histoire. *On les Vend à Rouen, chez Robert le Hoy, Robert et Jehan dictz du Gord tenantz leur boutique au portail des libraires,* 1551. — A la fin : — *Ici se terminent l'ordre et progrès du triomphant et magnifique aduenement du Roy et de la Reyne de France dautant prompte que libérale volonté célébré en leur bonne ville de Rouen et nouuellement imprimé par Jean Le Prest, au dit lieu, le IX*e *jour de ce mois de décembre* 1551. In-4, veau fauve. (*Rel. anc.*)

> 68 ff. dont un f. blanc au cahier A.
> Exemplaire très pur de cette rarissime entrée.
> Aux armes de GASTON D'ORLÉANS.

1291. RECVEIL DES CHOSES NOTABLES qui ont esté faites à Bayonne, à lentreueuë du Roy Treschrestien Charles Neufieme de ce nom, & la Royne sa treshonorée mere, auec la Royne Catholique sa sœur. *A Paris, Par Vascozan Imprimeur du Roy.* M.D.LXVI [1566]. In-4, mar. rouge jans., dent. int., tr. dor. (*Cuzin.*)

> 56 ff. chiffr. sign. A-O par quatre.
> Les figures sont attribuées à J. Cousin et les vers à Ronsard. Il y a 18 bois finement gravés représentant les médaillons en or destinés à être distribués par les chevaliers à leurs dames.
> On trouve dans ce volume le récit des fêtes données à Bayonne lors de l'entrevue de Charles IX avec sa sœur Elisabeth, femme de Philippe II, roi d'Espagne.

1292. BREF ET SOMMAIRE RECVEIL de ce qui a esté faict, et de l'ordre tenüe à la ioyeuse et triumphante Entree de Tres-Puissant, Tres-Magnanime et Tres-Chrestien Prince Charles IX de ce nom Roy de France, en sa bonne ville et cité de Paris, capitale de son Royaume, le Mardy sixiesme iour de Mars. Auec le couronnement de Madame Elizabet d'Austriche son espouse, le Dimanche vingt-cinquiesme, et Entree de ladicte dame en icelle ville le jeudi xxix. dudict mois de Mars, M.D.LXXI. Au Roy congratulation de la paix faite par Sa Maieste entre ses subiectz l'unziesme iour d'Aoust 1570 (par Estienne Pasquier). *A Paris, de l'imprimerie de Denis du Pré, pour Oliuier Codoré,* 1572. 4 part. en 1 vol. in-4, fig. sur bois, mar. vert, fil., dos orné, dent. int., tr. dor. (*Kœhler.*)

1. Entrée du Roy, 5 ff. limin.. sign. A à N. par 4 O par 2 ; 2 planches hors texte.

2. C'est l'ordre et forme qui a esté tenu au sacre et couronnement de la Reine, 10 ff.

3. L'ordre tenu à l'entrée de très haute et très chrestienne princesse Madame Elisabeth d'Autriche, reine de France, 27 ff. et 1 blanc.

4. Au Roy, congratulation, 10 ff. dont 1 blanc.

Exemplaire, très grand de marges, de la bibliothèque de Charles NODIER.

1293. DISCOVRS DE LA IOYEVSE ET TRIOMPHANTE ENTREE de Tres-Haut, Tres-Puissant et Tres-Magnanime Prince Henry IIII de ce nom, Tres-Chrestien Roy de France et de Navarre faicte en sa ville de Rouën, capitale de la prouince et duché de Normandie, le Mercredy seizieme iour d'Octobre cIɔ. Iɔ. xcvi. (1596). Auec l'ordre et somptueuses magnificences d'icelle et les portraicts et figures de tous les spectacles et autres choses y representez. *A Rouen, Chez Raphael du Petit Val, Libraire et imprimeur du Roy, deuant la grand' porte du Palais.* cIɔ.Iɔ. Iɔ. (1599). *Auec Priuilege du Roy.* Pet. in-4, fig. sur bois, fil., mar. brun, coins et dos fleurdelisés, dent. int., tr. dor. (*Rel. anc.*)

Exemplaire en grand papier.

Coll. 4 ff. prélim. pour le titre, les dédicaces et le privilège, 88 pp. chiffr., 10 planches hors texte.

La figure représentant l'arc triomphal devant l'église Nostre-Dame est en double, hors texte et dans le texte. Celle hors texte représente l'arc triomphal du *côté du gros horloge*. Elle ne fait pas double emploi.

La gravure des figures est attribuée à CUSTODIS.

1294. L'ENTRÉE DE TRES-GRAND, Tres-Chrestien, Tres-Magnanime et Victorieux Prince Henry IIII, Roy de France et de Navarre en sa bonne ville de Lyon le IIII. Septembre l'an M.D. XCV. de son regne le VII. de son aage le XLII. Contenant l'ordre et la description des magnificences dressées pour cette occasion par l'ordonnance de Messieurs les Consuls et Escheuins de ladicte Ville (redigé par Pierre Matthieu). *A Lyon, de l'imprimerie de Pierre Michel. S. d.* In-4 de 4 ff. lim. et 104 pp., plus un portrait et une grande planche, mar. vert. (*Rel. anc.*)

Exemplaire en GRAND PAPIER.

Aux armes de Jac.-Aug. DE THOU.

1295. Eloges et Discours sur la triomphante reception du Roy en sa ville de Paris, après la réduction de la Rochelle. Accompagnez des figures, tant des arcs de triomphe, que des autres préparatifs. *A Paris, chez Pierre Rocolet*, 1629. In-fol., pl., vélin, fil., tr. dor.

> Cette relation, œuvre du Jésuite Machaud, est ornée d'une belle gravure d'Abraham Bosse, représentant les échevins aux pieds du roi et de 15 planches par M. Tavernier et P. Firens.
> La reliure porte les armes de la Ville de Paris.

1296. L'Entrée triomphante de leurs Majestez Louis XIV, Roy de France et de Navarre, et Marie Therese d'Austriche son Espouse, dans la ville de Paris, au retour de la signature de la Paix Generalle et de leur heureux mariage. Enrichie de plusieurs Figures, des Harangues et de diverses Pièces considérables pour l'Histoire. Le tout exactement recueilly par l'ordre de Messieurs de Ville (par Jean Tronçon, avocat). *Paris, P. Le Petit*, 1662. In-fol., veau fauve, dos orné, fil.

> Frontispice de Chauveau, dédicace gravée avec un riche encadrement formé d'un seul trait continu, un portrait de Louis XIV et 22 pl. de Jean Marot, Flamen et Lepautre.
> Parmi ces planches, citons la *Revue de la milice de Paris, devant le bois de Vincennes*, eau-forte de Flamen ; la *Porte Saint-Antoine* ; le *Pont Notre-Dame* ; la *Place Dauphine* ; l'*Obélisque de la place Dauphine* ; la *façade de l'Hôtel de Ville*, et 5 pl. qui se suivent et représentent le cortège. La représentation de cette Cavalcade offre le plus grand intérêt au point de vue des usages, du costume et de l'histoire. Ces planches ont été attribuées à N. Cochin, de Troyes.
> Exemplaire du premier tirage contenant ajouté un portrait de Marie-Thérèse, par Pitau, épreuve avant la lettre.

1297. La tresadmirable, tresmagnifique, et triumphante entrée du treshault et trespuissant Prince Philipes, Prince d'Espaignes, filz de Lempereur Charles V^e. Ensemble la vraye description des Spectacles, theatres, archz triumphaulx, &c. lesquelz ont este faictz & bastis a sa tresdesiree reception en la tresrenommee florissante ville d'Anvers. Anno 1549. Premierement composee & descripte en langue Latine, par Cornille Grapheus, greffier de ladicte ville d'Anvers, et depuis traduicte en Franchois. *Imprimé à Anvers pour Pierre Coeck d'Allost... par Gillis van Diest*, 1550. In-fol., fig. sur bois, vélin blanc.

1298. La Joyeuse et Magnifique Entrée de Monseigneur Françoys, fils de France, et frère unique du Roy, par la grâce de Dieu, duc de Brabant, d'Anjou, Alençon, Berri, etc., en sa très-renommée ville d'Anvers. *A Anvers, de l'Imprimerie de Christophe Plantin*, 1582. In-fol. de 2 ff.,

46 pp. chiffr., 1 f. pour l'extrait du Privilège, et 21 pl. hors texte, vélin doré.

L'entrée de François, duc d'Anjou, 4e fils de Henri II et de Catherine de Médicis, à Anvers, où il allait être couronné duc de Brabant, eut lieu le 19 février 1582.

Le volume est orné de 21 planches gravées à l'eau-forte. On y voit le cortège du duc, les chars qui en faisaient partie, les arcs de triomphe, feux d'artifice, etc., et le serment prêté sur la place publique. Ces planches non signées ont été attribuées à A. de Bruyn.

Exemplaire imprimé sur un papier plus grand que celui des exemplaires que l'on rencontre d'ordinaire. Il est de premier tirage, ce qui se reconnaît à ce fait qu'aux pages 29, 30 et 31 les chiffres qui indiquent la correspondance du texte aux planches ont été omis et rétablis à l'encre. Cette faute a été corrigée dans les tirages suivants.

De la bibliothèque de Walpole, dont l'ex-libris se trouve au bas du 2e f. prélimin., verso.

1299. La Pompeuse et Magnifique Cérémonie du Sacre de Louis XIV fait à Reims, le 7 juin 1654, représentée au naturel par ordre de leur Majesté. *Paris, imprimé par Edme Martin*, 1655. In-fol., mar. vert, tr. dor. (*Mercier*.)

L'édition est ornée de trois grandes planches gravées par Lepautre.

On a ajouté une quatrième planche du même graveur datée de 1653, et qui a été faite par les soins de du Pont, abbé de l'abbaye de Sainte-Marie de Lantenac.

1300. Le Sacre de Louis XV dans l'Eglise de Reims le 25 octobre 1722 (*Paris*, 1722). Grand in-fol., fig., mar. bleu, dentelles, tr. dor. (*Padeloup*.)

Aux armes de Louis XV.

1301. Sacre et couronnement de Louis XVI, roi de France et de Navarre, à Rheims, le 11 juin 1775, précédé de Recherches sur le sacre des Rois de France depuis Clovis jusqu'à Louis XV, et suivi d'un journal historique de ce qui s'est passé à cette auguste cérémonie, (par l'abbé Pichon et Gobet) enrichi d'un très grand nombre de figures en taille-douce, vignettes et fleurons gravés par le sieur Patas avec leurs explications. *A Paris, chez Vente*, 1775. In-4, mar. rouge, dos orné, fil., tr. dor. (*Rel. anc.*)

Aux armes du Roi Louis XVI.

1302. Description des Festes données par la ville de Paris, à l'occasion du Mariage de Madame Louise Elisabeth de France et de Dom Philippe, Infant d'Espagne, le 20e et 30e Août 1739. *A Paris, de l'imprimerie de P. G. le Mercier*, 1740. Gr. in-fol., mar. rouge, dos orné, tr. dor. (*Rel. anc.*)

Aux armes de la Ville de Paris.

1303. Fêtes Publiques données par la Ville de Paris à l'occasion du Mariage de M. le Dauphin, les 24 et 26 février 1745. (*Paris,* 1745). Gr. in-fol. avec titre gravé et frontispice, texte gravé et 16 planches, dont 9 de double grandeur, mar. rouge, large dent., tr. dor. (*Padeloup.*)

> Exemplaire dans une riche reliure de parfaite conservation.
> Aux armes de la Ville de Paris.

1304. Fête Publique donnée par la ville de Paris, à l'occasion du mariage de Monseigneur le Dauphin (avec la Princesse Marie-Josèphe de Saxe), le 13 Février 1747. *Paris,* 1747. In-fol., demi-rel. mar. rouge.

> Titre gravé par Lattré d'après Blondel, frontispice allégorique dessiné par Slodtz, gravé par Flipart, 12 pp. avec texte gravé, encadrements différents, en-tête et cul-de-lampe par Babel, Tardieu et Le Lorrain, 6 pl. doubles de chars gravées par Le Mire, Marvie et Tardieu, 1 pl. de feu d'artifice dessinée par Damun.

1305. Recueil des Festes, feux d'artifice, et pompes funèbres ordonnées pour le Roi, par Messieurs les premiers Gentilshommes de sa chambre. Conduites par Messieurs les Intendans et Contrôleurs generaux de l'argenterie, menus plaisirs et affaires de Sa Majesté. *A Paris, de l'impr. de Ballard,* 1756. In-fol., pl., mar. rouge, dos orné, dent., tr. dor. (*Rel. anc.*)

> 14 grandes estampes dessinées et gravées par Nic. Cochin.
> La reliure porte l'étiquette de *Vente*.
> Aux armes de Louis XV.

Numismatique.

1306. Guillielmi Budaei Parisiensis, secretarii Regii libri V de Asse et partibus ejus, post duas Parisienses impressiones ab eodem ipso Budeo castigati idq.; authore Jo. Grolierio Lugdunensi, Christianissimi Gallorum Regis secretario et Gallicarum copiarum Quæstore, cui etiam ob nostram in eum observantiam a nobis illi dicantur. 1522. — In fine : — *Venetiis, in œdibus Aldi, et Andrœe Asulani soceri mense septembri,* 1522. Pet. in-4, mar. rouge, filets à froid et en or, tr. dor. (*Rel. du XVIᵉ siècle.*)

> Exemplaire à la reliure de Laurin, amateur contemporain de Grolier, qui mettait comme lui sur le plat de ses livres la formule libérale « *Laurini et amicorum* ». Mais sur l'autre plat au lieu de la devise matérialiste de Grolier « *portio mea sit in terra viventium* » il inscrivait celle plus noble de « *Virtus in arduo* »
> Cet Alde dédié à Grolier, relié pour Laurin, et qui réunit ainsi le souvenir du plus grand imprimeur de la Renaissance et de deux bibliophiles célèbres, vient de la vente Sunderland.

1307. ORDONNANCES SUR LE FAICT DES MONNOIES, état et reigle des officiers d'icelle. Avec le portrait de toutes les espèces de monnoye que le Roy veult et entend avoir cours en son royaulme le tout imprimé par privilège du dit seigneur (en date du 19 mars 1540). *On les vend à Paris, en l'Hostel de Etienne Roffet dit le Faulcheur, sur le pont St-Michel, à l'enseigne de la Rose.* In-12 de 40 ff., mar. citron, comp., arabesques, tr. dor. (*Rel. du XVI° siècle.*)

> Imprimé sur VÉLIN.
> Dans cet exemplaire toutes les figures des monnaies sont rehaussées d'or ou d'argent. Les capitales sont enluminées et le texte est rubriqué en or et couleurs.
> Le titre est entouré d'un riche encadrement et au-dessous on a peint les armes du Cardinal de TOURNON qui cachent l'adresse d'Estienne Roffet.
> Cette peinture du titre est d'une grande élégance, d'une charmante exécution et d'une parfaite conservation ; elle rappelle la main des artistes qui peignaient à cette époque les Heures de Henri II et le frontispice du Diodore de François 1er.
> C'est l'exemplaire offert par Roffet au Cardinal de TOURNON, alors le ministre tout puissant de FRANÇOIS 1er.

1308. TRAITÉ DES MONNOYES DE FRANCE, par Le Blanc. *Amsterdam*, 1692. — Dissertation historique sur quelques monnoyes de Charlemagne, par le même. *Amst.*, 1692. In-4, mar. rouge jans., dent. intér., tr. dor. (*Capé.*)

1309. AUGUSTARUM IMAGINES aeris formis expressæ vitæ quoque earundem breuiter enarratæ signorum etiam quæ in posteriori parte numismatū effecta sūt ratio explicata : ab Ænea Vico parmense. *Venetiis*, 1558. In-4, mar. rouge, fil., tr. dor. (*Rel. anc.*).

> Aux armes de J.-A. de THOU.

1310. DISCOVRS SUR LES MEDALLES et Graueures antiques, principalement Romaines. Plus une Exposition particuliere de quelques planches estans sur la fin de ce liure, esquelles sont montrees diuerses Medalles et graueures antiques, rares et exquises. Par M. Antoine le Pois, conseiller et médecin de Mgr le duc de Lorraine. *A Paris, Par Mamert Patisson.... au logis de Robert Estienne*, 1579. *Auec priuilege.* In-4, vélin blanc, compart., arabesques, milieux dorés, tr. dor. (*Rel. du XVI° siècle.*)

> Coll. 3 ff. prélimin., 149 ff. de texte. Le dernier f. est chiffré par erreur 147. 3 ff. pour la table et 21 planches hors texte, y compris le portrait de Le Pois qui se place après le titre. Il y a en outre cinq grandes figures dans le texte.
> Le portrait et les figures sont gravés par Woeiriot.

1311. OBSERVATIONS SUR LES ANTIQUITÉS D'HERCULANUM, avec quelques Réflexions sur la Peinture et la Sculpture des Anciens, et une courte description de plusieurs antiquités

des environs de Naples, par MM. Cochin et Bellicard. *Paris,
Ant. Jombert*, 1755. In-8, nombr. fig., mar. bleu, tr. dor.
(*Rel. anc.*)

1312. ILLUSTRIUM IMAGINES ex antiquis marmoribus, numisma-
tib. et gemmis expressæ quæ extant Romæ maior pars apud
Fulvium Ursinum. Theodorus Gallæus delineabat Romæ ex
archetypis incidebat Antuerpiæ, 1599. *Antuerpiæ, ex
officina Plantiniana*. In-4, mar. rouge, large dent. sur les
plats, tr. dor. (*Rel. anc.*)

> On a relié avec les figures de Galle la traduction des explications de J.
> Lefèvre par le sieur Baudelot, dédiée à son ALTESSE ROYALE MADAME.
> MADAME recherchait les pierres gravées et les médailles antiques et en
> avait réuni une précieuse collection.
> Aux armes de CHARLOTTE de BAVIÈRE, DUCHESSE D'ORLÉANS.

Biographies.

1313. VITA DI EZZELINO TERZO da Romano, dall' origine al fine
di sua famiglia, sotto la cui tirannide mancarono di morte
violenta più di dodeci millia Padouani... autore P. Gerardo
Padouano, suo contemporaneo. *Venezia, Lorenzini da
Turino*, 1560. In-8, mar. vert, compart., tr. dor. (*Rel. anc.*)

> Exemplaire de HENRI III, aux armes de France et de Pologne. Les plats
> sont semés de fleurs de lis.
> De la bibliothèque de COLBERT.

1314. PRINCIPES HOLLANDIÆ ET ZELANDIÆ Domini Frisiæ
auctore Michaele Vosmero cum genuinis ipsorum iconibus a
Theodorico Aquitaniæ ad Jacobum Bavariæ, diversorum
quondam pictorum opera ad vivum sedulo de pictis......
Antuerpiæ, excudebat Christophorus Plantinus, 1578. pet.
in-fol., vélin doré, tr. dor. (*Rel. anc.*)

> Ce recueil contient 36 portraits gravés par Philippe Galle.
> Aux armes de Jac. Aug. DE THOU.

1315. ŒUVRES DE BRANTÔME. *Leyde, J. Sambix (Elzevier)*. —
Les Dames galantes, 1666. 2 vol. — Les Vies des hommes
illustres et grands capitaines françois, 1666. 4 vol. Ens. 6 vol.
in-12, mar. bleu, fil., dos orné, dent. intér. (*Trautz-Bauzonnet.*)

> Exemplaire non rogné.

1316. LA VIE DE MESSIRE GASPAR DE COLLIGNY, Seigneur de
Chastillon, Admiral de France. A laquelle sont adiousté ses
Memoires sur ce qui se passa au siège de S. Quentin. *A
Leyde, chez Bonaventure et Abraham Elzevier*, 1643.

2 part. en 1 vol. pet. in-12, mar. rouge, fil., dos orné, tr. dor. (*Duru.*)

4 ff. limin., 143 pp. chiffr. pour la vie de Colligny, 88 pp. chiffr. pour les mémoires.
Haut. 130^{mm}.

1317. Le Vite de' piu eccellenti Pittori, scultori, e Archittettori, scritte da M. Giorgio Vasari, di nuovo dal medesimo riviste et ampliate con i ritratti loro... *In Fiorenza, appresso i Giunti*, 1568. 2 tomes en 3 vol. in-4, portr. gravés sur bois, mar. rouge, dos orné, fil., tr. dor. (*Padeloup.*)

Exemplaire de Turner.

1318. La Vie, Mort et Tombeau de haut et puissant seigneur Philippe de Strozzi, Chevalier des deux ordres du Roy... et despuis Amiral en l'Armée de Mer, Dressee par la Royne, Catherine du Medicj, en faveur du Roy Don Antoine de Portugal, en l'an mil cinq cens quatre vingt deux. Ou par occasion se voit la bonne et généreuse nourriture de la jeune Noblesse Françoise, sous les Roys Henry et François second, pendant son bas aage... par H. T. S. de Torsay. *A Paris, Chez Guillaume Le Noir*, 1608. In-8, vélin. (*Rel. anc.*)

Portrait de Strozzi par Thomas de Leu.

1319. Vie de Jerôme Bignon, avocat général et conseiller d'État, par M. l'abbé Pérau. *Paris, Hérissant*, 1757. In-12, mar. rouge, dos orné, fil., tr. dor. (*Rel. anc.*)

Aux armes d'Armand-Jérôme Bignon, prévôt des marchands et bibliothécaire du roi.

1320. Les hommes illustres qui ont paru en France pendant ce siècle avec leurs portraits au naturel par M. Perrault. *A Paris, chez Ant. Dezallier*, 1696-1700. 2 tomes en 1 vol. in-fol., front. et portraits gravés par Edelinck et autres, mar. La Vallière jansén., tr. dor. (*Thibaron-Joly.*)

Exemplaire contenant les portraits d'Arnauld et de Pascal, de Thomassin et de Du Cange avec les biographies manuscrites. La censure les avait supprimés.
On a ajouté à la fin le portrait de Boileau par Drevet.

1321. Les Femmes Bibliophiles de France, par Ernest Quentin-Bauchart. *Paris, Damascène Morgand, libraire, 55, passage des Panoramas*, 1886. 2 vol. in-8, cartonnés, non rognés.

Ces deux beaux volumes, fruit de patientes recherches et d'une profonde érudition, sont du plus haut intérêt pour l'histoire du Livre et renferment les documents les plus précieux pour les amateurs de reliures à provenances historiques.

11.   12*

1322. Icones, id est veræ imagines virorum doctrina simul et pietate illustrium, quorum præcipue ministerio partim bonarum literarum studia sunt restituta, partim vera religio invariis orbis christiani regionibus, nostra, patrumque memoria fuit instaurata : additis eorundem vitæ et operæ descriptionibus, quibus adiectæ sunt nonnullæ picturæ quas Emblemata vocant, Theodoro Beza auctore. *Genevæ, apud Ioannem Laonium*, 1580. In-4, fig. sur bois, mar. la Vall. jans., dent. int., tr. dor. (*Trautz-Bauzonnet.*)

Première édition.

1323. Le Roy Louis-Philippe — Liste Civile — par le comte de Montalivet. Nouvelle édition, entièrement revue et considérablement augmentée de notes, pièces justificatives et documents inédits. *Paris, Michel Levy frères*, 1851. Grand in-8, broché.

J'ai ajouté au portrait de l'édition un petit portrait en pied du **Roi** lithographié par Maurin.
Exemplaire unique sur grand papier de Hollande.

1324. Le roi Louis-Philippe — Liste civile — par M. le comte de Montalivet. Nouvelle édition. *Paris, Michel Lévy frères*, 1851. In-8, mar. bleu, dos orné, tr. dor. (*Capé*.)

Exemplaire en grand papier.

1325. Madame la duchesse d'Orléans, Hélène de Mecklembourg-Schwerin. *Paris, Michel Lévy frères*, 1859. In-8, mar. bleu jans., tr. dor. (*Trautz-Bauzonnet*).

Par madame la marquise d'Harcourt, née de Saint-Aulaire.
J'ai ajouté le portrait de la princesse par H. Dupont.
Exemplaire en grand papier.

1326. Marie-Caroline-Auguste de Bourbon ; duchesse d'Aumale, 1822-1869. *Paris, Techener*, 1870. In-8, portr., mar. noir, larmes sur le dos et aux angles des plats, tr. dor. (*Trautz-Bauzonnet*)

Notice nécrologique par M. Cuvillier-Fleury. On a joint à cet exemplaire une intéressante lettre de M. Allaire, alors précepteur de **Mgr.** le duc de **Guise.**

1327. Musée des Souverains, reproductions photographiques de croquis dessinés d'après nature à l'Assemblée Nationale (par Jules Buisson, député de l'Aude). *Ad. Braun, Paris, Boulevart des Capucines*. 2 vol. in-4, mar. brun.

Cet exemplaire contient la dédicace de Jules Buisson à ses collègues, et tous les portraits photographiés. Il est complet.

1328. PAUL BAUDRY. Etude par M. Guillaume, directeur de l'école de Rome. In-4, mar. noir. (*Cuzin.*)

Cette étude avait été placée en tête du catalogue des œuvres de Baudry exposées à l'école des beaux arts après sa mort.

J'ai ajouté six lettres ou billets de Baudry et deux lettres de Mgr. le comte de Paris à propos du portrait de Mgr. le duc d'Orléans placé dans le Saint-Hubert de Chantilly. Deux lettres de Baudry du 1er septembre 1871 et du 30 septembre 1874 sont du plus grand intérêt.

1329. PAUL BAUDRY. Sa vie et son œuvre, par Ch. Ephrussi. *Paris, Armand Baschet*, 1881. — Les monuments élevés à la mémoire de Paul Baudry, 1886-1890. 2 part. en 1 vol. in-4, mar. brun, non rogné. (*Mercier.*)

Exemplaire sur papier du Japon.

1330. ROSSEEUW S. HILAIRE, par Mgr. le duc d'Aumale, membre de l'Institut (extrait du compte-rendu de l'Académie des Sciences morales et politiques). *Paris, Alphonse Picard, éditeur, 82, rue Bonaparte*, 1889. In-4, mar. bleu jans., tr. dor. (*Cuzin.*)

Exemplaire de présent sur papier de Hollande. Il n'en a été tiré que 10 exemplaires, d'après une note de la main de Mgr. le duc d'Aumale reliée en tête du volume.

TABLE DES DIVISIONS.

IMPRIMÉ

par

L. DANEL

LILLE.

www.ingramcontent.com/pod-product-compliance
Lightning Source LLC
Chambersburg PA
CBHW070358090426
42733CB00009B/1463